高等职业教育会计专业系列教材

U0653182

Excel在财务管理中的应用

罗小兰 刘 颖 龚 诤 主 编

范 明 伍国惠 夏 文 伍春晖 副主编

微信扫描
获取课件等资源

南京大学出版社

内 容 简 介

Excel 是微软公司出品的 Office 系列办公软件中的一个组件，利用它可以进行表格处理、图形分析、数据管理等。实践证明，Excel 在会计核算、财务管理、审计、统计、经营决策等方面都具有独到之处，是人们日常办公的首选工具软件。本书属于上机操作类应用图书，全书从教学实际需求出发进行编写，强调理论与实践的结合，在内容的选择上依照简练和实用的原则，由浅入深、循序渐进地讲解了 Excel 在财务管理中的应用。

本书特别适合高等职业教育会计、会计电算化、经济学、金融学、市场营销等专业学生在学习财务管理、财务会计等相关课程时进行实训使用，也可供财务、会计、审计等在职人员进修和培训时使用。

图书在版编目（CIP）数据

Excel 在财务管理中的应用 / 罗小兰, 刘颖, 龚诤主编. -- 南京 : 南京大学出版社, 2020.7
ISBN 978-7-305-23351-7

Ⅰ. ①E… Ⅱ. ①罗… ②刘… ③龚… Ⅲ. ①表处理软件－应用－财务管理 Ⅳ. ①F275-39

中国版本图书馆 CIP 数据核字(2020)第 093538 号

出版发行 南京大学出版社
社　　址　南京市汉口路 22 号　　　　　邮　　编　210093
出 版 人　金鑫荣

书　　名　Excel 在财务管理中的应用
主　　编　罗小兰　刘颖　龚诤
策划编辑　胡伟卷
责任编辑　武坦　　　　　　　　　编辑热线　025-83592315

印　　刷　南京人文印务有限公司
开　　本　787×1092　1/16　印张 13　字数 333 千
版　　次　2020 年 7 月第 1 版　2020 年 7 月第 1 次印刷
ISBN 978-7-305-23351-7
定　　价　39.80 元

网　　址：http://www.njupco.com
官方微博：http://weibo.com/njupco
微信服务号：njuyuexue
销售咨询热线：（025）83594756

前 言

Excel 自问世以来，其强大的数据处理功能在会计、财务、金融、行政、经济、统计和审计等领域发挥了极大的作用，大大提高了工作效率。本书以 Excel 2010 为蓝本，阐述 Excel 在财务管理中的应用。全书采用"项目驱动、任务导向"的编排结构，在认知 Excel 表格、Excel 函数的基础上，介绍了 Excel 在财务管理筹资分析、投资分析、营运资金管理、收入分配管理及财务报表分析与评价的应用，共 7 个项目、22 个任务。结构板块明晰，简单易学，保障学生职业能力的培养。

本书的编写过程始终坚持知识学习与能力训练有机结合，教材内容对接社会需求，同时参考会计技能大赛竞赛环节设计学习任务，保证教材内容的科学性、实操性和针对性。每个项目安排了丰富的教学案例和技能训练，通过工作任务的完成，一方面让学生掌握 Excel 在财务管理中的基本应用技巧，另一方面又锻炼和提高了学生分析问题和解决问题的综合能力，有利于培养学生的职业能力，充分体现了"教学练的一体化、能力素质培养相统一"的现代高等教育理念。

本书由金肯职业技术学院罗小兰、吉林电子信息职业技术学院刘颖、武汉软件工程职业学院龚诤担任主编；天津海运职业学院范明，厦门华天涉外职业技术学院伍国惠，金肯职业技术学院夏文、伍春晖担任副主编；金肯职业技术学院石聪颖、李颖、顾建莉、潘悦和苏宁云财信息技术有限公司陈礼参编。罗小兰、伍春晖、夏文负责统稿、修改和定稿，陈礼参与修改和定稿，龚诤负责操作视频制作。

本书可作为职业院校及其他各类社会教育、短期培训的教材，也可作为在职人员学习的参考书。

由于编者水平有限，且时间仓促，书中难免存在疏漏和不妥之处，敬请批评指正。

编 者

2020 年 6 月

目　录

项目一

认识 Excel

学习目标

通过本项目的学习,学生将了解 Excel 2010 电子表格的基本结构,熟悉并且掌握 Excel 2010 的一些基本操作,学习创建工作簿和工作表,并学会对工作表进行美化。此外,学习本项目学生能够使用数据列表的方法管理数据,掌握数据排序、数据筛选的方法,使用数据透视表的方法对数据进行管理分析。

Microsoft Office Excel 是由微软公司开发的电子表格软件,是一种利用计算机指标并自动进行数据处理的软件。该软件采用参照纸张表格建立电子表格,在将各种原始数据和基础数据输入到相应的单元格后,按照单元格地址,利用公式和函数来处理数据。

Microsoft Office Excel 在各种表格式数据处理领域应用非常广泛,在会计、财务管理、金融、行政办公室、统计和审计等部门发挥了非常大的作用,只因为该软件采用了智能化技术,把操作由复杂变成简单。

任务一　Excel 基础

任务目标

知识目标:

1. 了解 Excel 基本功能和特点。
2. 熟悉 Excel 基本结构。

能力目标:

1. 掌握 Excel 的打开和关闭方法。
2. 掌握 Excel 的窗体布局。

任务导入

Excel 是微软公司推出的一套著名的电子表格软件,它广泛地应用于社会的各个领域。从政府部门、世界著名的大公司和大企业,到小的工厂、家庭,许多人都在使用。Excel 主要用于管理、组织和处理各种各样的数据。政府机构的职能部门可以用它来处理日常办公事务,传递各种文件,打印各式各样的表格;公司的管理部门可以利用它来制订生产和销售计划,帮助公司完成投资决策;公司的财务部门可以利用它来分析各种类型的数据,将结果用多种统计图形表现出来,并完成各种财务报表的制作。

需要明确的是,虽然我们称 Excel 为"电子表格",但是我们不应将 Excel 仅视为一个简单的制表工具,制表只是 Excel 的一个具体应用。我们应当将 Excel 视为一个通用的计算工具,将屏幕看成一张计算用的"纸",行与列的编号是为了便于编写计算公式而提供的坐标,在这样一张"纸"上,我们可以进行很复杂的计算,而不是单纯地或者简单地输出一张表格。

你熟悉 Excel 的基本结构吗? 知道 Excel 有哪些基本的功能和特点吗?

通过本任务的学习,你将了解 Excel 的基本功能和特点,并且熟悉 Excel 的基本结构。

一、Excel 的功能和特点

(一) Excel 的基本功能

中文版 Excel 2010 的基本功能如下。

1. 较强的数据处理功能

对 Excel 中输入的各种数据,能够使用公式或函数进行个别处理或批量处理。如数据的计算与分析、分类汇总、数据排序、筛选、数据列表管理等处理功能。

2. 丰富的制表绘图功能

对 Excel 中的数据,可以方便地制作成各种需要的表格。既可以绘制成各种需要的二维图表,还可以绘制具有广阔数据操作空间的三维图表。我们可以通过改变透视、俯视的角度,或者使用图表旋转功能,从而能够清晰直观地观察到数据的变化情况。

3. 智能化的计算和数据管理功能

Excel 中的数据计算和管理,全部采用智能化的交互式选择方式处理,大大方便了用户的操作。

4. 完备的函数功能

Excel 提供了作用强大、体系完备的函数功能,大大简化了数据的处理过程,特别是几类专用函数,为财务会计、统计等工作带来了更大的帮助。

5. 强大的文件管理功能

Excel 的每个文件不是一张单一的工作表,而是由多张表、图以及宏表或 Visual Basic 模块表构成的工作簿,这样就把相关的图表集中到一起以便进行管理。在这样的文件管理模式下,用户能方便地在同一工作簿中的不同工作表之间进行数据访问,在同一工作簿中定义的名字、格式和式样将对工作簿中各表都适用。

(二) Excel 的主要特点

Excel 与其他电子表格软件相比具有如下特点。

1. 易学易用

Excel 提供完备的下拉式菜单和图标式工具栏按钮操作方式,使操作更容易、更快捷。直观的图形界面和随时可以查阅的联机帮助系统,大大降低了用户的学习难度。

2. 操作灵活

Excel 的窗口、菜单、工具栏按钮和操作提示以及快捷键功能,极大地方便了用户的操作。用户可以在菜单命令、工具栏按钮与快捷键键盘操作之间灵活选择、相互配合进行操作。

3. 界面友好

Excel 秉承 Windows 友好的图形界面的特点,窗口使用了直观明了的工作表和各种容易看懂的图标,使得其用户界面形象生动,易于学习和使用。

4. 编辑方便

Excel 编辑功能强大,用户可以在工作表中编辑数据、图表等多种信息,还可以对其中的数据进行各种设置。例如,对字体、字号、对齐方式、背景图案及颜色等进行设置。

5. 分析透彻

数据分析功能是 Excel 的精髓。Excel 提供了各种数据分析功能,如对图、表进行分析比较,使用户可以通过数据分析得出数据的变化规律。此外,它还提供了在图中增加趋势线、建立数据透视表等功能。

6. 共享信息

除 Excel 外,Microsoft office 还包括 Word(文字处理软件)、Power Point(演示图形软件)、Outlook(电子邮件)、Access(数据库)和 Frontpage(网页制作软件)等软件,它们可同时在 Windows 平台支持下运行。尽管它们面向不同的需求,担负着不同的任务,但由于运行在同一个平台上,用户不但可以在各软件间方便地切换,而且可以在软件间方便地共享信息。如将 Excel 的信息嵌入到 Word 文档上,在 Word 中编辑和格式化 Excel 的数据,还可以将工作表数据用于 Web 页面,在 Internet 上共享财务信息等。

(三)Excel 与会计信息处理

财会人员处理会计信息数据,传统的方式是使用纸质表格,填入数据、文字,再利用计算器或者算盘计算所需要的结果,如求和、计算平均值、计算利息等数学运算,但往往因为数据过于庞大复杂,不仅计算起来十分辛苦,而且容易出错。

利用 Excel 电子表格软件强大的数据计算功能,可以改进会计信息处理时使用纸、笔、计算器的传统操作方法。Excel 电子表格软件可以进行数据运算、绘制图表、统计运算等,应用于会计凭证、账簿、会计报表以及报表分析,不仅减少烦琐的重复计算,而且一旦建立好一个工作底稿,以后只要更改其中任意数据,就可以轻松地重新自动计算结果。在会计信息处理中,也可将 Excel 运用于工资核算、账务处理、会计报表编制以及财务分析等会计核算工作中。这样,一方面可以减轻会计核算的工作量,另一方面可以降低财务成本,特别是中小型企业,不必购置大型财务软件,也可实现会计电算化。

二、Excel 的基本结构

(一)Excel 的启动与退出

1. Excel 的启动

要熟练地使用 Excel,首先要学会它的启动方法。启动 Excel 可利用以下几种方法。

① 从"开始"菜单启动:选择屏幕左下角的"开始"→"所有程序"→Microsoft Office→Microsoft Excel 2010 命令,即可启动 Excel 2010。

② 使用桌面快捷方式:双击桌面 Excel 2010 的快捷方式图标,启动 Excel 2010。

③ 双击文档启动:双击计算机中存储的 Excel 文档,可直接启动 Excel 2010 并打开文档。

2. Excel 的退出

Excel 的退出可以采用以下几种方法。

① 通过标题栏按钮关闭：单击 Excel 2010 标题栏右上角的 ✖ 图标，退出 Excel 2010。

② 通过"文件"选项卡关闭：首先单击"文件"选项卡，然后单击"退出"按钮，退出 Excel 2010。

③ 通过标题栏快捷菜单关闭：首先单击 Excel 标题栏主窗口左上角的图标 ⊠，然后单击快捷菜单中的"关闭"命令，退出 Excel 2010。

④ 使用快捷键关闭：按快捷键组合 Alt + F4，也可退出 Excel 2010。

（二）Excel 2010 的窗口结构

Excel 2010 的窗体结构如图 1 - 1 所示。

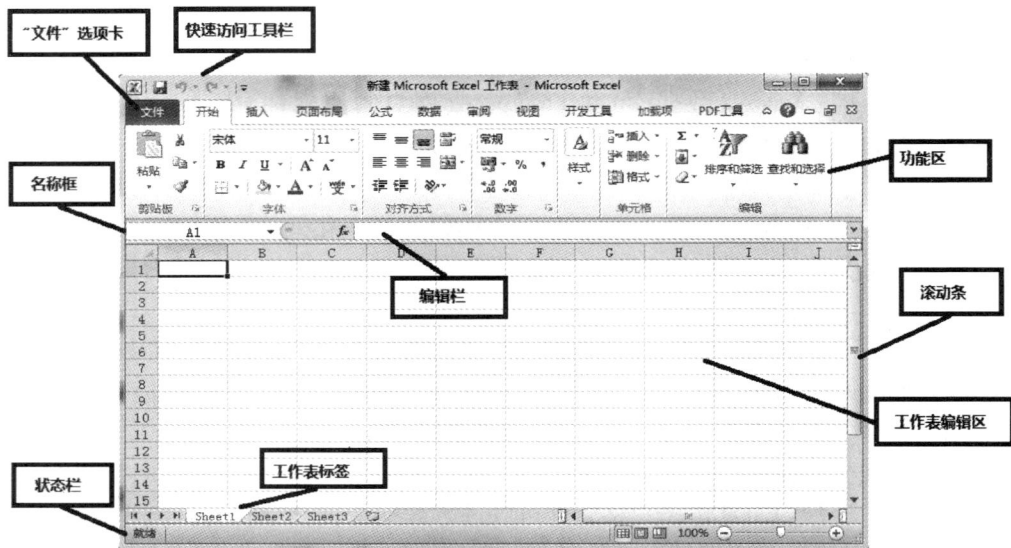

图 1 - 1　Excel 的基本结构

1. 快速访问工具栏

快速访问工具栏位于 Excel 2010 窗口的左上方。在默认状态下集成了"保存""撤销""恢复"等按钮。

2. 标题栏

标题栏位于 Excel 2010 工作界面的最上方，用于显示程序的名称和所编辑的工作簿名称。在标题栏的右侧显示"最小化""最大化"和"关闭"按钮，单击相应按钮可执行相应的操作。

3. "文件"选项卡

"文件"选项卡是标题栏下方左边的第一个标签按钮。单击该按钮，可弹出"保存""打开""新建""打印"等命令。

4. 功能区

功能区位于标题栏下方。功能区由不同的选项卡组成，选择不同的选项卡标签，可以显示不同的功能区，每个功能区都包含不同的命令选项。

5. 名称框

名称框位于功能区下方的左侧。名称框中可以显示光标所在单元格的位置,用户可以对选择的单元格区域定义名称。

6. 编辑栏

编辑栏位于名称框的右侧。编辑栏中可以显示活动单元格中的数据或公式,可以输入数据、公式和函数。

7. 工作表编辑区

工作表编辑区位于编辑栏的下方,是执行 Excel 电子表格操作的区域。该区域由列标、行号、单元格、工作表标签组成,可以进行工作表的创建和编辑等操作,是用来存放数据的区域。

8. 状态栏

状态栏位于工作表编辑区的下方,用于显示当前 Excel 表格的信息,如统计数据、当前的视图方式和显示比例等。

9. 滚动条

滚动条位于窗口的右侧及右下方。当点击并拖动滚动条时,表格的内容会跟着移动。

任务二 认识工作表

任务目标

知识目标:

1. 了解工作表的功能和特点。
2. 了解单元格可以操作的数据类型。

能力目标:

1. 掌握工作表的基本操作。
2. 掌握各类数据的输入方法。

任务导入

表 1-1 是某公司的区域销售情况表,那么如何将这样一张表格输入 Excel 呢?

表 1-1 某公司区域销售情况

区 域	货物名称	销售金额(元)
秦淮区	矿泉水	16 500
浦口区	方便面	25 400
秦淮区	方便面	19 000
栖霞区	矿泉水	23 400
鼓楼区	方便面	28 700
江宁区	火腿肠	22 700
白下区	矿泉水	17 500

续　表

区域	货物名称	销售金额（元）
雨花区	方便面	16 500
秦淮区	火腿肠	21 500
江宁区	矿泉水	12 000
江宁区	方便面	24 000
玄武区	火腿肠	25 700
玄武区	方便面	25 000
白下区	火腿肠	30 600
浦口区	矿泉水	19 800
白下区	方便面	30 400
鼓楼区	火腿肠	23 100
栖霞区	方便面	21 500
玄武区	矿泉水	16 500
雨花区	矿泉水	21 000
雨花区	火腿肠	27 900
鼓楼区	矿泉水	13 500
栖霞区	火腿肠	23 400
浦口区	火腿肠	12 900

通过本任务的学习,你将了解 Excel 工作表的功能和特点,并且能掌握工作表的基本操作和各类数据的输入方法。

一、工作表的基本操作

Excel 默认一个工作簿有 3 个工作表,用户可以根据需要添加工作表,每个工作表有一个名字,工作表名显示在工作表标签上。工作表标签显示了系统默认的前 3 个工作表名:Sheet1、Sheet2、Sheet3。其中白色的工作表标签表示活动工作表。单击某个工作表标签,可以选择该工作表为活动工作表。工作簿如同活页夹,工作表如同其中的一张张活页纸。工作表是 Excel 存储和处理数据的最重要的部分,其中包含排列成行和列的单元格。使用工作表可以对数据进行组织和分析。可以同时在多张工作表上输入并编辑数据,并且可以对来自不同工作表的数据进行汇总计算。

提示

工作表是显示在工作簿窗口中的表格,一个工作表可以由 1048576 行和 256 列构成。行的编号从 1 到 1048576,列的编号依次用字母 A,B,…,IV 表示。行号显示在工作簿窗口的左边,列号显示在工作簿窗口的上边。

（一）创建工作表

默认情况下,Excel 在一个工作簿中提供 3 个工作表,用户可以根据需要在该工作簿中创建其他工作表,单击 Excel 工作表标签右下方的"插入工作表"按钮,便可直接创建新工作表。

（二）编辑工作表

1. 选择工作表

在使用 Excel 前需要选定工作表,可以选择一张或多张工作表。

单击要选择的工作表标签,使该工作表的标签变为亮色。如需选择多张相邻工作表,单击第一张工作表的标签,然后在按住 Shift 键的同时单击要选择的最后一张工作表的标签。如需选择多张不相邻的工作表,单击第一张工作表的标签,然后在按住 Ctrl 键的同时单击要选择的其他工作表的标签。

2. 删除工作表

在工作表标签处右击要删除的工作表,然后选择"删除"按钮即可删除该工作表。

3. 拆分工作表窗口

使用拆分工作表窗口功能可同时查看分隔较远的工作表部分,首先选择要拆分的单元格,然后选择"视图"选项卡,单击"窗口"组中的"拆分"按钮,结果如图 1 - 2 所示。

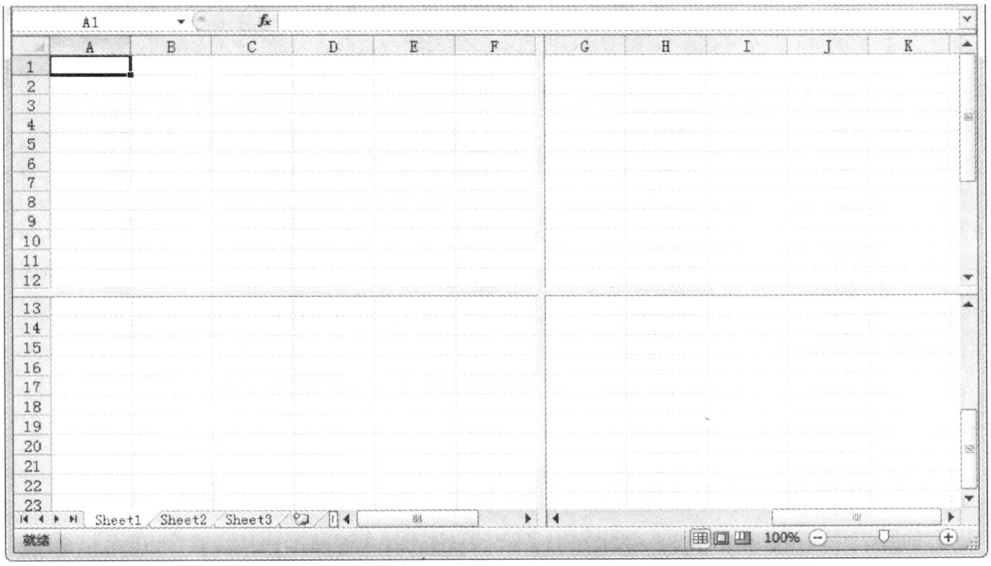

图 1 - 2　拆分工作表窗口

4. 冻结工作表窗口

选择要冻结的单元格,并选择"视图"选项卡,单击"窗口"组中的"冻结窗口"下拉按钮,执行"冻结拆分窗格"命令。

冻结窗格分以下 3 种命令。

① 冻结拆分窗格:滚动工作表其余部分时,保持行和列可见(基于当前的选择)。

② 冻结首行:滚动工作表其余部分时,保持首行可见。

③ 冻结首列:滚动工作表其余部分时,保持首列可见。

5. 隐藏或显示窗口

为了隐藏当前窗口,使其不可见,用户可以单击"窗口"组中的"隐藏"按钮。为了对隐藏的窗口进行重新编辑,可取消对它的隐藏。单击"窗口"组中的"取消隐藏"按钮,弹出"取消隐藏"对话框,然后选择要取消隐藏的工作簿,单击"确定"按钮。

(三)修饰工作表

1. 设置单元格格式

Excel 中的单元格可以设置为各种格式,包括设置单元格中数字的类型、文本的对齐方式、字体、单元格的边框填充颜色以及单元格保护等。不仅单个单元格和单元格区域可以设置格式,一个或多个工作表也可以同时设置格式。设置单元格格式的步骤有 3 个。

步骤 1:选定要进行格式设置的单元格或单元格区域,右击。

步骤 2:在下拉菜单中选择"设置单元格格式",弹出"设置单元格格式"对话框。

步骤 3:在该对话框中设置单元格格式后,单击"确定"按钮。

技巧

在"设置单元格格式"对话框中,可通过在"数字"选项卡中的"分类"框中选择不同选项,为选中的单元格设置不同格式。常用的选项为"数据""货币""日期""百分比"等,另外在部分选项下还可设置小数位数或负数的表示方法。

2. 自动套用格式

格式化的手工操作比较烦琐,为此 Excel 2010 提供了 60 种预先定义好的工作表格式。自动套用格式可以理解为对字体、数字、对齐方式、边框、颜色以及列宽高已定义好的格式参数的组合。具体操作步骤有 4 步。

步骤 1:选择要应用样式的单元格或单元格区域。

步骤 2:在"开始"选项卡中,选择"套用表格格式"。

步骤 3:在下拉菜单中,单击要使用的表格格式。

步骤 4:在弹出的"套用表格式"对话框中,单击"确定"按钮。

二、工作表数据的输入

(一)选取单元格

一张工作表上有很多单元格,数据的输入、编辑、计算等操作要在某个单元格中进行,必须先选中所需要的单元格。用鼠标或键盘上的方向键选中一个单元格时,此单元格成为活动单元格。活动单元格周围有边框线,用户可以向其中键入新的数据。首次启动 Excel 后,Al 为活动单元格。用鼠标或键盘选取一个新单元格,就可以改变当前活动单元格。

1. 基本操作

(1)用鼠标选取单元格操作

移动指针到所选单元格位置,单击鼠标左键。

(2)用键盘选取单元格操作

直接使用方向键就能选取单元格,各方向键功能如表 1 - 2 所示。

表 1 - 2 方向键及其功能

→	右移一个单元格	Ctrl + ←	移至本行的第一个单元格
←	左移一个单元格	Ctrl + →	移至本行的最后一个单元格
↑	上移一个单元格	Ctrl + Home	移至工作表的开始单元格
↓	下移一个单元格	Ctrl + End	移至数据块的最后一个单元格
PgUp	上移一屏	PgDn	下移一屏

2. 选取相邻单元格

相邻单元格的选取就是选取相连的几个单元格,即选取单元格区域。

(1)用鼠标选取相邻单元格的操作

方法1:单击选取第一个单元格,然后按住鼠标左键拖拽至要选取的最后一个单元格后松开鼠标左键。

方法2:单击所选的第一个单元格,再按住 Shift 键并单击最后一个要选取的单元格。例如,选取 A2 和 C4 之间相邻的单元格,先单击 A2,再按住 Shift 键并单击 C4,这样 A2 和 C4 之间所有单元格就被选取了,表示为 A2:C4,如图 1 - 3 所示。

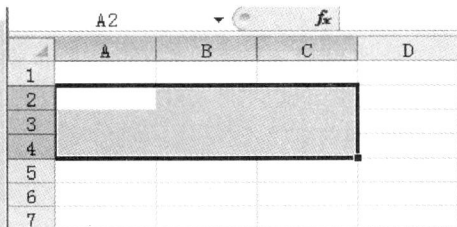

图 1 - 3 单元格的选取

(2)用键盘选取相邻的单元格的操作

先用方向键选取第一个单元格,然后按住 Shift 键不放,再用方向键移动到所需取的区域的最后一个要选取的单元格即可。

技巧

要选择整行或整列,只需单击行头或列头。若要选择几个相邻行(列),只需在行头(列标)上拖拽鼠标即可。

3. 选取非相邻单元格

用鼠标选取非相邻单元格的操作:

单击第一个单元格,按住 Ctrl 健,再单击所要选取的下一个单元格,直至选取所需的全部单元格。

用 Ctrl 键和鼠标拖拽还能选取几个区域。例如,选用鼠标激活 A3 单元格,再按 Ctrl 键并用鼠标选取 C5 单元格,再拖拽至 D6 单元格,这样就同时选取了 A3 单元格和 C5:D6 区域。

技巧

若要选择非相邻行(列),先单击第一个行头(列头),按 Ctrl 键再选择其他行(列)。单击任意一个单元格,可清除工作表内多个单元区域的选取,而此单元格被激活。

(二)单元格的数据输入

1. 输入数据

在 Excel 单元格中输入数据通常有 3 种方法。

① 单击单元格,在该单元格中输入数据,然后按 Enter 键、Tab 键或方向键定位到其他单元格继续输入数据。

② 双击单元格,光标变成 I 型时,就可以进行数据的输入了。

③ 单击单元格,在编辑栏内输入数据,最后用鼠标单击控制按钮"×"或"√"来"取消"或"确定"输入的内容。

2. 输入数值常量

（1）输入分数

在所有的文档中,分数格式通常用一道斜杠来分界分子与分母,其格式为"分子/分母"。在 Excel 中日期的输入方法也是用斜杠来区分的,比如在单元格中输入"1/2",按回车键则显示"1 月 2 日"。

注意

为了避免将输入的分数与日期混淆,我们在单元格中输入分数时,要在分数前输入"0"以示区别,并且在"0"和分子之间要有一个空格隔开,比如我们在输入 1/2 时,则应该输入"0 1/2"如果在单元格中输入了"0 1/2",则在单元格中显示"1/2",而在编辑栏中显示"0.5"。

（2）输入负数

在单元格中输入负数时,可在负数前输入"－"做标识,也可将数字置在括号内来标识。比如在单元格中输入"(1)",则会自动显示为"－1"。

3. 输入文本常量

注意

Excel 单元格中的文本包括任何文字、字母、数字、空格和非数字字符的组合,每个单元格中最多可容纳 32 000 个字符数。虽然在 Excel 中输入文本和在其他应用程序中没有什么本质区别,但是还是有一些差异,比如我们在 Word 的表格中,当在单元格中输入文本后,按回车键表示一个段落的结束,光标会自动移到本单元格中下一段落的开头。而在 Excel 的单元格中输入文本时,按一下回车键却表示结束当前单元格的输入,光标会自动移到当前单元格的下一个单元格。所以如果是想在单元格中分行,则必须按住 Alt 键的同时按回车键。

4. 输入日期和时间

（1）输入日期

Excel 能够识别出大部分用普通表示方法输入的日期和时间格式。用户可以用多种格式来输入日期，可以用斜杠"/"或者"－"来分隔日期中的年、月、日。比如要输入"2020 年 3 月 6 日"，可以在单元各种输入"2020/3/6"或者"2020－3－6"。

👀 技巧

如果要在单元格中插入当前日期，可以按键盘上的"Ctrl＋；"组合键。

（2）输入时间

在 Excel 中输入时间时，用户可以按 24 小时制输入，也可以按 12 小时制输入，这两种输入的表示方法是不同的。比如要输入下午 7 时 30 分 38 秒，用 24 小时制输入格式为"19：30：38"，而用 12 小时制输入时间格式为"7：30：38 P"，注意字母 P 和时间之间有一个空格。

👀 技巧

如果要在单元格中插入当前时间，则按"Ctrl＋Shift＋；"组合键。

✎ 注意

在同一单元格中输入日期和时间时，须用空格分隔，否则 Excel 将把输入的日期和时间当作文本。在默认状态下，日期和时间在单元格中的对齐方式为右对齐。如果 Excel 无法识别输入的时期和时间，也会把它们当成文本，在单元格中左对齐。此外，要输入当前日期和当前时间，应依次输入"Ctrl＋；"＋"空格"＋"Ctrl＋Shift＋；"。

5. 换行输入

（1）临时设置法

如果我们只是临时需要在一个单元格中输入多行数据，那么就可以在输入完单元格内容的第一行后，按住 Alt＋Enter，这时，继续输入的字符便自动出现在了当前单元格的下方了。

（2）批量设置法

选中需要设置自动换行的单元格，右击单元格，单击"设置单元格格式"，并在"对齐"选项卡中选中"自动换行"复选框。这时当我们再输入一些超长字符时，超长部分便被 Excel 自动分配到下一行了。

6. 输入相同数据

要在不同单元格输入相同数据，可以选中要输入相同数据的单元格，然后在编辑栏中输入数据内容，最后按组合键 Ctrl＋Enter。

任务三　数据处理操作

任务目标

知识目标：

1. 了解记录单的功能。

2. 了解数据处理的基本操作。

能力目标：

1. 学会使用记录单输入数据。

2. 掌握数据排序、筛选、汇总的方法。

3. 学会制作数据透视表。

任务导入

　　现在销售经理需要销售代表小明根据表 1-1 制作销售报表，统计出每个区域所有商品的销售总额。

　　小明应该如何利用 Excel 快速地做出符合要求的报表呢？

通过本任务的学习，你将了解 Excel 的记录单功能，并且学会数据处理的基本操作。

一、记录单的使用

　　在向一个数据量较大的 Excel 表单中插入一行新记录的过程中，有许多时间白白花费在来回切换行和列的位置上。而 Excel 的记录单可以实现在一个小的窗口中完成输入数据的工作，不必在长长的表单中进行输入。

　　（一）添加到快速访问工具栏（详见教学视频）

　　在 Excel 中，要使用记录单，应将该命令添加到快速访问工具栏中。具体操作为在"Excel 选项"对话框中，选择"自定义"选项，在"从下列位置选择命令"下拉菜单中选择"不在功能区中的命令"选项，在其下方的列表框中选择"记录单"选项，单击"添加"按钮，然后单击"确定"按钮。

教学视频

　　（二）使用记录单输入数据

　　下面以使用记录单创建一个"销售信息表"为例，介绍使用记录单输入数据的具体操作方法。

　　步骤 1：在工作表中输入数据字段，如图 1-4 所示，选中输入的数据字段，单击快速访问工具栏中的"记录单"按钮。

　　步骤 2：在弹出的提示对话框中，单击"确定"按钮。

　　步骤 3：在弹出的对话框中根据数据字段输入对应的

	A	B	C	D
1	区域	货物名称	销售金额	
2				
3				

图 1-4　输入数据字段

内容，如图 1-5 所示。输入完成后，单击"新建"按钮继续输入下一条记录，输入全部完成后，单击"关闭"按钮，结果如图 1-6 所示。

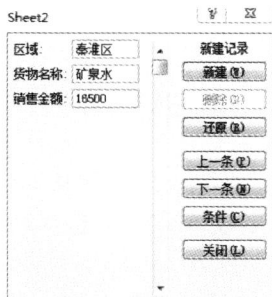

图 1－5　录入记录

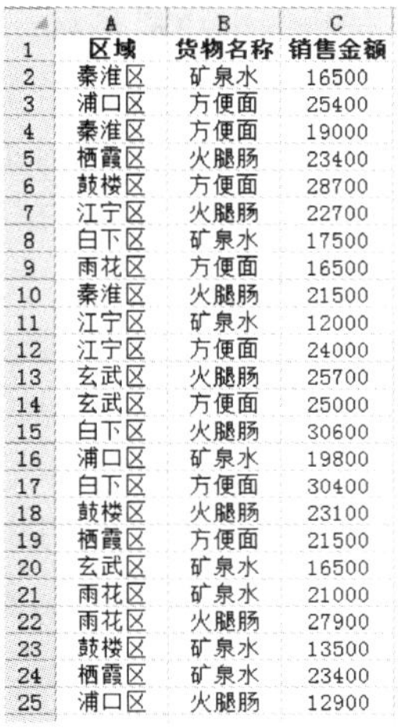

	A	B	C
1	区域	货物名称	销售金额
2	秦淮区	矿泉水	16500
3	浦口区	方便面	25400
4	秦淮区	方便面	19000
5	栖霞区	火腿肠	23400
6	鼓楼区	方便面	28700
7	江宁区	火腿肠	22700
8	白下区	矿泉水	17500
9	雨花区	方便面	16500
10	秦淮区	火腿肠	21500
11	江宁区	矿泉水	12000
12	江宁区	方便面	24000
13	玄武区	火腿肠	25700
14	玄武区	方便面	25000
15	白下区	火腿肠	30600
16	浦口区	矿泉水	19800
17	白下区	方便面	30400
18	鼓楼区	火腿肠	23100
19	栖霞区	方便面	21500
20	玄武区	矿泉水	16500
21	雨花区	矿泉水	21000
22	雨花区	火腿肠	27900
23	鼓楼区	矿泉水	13500
24	栖霞区	矿泉水	23400
25	浦口区	火腿肠	12900

图 1－6　记录单结果

（三）查询数据

对于数据量较大的工作表，使用记录单查询数据十分方便。具体操作步骤如下。

步骤 1：单击快速访问工具栏中的“记录单”按钮。

步骤 2：在弹出的对话框中，单击“条件”按钮，在打开的空白记录单的相应数据段中输入查询条件，本例中输入“销售金额”字段的查询条件 21000，按 Enter 键，可查到符合条件的数据并在记录单中显示，如图1－7 所示。

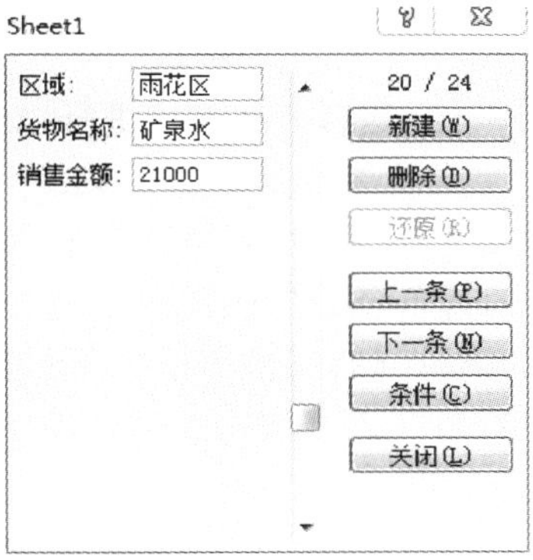

图 1－7　条件查询结果

（四）修改数据

通过记录单修改数据的具体操作方法如下。

步骤 1：选中数据表中的任意单元格，单击快速访问工具栏中的“记录单”按钮，在弹出的对话框中，将鼠标光标定位到需要修改的数据字段中进行修改。

步骤 2：修改完毕后，单击“关闭”按钮。

（五）删除数据

在数据量较大的工作表中，要查找并删除特定的记录非常麻烦，通过记录单删除可简化操作。具体操作步骤如下。

步骤 1：选中数据表中的任意单元格，单击快速访问工具栏中的“记录单”按钮。

步骤 2：在弹出的对话框中找到需要删除的记录，单击“删除”按钮，弹出删除提示对话框，单击“确定”按钮。

二、管理数据清单

（一）数据清单排序

在工作表或数据清单中输入数据后，经常需要进行排序。对数据进行排序是数据分析不可缺少的组成部分，它有助于快速直观地显示数据并更好地理解数据，有助于组织并查找

所需数据,也有助于用户最终做出更有效的决策。

1. 对文本进行排序

选择单元格区域中的一列字母数据,在"开始"选项卡中单击"排序和筛选"按钮。若要按字母数据的升序排序,选择"升序";若要按字母数据的降序排序,选择"降序"。

2. 对数字进行排序

选择单元格区域中的一列数值数据,单击"排序和筛选"按钮。要按从小到大的顺序对数字进行排序,选择"升序";要按从大到小的顺序对数字进行排序,选择"降序"。

3. 对日期或时间进行排序

选择单元格区域中的一列日期或时间,单击"排序和筛选"按钮。若要按从早到晚的顺序对日期或时间排序,选择"升序";若要按从晚到早的顺序对日期或时间排序,选择"降序"。

4. 对行进行排序

选择单元格区域中的一行数据,单击"排序和筛选"按钮,然后选择"自定义排序"。弹出"排序"对话框。单击"选项"按钮,在"排序选项"对话框中的"方向"下选中"按行排序"按钮,然后单击"确定"按钮。最后在"行""排序依据"以及"次序"下,选择相应的条件,完成后单击"确定"按钮。

5. 按多个列或行进行排序

当某些数据要按一列或一行中的相同值进行分组,然后对该组相同值中的另一列或另行进行排序时,可以按多个列或行进行排序。选择具有两列或多列数据的单元格区域,单击"排序和筛选"按钮,然后选择"自定义排序",弹出"排序"对话框。在"列"下,选择要排序的第一列;在"排序依据"下,选择排序类型,若要按文本、数字或日期和时间进行排序,选择"数值",若要按格式进行排序,选择"单元格颜色""字体颜色"或"单元格图标";在"次序"下,选择排序方式。若要添加作为排序依据的另一列,单击"添加条件"按钮;若要复制作为排序依据的列,选择该条目,然后单击"复制条件"按钮;若要删除作为排序依据的列,选择该条目,然后单击"删除条件"按钮;若要更改列的排序顺序,选择一个条目,然后单击"向上"或"向下"箭头更改顺序。如图 1-8 所示。

图 1-8 "排序"对话框

(二)数据筛选

筛选过的数据仅显示那些满足指定条件的行,并隐藏那些不希望显示的行。筛选数据之后,对于筛选过的数据的子集,不需要重新排列或移动就可以复制、查找、编辑、设置格式、制作图表和打印。此外,还可以按多个列进行筛选。筛选器是累加的,这意味着每个追加的筛选器都基于当前筛选器,从而进一步减少了数据的子集。

1. 自动筛选

对于设置了数据筛选功能的数据列表,可以通过自动筛选的方法,筛选出需要的数据。在设置了筛选功能的数据列表的第一行中单元格右侧有一个下三角按钮,单击此按钮,选择筛选的关键字即可启动自动筛选。以图 1-6 为例,选择所有单元格区域,单击"排序和筛选"按钮,然后选择"筛选",在每一列的第一个单元格右侧都出现一个下三角按钮,单击单元格 A1 的下三角按钮,弹出"自动筛选"下拉菜单,选中"秦淮区"复选框,取消选取其他系列名称选项,具体如图 1-9 所示。单击"确定"按钮,结果如图 1-10 所示。

> **注意**
>
> 使用自动筛选可以创建 3 种筛选的类型:按列表值、按格式和按条件。对于每个单元格区域或列表来讲,这 3 种筛选类型是互斥的。例如,不能既按单元格颜色又按数字列表进行筛选,只能在两者中任选其一。

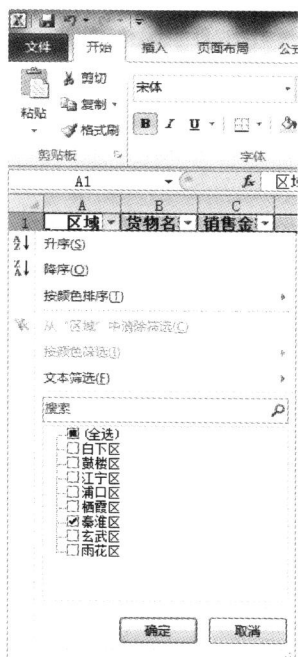

图 1-9 "自动筛选"下拉菜单

图 1-10 "自动筛选"结果

2. 条件筛选

在打开自动筛选时,可以从"自动筛选"下拉菜单中选择相应的选项,设定一些限定条件,从而筛选出符合要求的数据,以图 1-6 为例,单击单元格 C1 右侧的下三角按钮,在弹出的下拉菜单中选择"数字筛选"中的"介于"选项,弹出如图 1-11 所示的对话框,输入销售金额范围,单击"确定"按钮,结果如图 1-12 所示。

图 1-11 "自定义自动筛选方式"对话框

	A 区域	B 货物名	C 销售金额
3	雨花区	矿泉水	21000
4	雨花区	火腿肠	27900
5	玄武区	火腿肠	25700
6	玄武区	方便面	25000
10	秦淮区	火腿肠	21500
11	栖霞区	火腿肠	23400
12	栖霞区	方便面	21500
13	栖霞区	矿泉水	23400
14	浦口区	方便面	25400
17	江宁区	火腿肠	22700
19	江宁区	方便面	24000
20	鼓楼区	方便面	28700
21	鼓楼区	火腿肠	23100
26			

图 1-12 "条件筛选"结果

（三）分类汇总数据

1. 建立分类汇总

在 Excel 2010 工作表中,当需要对已经按要求排好顺序的众多数据再按类别进行汇总时,可以使用分类汇总命令。汇总的方式有很多种,如求和、计数、求平均值等。汇总的结果可以在每一类数据的下面加行显示,便于查看和输入报表。在工作表中插入分类汇总,实际上是在其中自动插入一些公式,这些公式利用相应函数进行汇总,汇总结果显示在原来的汇总数据下方。

	A 区域	B 货物名称	C 销售金额
2	白下区	方便面	30400
3	鼓楼区	方便面	28700
4	江宁区	方便面	24000
5	浦口区	方便面	25400
6	栖霞区	方便面	21500
7	秦淮区	方便面	19000
8	玄武区	方便面	25000
9	雨花区	方便面	16500
10	白下区	火腿肠	30600
11	鼓楼区	火腿肠	23100
12	江宁区	火腿肠	22700
13	浦口区	火腿肠	12900
14	栖霞区	火腿肠	23400
15	秦淮区	火腿肠	21500
16	玄武区	火腿肠	25700
17	雨花区	火腿肠	27900
18	白下区	矿泉水	17500
19	鼓楼区	矿泉水	13500
20	江宁区	矿泉水	12000
21	浦口区	矿泉水	19800
22	栖霞区	矿泉水	23400
23	秦淮区	矿泉水	16500
24	玄武区	矿泉水	16500
25	雨花区	矿泉水	21000

图 1-13 排序结果

教学视频

插入分类汇总的步骤如下。(详见教学视频)

步骤 1:确保每个列在第一行中都有标签,并且每个列中都包含相似的事实数据,同时该区域没有空的行或列。

步骤 2:对构成组的列排序。如将图 1-6 排序,排序主要关键字选择"货物名称",次要关键字选择"区域",排序依据均选择"数值",次序均选择"升序",排序结果如图 1-13 所示。

步骤 3:选择图 1-13 区域中的某个单元格,在"数据"选项卡中单击"分类汇总",弹出"分类汇总"对话框。

步骤 4:在"分类字段"框中,选择要计算分类汇总的列。在本例中,选择"货物名称"。在"汇总方式"框中,单击要用来计算分类汇总的汇总函数,在本例中,选择"求和"。在"选定汇总项"框中,对于包含要计算分类汇总的值的每个列,选中其复选框,在本例中,选中"销售金额"复选框,如图 1-14 所示。如果按每个分类汇总自动分页,选中"每组数据分页"复选框;若要指定汇总行位于明细行的下面,选中"汇总结果显示在数据下方"复选框;若要指定汇总行位于明细行的上面,取消选中"汇总结果显示在数据下方"复选框;若要避免覆盖现有分类汇总,取消选中"替换当前分类汇总"复选框。单击"确定"按钮,汇总结果如图 1-15 所示。

1 2 3		A	B	C
	1	区域	货物名称	销售金额
	2	白下区	方便面	30400
	3	鼓楼区	方便面	28700
	4	江宁区	方便面	24000
	5	浦口区	方便面	25400
	6	栖霞区	方便面	21500
	7	秦淮区	方便面	19000
	8	玄武区	方便面	25000
	9	雨花区	方便面	16500
	10	方便面 汇总		190500
	11	白下区	火腿肠	30600
	12	鼓楼区	火腿肠	23100
	13	江宁区	火腿肠	22700
	14	浦口区	火腿肠	12900
	15	栖霞区	火腿肠	23400
	16	秦淮区	火腿肠	21500
	17	玄武区	火腿肠	25700
	18	雨花区	火腿肠	27900
	19	火腿肠 汇总		187800
	20	白下区	矿泉水	17500
	21	鼓楼区	矿泉水	13500
	22	江宁区	矿泉水	12000
	23	浦口区	矿泉水	19800
	24	栖霞区	矿泉水	23400
	25	秦淮区	矿泉水	16500
	26	玄武区	矿泉水	16500
	27	雨花区	矿泉水	21000
	28	矿泉水 汇总		140200
	29	总计		518500

分类汇总

分类字段(A):
货物名称

汇总方式(U):
求和

选定汇总项(D):
□ 区域
□ 货物名称
☑ 销售金额

☑ 替换当前分类汇总(C)
□ 每组数据分页(P)
☑ 汇总结果显示在数据下方(S)

全部删除(R)　确定　取消

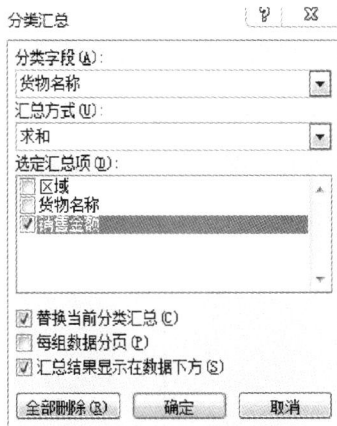

图 1-14 "分类汇总"对话框

图 1-15 汇总结果

2. 删除分类汇总

删除分类汇总时,Excel 还将删除与分类汇总一起插入列表中的分级显示和任何分页符。删除分类汇总的步骤如下。

步骤 1:单击列表中包含分类汇总的单元格。

步骤 2:单击"分类汇总"按钮,显示"分类汇总"对话框。

步骤 3:单击"全部删除"按钮。

(四)数据透视表

1. 数据透视表概述

数据透视表是一种可以快速汇总大量数据的交互式方法。使用数据透视表可以深入分析数值数据,并且可以回答一些预计不到的数据问题。数据透视表是针对以下用途特别设计的。

① 以多用户方式查询大量数据。

② 对数值数据进行分类汇总和聚合,按分类和子分类对数据进行汇总,创建自定义计算公式。

③ 展开或折叠要关注结果的数据级别,查看重要区域摘要数据的明细。

④ 将行移动到列或将列移动到行,以查看源数据的不同汇总。

⑤ 对最有用和最关注的数据子集进行筛选、排序、分组和有条件地设置格式,使用户能够了解所需的信息。

⑥ 提供简明、有吸引力且带有批注的联机报表或打印报表。

一般来讲,想要分析相关的汇总值,尤其是在合计规模较大的数字列表并对每个数字进行多种比较时,通常使用数据透视表。

2. 创建数据透视表(详见教学视频)

以图 1-6 表格为例,如要创建每种货物销售金额合计的数据透视表,具体步骤如下。

步骤 1:单击图 1-6 表格任意位置,然后在"插入"选项卡的"表格"组中,单击"数据透视表"按钮,弹出"创建数据透视表"对话框,如图 1-16 所示。

步骤 2:输入位置。若要将数据透视表放在新工作表中,并以单元格 A1 为起始位置,选中"新工作表"单选按钮。若要将数据透视表放在现有工作表中,选中"现有工作表"单选按钮,然后输入要放置数据透视表的单元格区域的第一个单元格,如"Sheet1!$E$1"。

图 1-16 "创建数据透视表"对话框

步骤 3:单击"确定"按钮,一个空的数据透视表将添加到输入的位置,并显示数据透视表字段列表,以便添加字段、创建布局和自定义数据透视表,如图 1-17 所示。

步骤 4:在如图 1-18 所示的"数据透视表字段列表"对话框中,拖动各字段名称至相应位置,结果如图 1-19 所示。

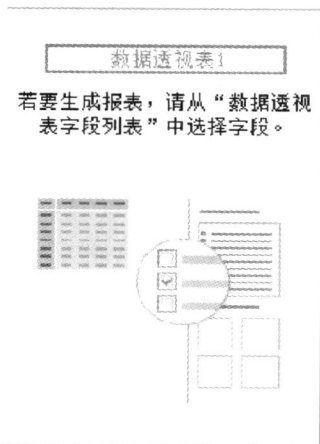

图 1-17 创建空的数据透视表

图 1-18　"数据透视表字段列表"对话框

图 1-19　数据透视表结果

三、Excel 图表

图表是工作表数据的图形表示,它可以使繁杂的数据变得更加直观、形象,增加了数据的可读性。Excel 2010 具有完整的图表功能,它不仅提供了 14 种标准图表类型,如面积图、柱形图、条形图、折线图、饼图、圆环图、气泡图、雷达图、股价图、曲面图、散点图、锥形图、圆柱图、棱锥图等,每种图表类型又都有几种不同的子类型,还提供了约 20 种自定义图表类型。用户可根据不同的需要选用适当的图表类型,还可以生成较为复杂的三维立体图表。用户可以利用工作表中的数据建立各种类型的图表,进而更直观地进行财务分析,使得财务管理工作更加有效。

(一)图表的创建

创建图表的方法非常的简单,用户可以单击工具栏上的"插入"菜单,在"图表"栏中将显示各类的图表选项,单击图表右侧的按钮将出现"插入图表"对话框,然后一步一步地进行操作,即可完成图表的创建。

1. 柱形图的制作

经过筛选,图 1-20 为某公司方便面的区域销售情况,我们以此为例介绍柱形图的制作方法。

步骤 1:选取单元格区域 A1:C23,单击工具栏上的"插入"菜单,选择"图表"选项,出现"插入图表"对话框,如图1-21 所示。

	区域	货物名	销售金
4	白下区	方便面	30400
5	鼓楼区	方便面	28700
10	江宁区	方便面	24000
11	浦口区	方便面	25400
15	栖霞区	方便面	21500
18	秦淮区	方便面	19000
21	玄武区	方便面	25000
23	雨花区	方便面	16500

图 1-20　方便面区域销售情况

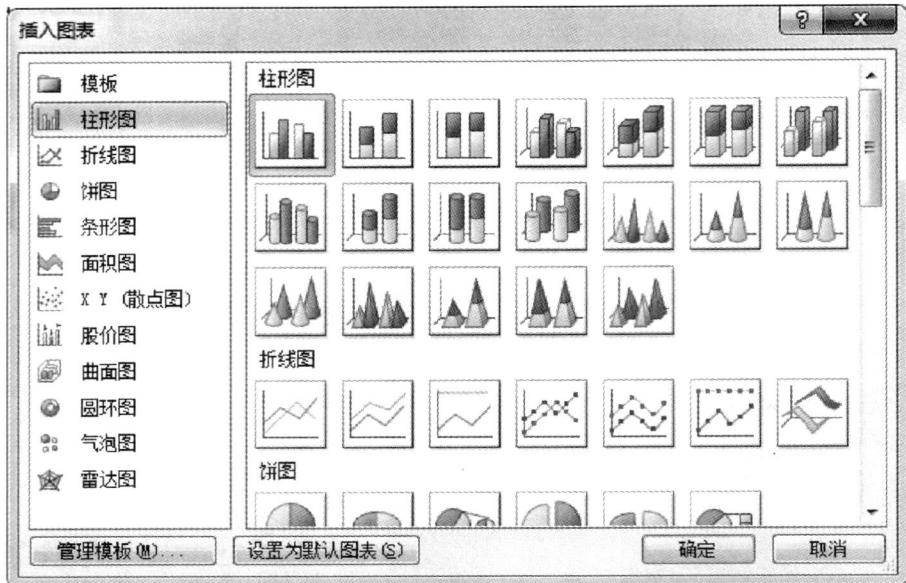

图 1-21 "插入图表"对话框

步骤 2：在"插入图表"左侧选择"柱形图"，在"插入图表"后侧选择"三维柱形图"，单击"确定"按钮，出现柱形图，如图 1-22 所示。

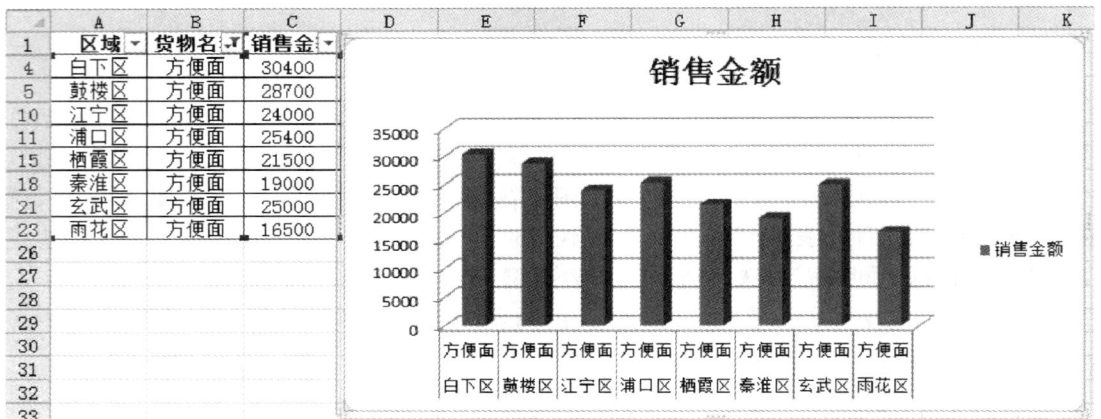

图 1-22 柱形图

2. 饼图的制作

我们以图 1-19 为例制作饼图。具体方法如下。

步骤 1：选取表格全部区域，单击工具栏上的"插入"菜单，选择"图表"选项，出现"插入图表"对话框。

步骤 2：在此对话框中选择"饼图"，然后在饼图类型中选择"三维饼图"，单击"确定"按钮，饼图就制作完成了，如图 1-23 所示。

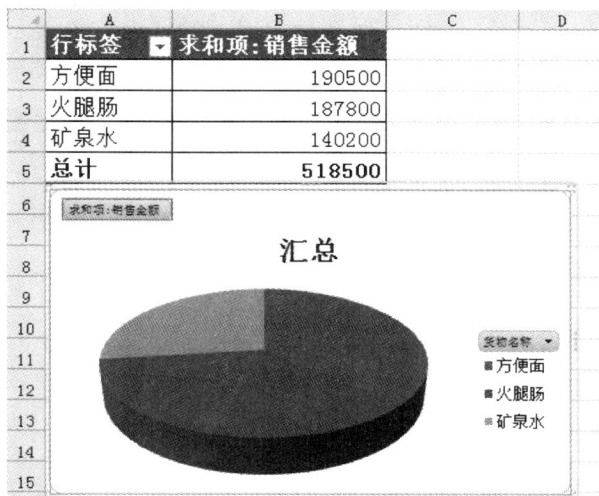

图 1-23　饼图

（二）图表的编辑

图表创建完成之后，如果对当前的图表不满意，可以对其进行相应的编辑操作，以满足用户的不同需求。例如，通过编辑图表可以调整图表的大小、更改图表的数据区域、图表的类型等，使图表变得更加美观和实用。

1. 改变图表尺寸

步骤1：单击图表区域，将它激活，此时图表边框出现8个操作柄。

步骤2：用户可以根据需要选择操作柄，用鼠标指向某个操作柄，当鼠标指针呈现双箭头寸，按住左键不放，拖动操作柄到需要的位置上，然后放开鼠标左键，即可完成图表某个向上的尺寸改变。

2. 移动图表

步骤1：单击图表区域，将它激活。

步骤2：在图表区域按住鼠标左键不放，拖动鼠标将图表移到目标位置。

步骤3：松开鼠标左键，完成移动操作。

3. 复制图表

步骤1：单击图表区域，将它激活，图表边框出现8个操作柄。

步骤2：在图表区域按住鼠标左键不放，拖动鼠标将图表移到需要的地方，按 Ctrl 键，然后松开鼠标。

步骤3：若需要将图表复制到其他工作表或其他文件中，可选中图表，按工具栏中的"复制"按钮，再单击需要放置图表的工作表或其他文件的适当位置，单击工具栏中的"粘贴"按钮。

4. 删除图表

删除图表时，先单击图表区域，将它激活，然后右击，出现快捷菜单，选择"删除"命令，即可删除图表。

5. 添加数据标签

在很多情况下，在图表上添加数据标签，可以更直观地表示相关因素的变化情况。单击需要显示数据标签的位置,然后右击,出现快捷菜单,选择"设置数据标签格式"命令,弹出如图 1-24 所示的对话框,在"标签选项"中选择"值"复选框,即可在图表上添加数值标签。

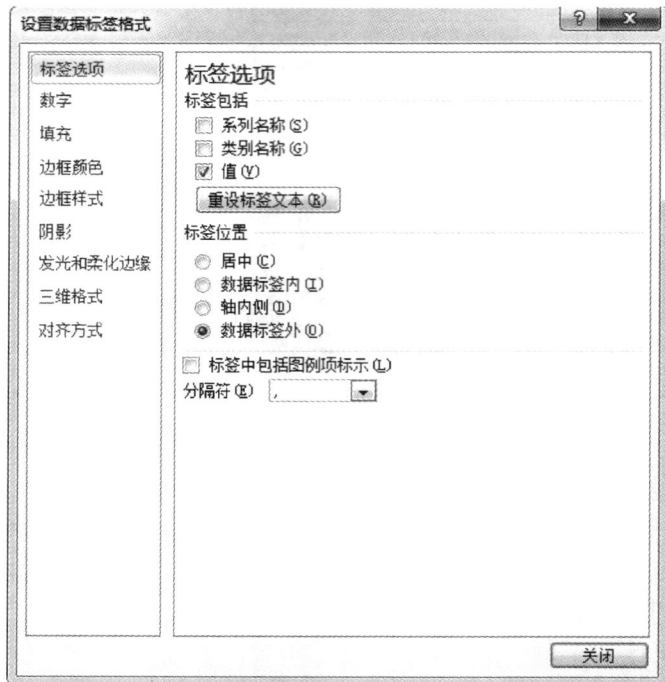

图 1-24 "设置数据标签格式"对话框

6. 更改图表数据区域(详见教学视频)

创建图表之后,可以重新选择图表的数据区域。如果要更改图表数据区域,可以按照如下步骤操作。

步骤 1:打开要改变图表数据区域的工作表。

步骤 2:右击工作表中的图表,然后单击快捷菜单中的"选择数据"命令,打开"选择数据源"对话框,如图 1-25 所示。

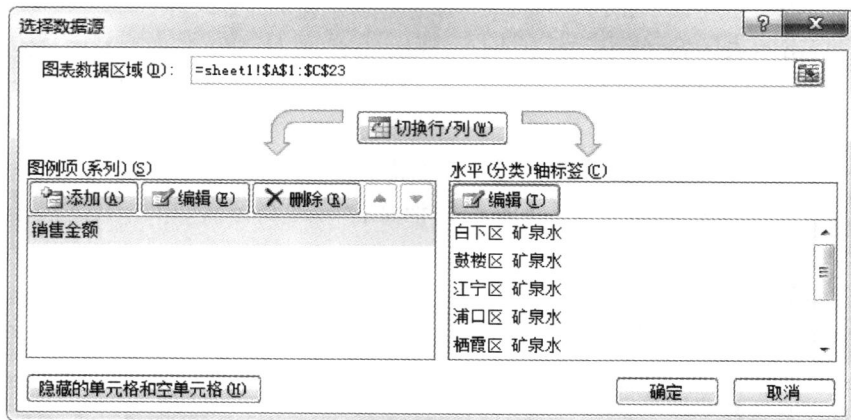

图 1-25 "选择数据源"对话框

步骤3:重新选择数据区域,将图1-25中"图表数据区域"更改为"=Sheet1!$A$1:$C$21"。

步骤4:单击"确定"按钮,关闭"选择数据源"对话框,如图1-26所示,新的图表中雨花区的销售数据就不再显示了。

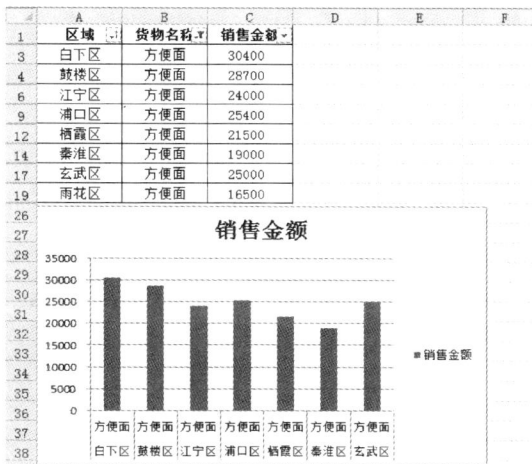

图1-26 更改图表数据区域后的柱形图

7. 更改图表类型

更改图表类型就是将现有的图表类型更换成其他的图表类型,我们以柱形图改成折现图为例。

步骤1:打开要更改的工作表。

步骤2:右击工作表中的图表,然后单击弹出菜单中的"更改图标类型"命令,打开"更改图标类型"对话框。

步骤3:在对话框中选择要使用的图表类型,这里我们选择"折线图",然后单击"确定"按钮,更改后的图表如图1-27所示。

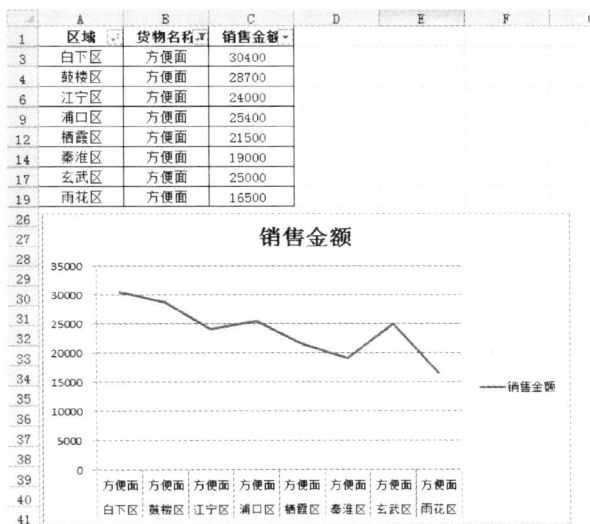

图1-27 折线图

项目小结

本项目概括地介绍了 Excel 电子表格软件的基本特征以及 Excel 2010 的基本功能和特点。阐述了财务管理电算化的基本概念,并为如何熟练使用 Excel 对资金运用进行电算化管理提出了有益的建议。

概括地介绍了 Excel 的开启和关闭的方法,展示了 Excel 的窗口界面,介绍了每个区域的基本功能。

系统地介绍了 Excel 2010 的基础知识,其中重点介绍了 Excel 2010 工作表和单元格。

详细介绍了 Excel 2010 提供的强大的数据分析处理与管理功能,利用它们可以实现对数据的排序、分类汇总、筛选及数据透视、图表等功能。

技能训练

1. Excel 的主要特点和基本功能分别是什么?
2. 简述 Excel 窗体的基本结构。
3. 某班级学生信息见表 1-3。

表 1-3　学生信息

学　号	姓　名	性　别	专　业	入学成绩
001	王芳	女	会计	529
002	李静	女	市场营销	438
003	赵佳	男	市场营销	503
004	钱进	男	工商管理	488
005	黄伟	男	会计	516
006	周宇	男	市场营销	475
007	魏荣	女	工商管理	492
008	吴兰	女	会计	557
009	胡喜	女	工商管理	442
010	杨俊	男	市场营销	522

要求:

(1) 在 Excel 中输入上述表格。

(2) 查找周宇的入学成绩。

(3) 将男同学的入学成绩降序排列。

(4) 按性别汇总入学成绩的总分。

(5) 制作数据透视表,计算每个专业的入学总分。

(6) 制作学生成绩柱形图。

认识 Excel 公式

学习目标

通过本项目的学习,学生应该掌握利用公式进行数据计算的方法,掌握 Excel 2010 工作表的操作方法与技巧;熟悉常用函数的功能与使用方法,能够利用数据库管理功能对数据进行分析和统计管理;熟悉常用财务函数的使用方法,学会使用财务函数计算货币资金的时间价值等财务指标,为以后学习投资分析等内容打下基础。

Excel 软件中最大的功能就是对数据的处理。Excel 的公式和函数是 Excel 实现数据处理的重要工具。在财务工作中,可以利用 Excel 快捷地输入数学公式计算数据结果。Excel 函数则是 Excel 另一个重要功能。Excel 函数共包含 11 类,分别是数据库函数、日期与时间函数、工程函数、财务函数、信息函数、逻辑函数、查询和引用函数、数学和三角函数、统计函数、文本函数以及用户自定义函数。Excel 函数的使用大大提高了 Excel 数据处理的效率。

任务一　Excel 公式的运用

任务目标

知识目标:

1. 掌握利用公式进行数据处理的方法。
2. 掌握公式中运算符以及数组公式的使用的方法。

能力目标:

1. 掌握 Excel 工作表的操作方法。
2. 掌握基本的数学运算函数。

任务导入

某公司 2020 年 1 月至 6 月的主营业务收入、主营业务成本和主营业务税金及附加数据如表 2 −1 所示。

表 2 −1　某公司 1—6 月利润数据

	1 月	2 月	3 月	4 月	5 月	6 月
主营业务收入	590	680	700	850	960	1 050
主营业务成本	230	320	382	450	480	520

	1月	2月	3月	4月	5月	6月
主营业务税金及附加	82	83	98	104	100	120
主营业务利润						

要求：使用 Excel 计算该公司每月的主营业务利润。

通过本任务的学习，你将能学会在 Excel 中利用公式进行数据处理，并且学会使用运算符和数组公式。

Excel 的公式是由数值和运算符组成的一个表达式序列，这些表达式能计算出我们所需要的结果。输入公式时必须以等号（＝）开头，公式中可以包括函数、引用、运算符和常量。

一、公式中的运算符

运算符是公式中的基本元素。Excel 2010 支持 4 种类型的运算符：算术运算符、比较运算符、文本运算符和引用运算符。

（一）算术运算符

算术运算符主要用于完成基本的数学运算，如加（＋）、减（－）、乘（＊）、除（／）、幂（^）。

（二）比较运算符

比较运算符用于比较两个数值的大小，并返回逻辑值 True（真）或 False（假）。比较运算符有等于（＝）、大于（＞）、小于（＜）、大于等于（＞＝）、小于等于（＜＝）、不等于（＜＞）。

（三）文本运算符

文本运算符用于连接文本（字符串），主要表示为"&"。例如，假设单元格 B2 中的数据为"中国的首都"，单元格 B3 中的数据为"是北京"，输入公式"＝B2&B3"，则公式的运算结果为"中国的首都是北京"。

（四）引用运算符

引用运算符用于对单元格区域进行合并计算，常见的引用运算符有冒号（：）、逗号（，）和空格。其中，冒号（：）是区域运算符，用于对两个引用单元格之间所有的单元格进行引用，如"A1：B5"，表示对包括 A1 和 B5 单元格在内的矩形区域的所有单元格的引用；逗号（，）是联合运算符，用于将多个引用合并为一个引用，如"＝SUM（B5：B10，D5：D10）"。

注意：各种运算符的优先级是不同的，它们的优先级如表 2－2 所示。

表 2－2　运算符的优先级

运算符	优先级
引用运算符	1
算术运算符	2
文本运算符	3
比较运算符	4

二、单元格的引用

单元格的引用是指在公式或函数中引用了单元格的"地址"，其目的在于指明所使用的数据的存放位置。通过单元格的引用可以在公式和函数中使用工作簿中不同部分的数据，或者在多个公式中使用同一单元格的数据。单元格的引用分为相对引用、绝对引用、混合引用。

（一）相对引用

"相对引用"是指在公式复制时，该地址相对于目标单元格在不断发生变化，这种类型的地址由列号和行号表示。例如，单元格 F1 = SUM（A1：E1），当该公式被复制到 F2、F3、F4 单元格时，公式中的引用地址（A1：E1）会随目标单元格的变化自动变化为" = SUM（A2：E2）"" = SUM（A3：E3）"" = SUM（A4：E4）"。

（二）绝对引用

"绝对引用"是指在复制公式时，该地址不随目标单元格的变化而变化。绝对引用地址是在引用地址的行列号前分别加上一个 \$ 符号。例如，\$A\$1、（\$A\$1：\$E\$1），这里的 \$ 就像是一把"锁"，锁定了引用位置，使他们在移动或者复制时，不随目标单元格的变化而变化。例如，统计学生某一门课程总成绩时，项目考核成绩、出勤情况、课堂表现、作业情况、综合测试成绩所占的权重系数应当被锁定。

（三）混合引用

"混合引用"是指在引用单元格地址时，一部分为相对引用地址，另一部分为绝对引用地址。如果 \$ 放在列号前，如 \$A1，表示列的位置"绝对不变"，而行的位置将随目标单元格的变化而变化。反之，如果 \$ 放在行号前，如 A\$1，则表示行的位置"绝对不变"，而列的位置将随目标单元格的变化而变化。在使用中经常会遇到需要修改引用类型的问题，如将相对引用改为绝对引用或将绝对引用改为相对引用等。

提示

Excel 提供了 3 种引用类型之间快捷转换的方法：在编辑栏中选中引用的单元格部分，反复按 F4 键进行引用类型之间的转换。转换的顺序是：A1→ \$A\$1→A\$1→ \$A1。

（四）外部引用（链接）

同一工作表中的单元格之间的引用被称为"内部引用"。在 Excel 中还可以引用同一工作簿中不同工作表中的单元格，也可以引用不同工作簿中的工作表的单元格，这种引用称之为"外部引用"，也称之为"链接"。引用同一工作簿内不同工作表中的单元格格式" = 工作表名！单元格地址"。如" = Sheet1！A1 + Sheet2！A3"表示将 Sheet1 中的 A1 单元格的数据与 Sheet2 中 A3 单元格的数据相加，放入目标单元格。引用不同工作簿中的单元格的格式为" =［工作簿名］工作表名！ 单元格地址。"如" =［Book2］Sheet1！\$A\$1 +［Book1］Sheet2！A3，"表示将 Book2 工作簿的 Sheet1 工作表的 A1 单元格的数据与 Book1 工作簿 Sheet2 工作表的 A3 单元格的数据相加，放入目标单元格，前者为绝对引用，后者为相对引用。

三、公式的输入、修改、移动与复制

公式的输入方法很简单，具体步骤如下。

步骤 1：选择要输入公式的单元格。

步骤 2：输入等号（ = ）。

步骤 3：输入公式(单元格的引用最好用鼠标选取,函数可使用函数向导)。

步骤 4：按 Enter 键或选用编辑栏左边的√按钮结束。

如果输入错误需要清除,可以在执行第 4 步之前按 Esc 键或单击编辑栏左边的×按钮。

提示

修改公式与修改数据一样,既可以通过编辑栏修改,也可以在单元格内修改。

公式的移动与单元格的移动方法一样。移动公式时,公式内的单元格引用不会改变。例如,单元格 B5 中的公式为" =B3 - B4",如果将该公式移动到 C5 单元格,则仍然是" =B3 - B4"。

注意

公式的复制与单元格的复制方法一样,但必须注意的是:在复制公式时,单元格引用将根据引用类型而改变。例如,B5 单元格中的公式为" =B3 - B4",将其复制到 C5 单元格,则 C5 单元格中的公式为" =C3 - C4"。如果希望复制后的公式保持不变,则应采用绝对引用;如果希望复制后的公式行不变而列变化,或行变化而列不变化,则应采用半相对引用(半绝对引用)。

四、数组公式的使用

数组是可以进行总体或个别操作的一组记录。当需要对两组或两组以上的数据进行计算且计算方法相同时,使用数组公式可以大大简化计算,提高操作效率。

(一)输入数组公式

输入数组公式的方法是:首先选取单元格区域或单元格,然后输入有关的公式,最后同时按下 Ctrl + Shift + Enter 组合键即可。

注意

需要说明的是:在数组公式中使用的两组或多组数据称为数组参数,数组参数可以是一个数据区域,也可以是数组常量。在输入数组公式时,首先要选定单元格或单元格区域,数组公式中的每个数组参数都必须有相同数量的行和列。输入数组公式后,应同时按下 Ctrl + Shift + Entel 组合键,Excel 会自动在公式的两边加上大括号" "。否则,如果只按 Enter 键,则表示在选中的单元格区域的第一个单元格中输入了一个简单的公式。

(二)数组公式的编辑

数组公式与一般的公式不同,其表现之一就是不可以对数组公式涉及的单元格区域中的某一个单元格进行编辑、清除或移动等操作,否则将会出现"不能更改数组的某一部分"这样的提示。

如果发现输入的数组公式错误,可按下列步骤进行修改。

步骤1:单击数组区域中的任意一个单元格。

步骤2:单击公式编辑栏,此时编辑栏被激活,大括号"{}"在数组公式中消失。

步骤3:编辑数组公式的内容。

步骤4:修改完毕后,按 Ctrl + Shift + Enter 组合键。

如果要删除数组公式,其方法是先选取数组公式的单元格区域,然后按 Delete 键。

五、公式中返回的错误信息

Excel 2010 提供了单元格公式错误信息的提示标志。当单元格公式出现错误时,就会在该单元格的左上角出现一个小三角符号。当用鼠标单击该单元格时,在该单元格旁边会出现错误提示符号,如图2-1所示。单击此符号,就会弹出该错误的一些提示,如图2-2所示。

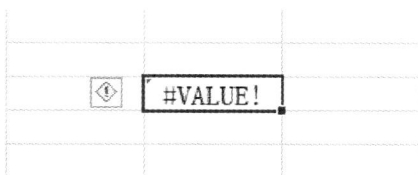

图2-1 错误符号提示

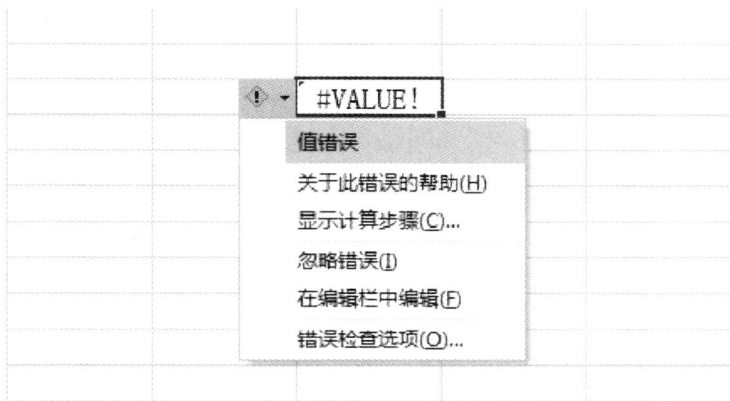

图2-2 错误提示选项

提示

公式中的出错返回值及其含义见表2-3。

表2-3 公式中的出错返回值及其含义

出错返回值	含 义
#DIV/0!	公式中的除数为0或公式使用了空单元格时,显示此错误值
#N/A!	某个单元格的数值不可用于公式时,显示此错误值
#NAME?	不能识别公式中的文本时,显示此错误值

续　表

出错返回值	含　义
#NUM!	公式中包含无效数值时,显示此错误值
#NULL!	公式中使用了两个不相交的区域交集时,显示此错误值
#RFF!	公式中引用了无效的单元格时,显示此错误值
#VALUE!	公式中所包含的单元格是不同的数据类型时,显示此错误值
####!	公式产生的结果太长,单元格容纳不下或单元格的日期、时间公式产生了一个负值时,显示此错误值

任务二　学习 Excel 常用函数

任务目标

知识目标:

熟悉常用函数的功能与使用方法。

能力目标:

能够运用 Excel 函数对数据进行分析和统计管理。

任务导入

某校大一学生成绩如表 2 -4 所示。

表 2 -4　大一学生成绩

学　号	姓　名	大学英语	高等数学	计算机	平时平均	期　中	期　末	总　评	等　级	名　次
201901	王小红	88	90	75		87	86			
201902	张圆圆	84	85	65		82	88			
201903	汪雨薇	79	68	78		79	87			
201904	李星星	94	87	67		76	87			
201905	胡丽娟	88	92	86		89	95			
201906	董小梅	87	67	71		67	69			

要求:

(1)编制学生成绩表并输入数据。

利用函数计算"王小红"的"平时平均"和"总评"(计算方法:总评 =0.2 ×平时平均 +0.3 ×期中 +0.5 ×期末),总评成绩无小数。

(2)利用填充功能求出所有人的"平时平均"及"总评"。

(3)以总评成绩为标准,利用函数计算等级(90 分以上为"优",90 ~80 分为"良",80 ~70 分为"中",70 ~60 分为"及格",60 分以下为"不及格")。

（4）以总评成绩为标准,利用函数计算出学生的排名,不能打乱学号。

通过本任务的学习,你将学会常用函数的功能和使用方法。

函数是 Excel 自带的内部预定义的公式。灵活运用函数不仅可以省去自己编写公式的麻烦,还可以解决许多仅仅通过自己编写公式尚无法实现的计算,并且在遵循函数语法的前提下,大大减少了公式编写错误的情况。Excel 提供的函数涵盖的范围较为广泛,包括数据库工作表函数、日期与时间函数、数学与三角函数、统计函数、查找与引用函数、工程函数、文本函数、逻辑函数、信息函数、财务函数等。

函数的语法形式为"函数名称(参数 1,参数 2,…)"。其中函数的参数可以是数字常量、文本、逻辑值、数组、单元格引用、常量公式、区域、区域名称或其他函数等等。如果函数是以公式的形式出现,应当在函数名称前面输入"="。

一、输入函数的方法

选中要输入函数的单元格,单击菜单栏中的"公式"选项卡,单击"插入函数"按钮,就会弹出"插入函数"对话框,如图 2 – 3 所示。

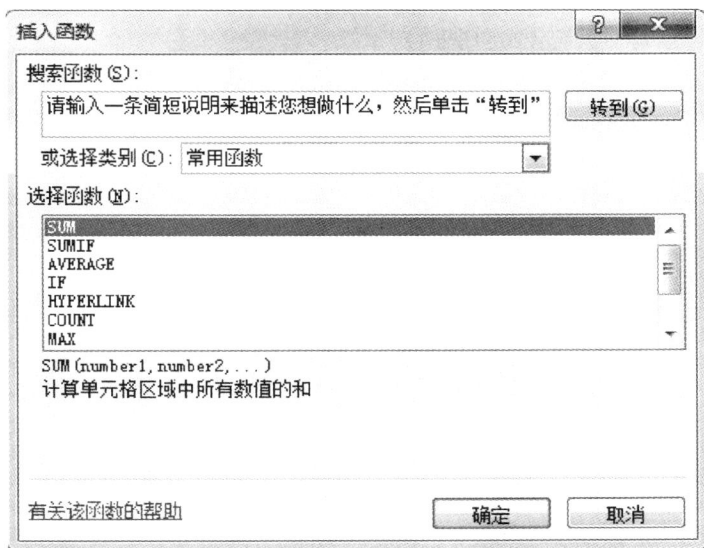

图 2 – 3　"插入函数"对话框

在"或选择类别"下拉列表框中选择要插入的函数类型,在"选择函数"列表框中选择要使用的函数(在这里我们选择 SUMIF 函数)。

单击"确定"按钮,将弹出"函数参数"对话框(见图 2 – 4),其中显示了函数的名称、函数功能、参数、参数的描述、函数的当前结果等。

按照要求输入或选中要计算的数据区域,单击"确定"按钮后将在单元格中显示结果。

如果要对已输入的函数进行修改,可在编辑栏中直接修改。若要更换函数,应先删去原有函数再重新输入,否则会将原来的函数嵌套在新的函数中。

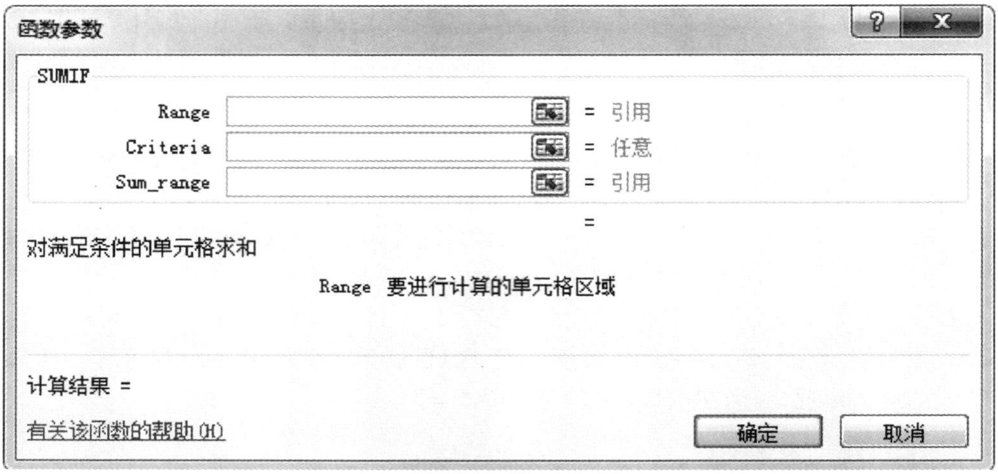

图 2－4 “函数参数”对话框

二、常用函数的应用

（一）IF 函数的应用（详见教学视频）

教学视频

函数语法：=IF(logical_test,[value_if_true],[value_if_false])

函数说明：=IF("判断条件","成立","不成立")

函数举例：如图 2－5、图 2－6 和图 2－7 所示。

C3 =IF(B3>5,"优秀","不优秀")

	A	B	C
1	大于5分为优秀		
2	员工姓名	积分	评定结果
3	李晓红	4	不优秀
4	赵小兰	8	优秀
5	吴华贵	5	不优秀
6	陶小俊	7	优秀
7	朱广博	3	不优秀

图 2－5 IF 函数

C3 =IF(B3>=400,"能","不能")

	A	B	C
1	能否坐飞机？ 机票价格400元		
2	员工姓名	金额	结果
3	李晓红	380	不能
4	赵小兰	400	能
5	吴华贵	500	能
6	陶小俊	230	不能
7	朱广博	650	能

图 2－6 IF 函数

	A	B	C	D	E	F
1	公司扣除培训费 扣除方式以工资级别为标准					
2	员工	工资	培训费（扣除）		培训费扣除比例	
3	李晓红	5,800.00	580.00		>=10000	20%
4	赵小兰	8,600.00	1,290.00		>=8000	15%
5	吴华贵	10,800.00	2,160.00		>=5000	10%
6	陶小俊	7,200.00	720.00		<5000	0%
7	朱广博	4,300.00	-			
8						
9	=IF(B3>=10000,B3*F$3,IF(B3>=8000,B3*F$4,IF(B3>=5000,B3*F$5,B3*F$6)))					

图 2－7 IF 嵌套函数

（二）SUM 函数的应用

函数语法：= SUM(number1,number2,…)

函数说明：返回某一单元格区域中所有数字之和。

直接键入到参数表中的数字、逻辑值及数字的文本表达式将被计算。

✐ 注意

> 如果参数为数组或引用，只有其中的数字将被计算。数组或引用中的空白单元格、逻辑值、文本或错误值将被忽略。如果参数为错误值或为不能转换成数字的文本，将会导致错误。

函数举例：如图 2 – 8 所示。

	A	B	C	D	E	F	G
				G3		fx	=SUM(C3:F3)
1			员工工资应发合计的计算				
2	员工编号	员工姓名	基本工资	岗位工资	加班工资	全勤奖	应发合计
3	001	李晓红	5,800.00	3,000.00	500.00	1,000.00	10,300.00
4	002	赵小兰	8,600.00	2,800.00	500.00	–	11,900.00
5	003	吴华贵	10,800.00	3,500.00	–	–	14,300.00
6	004	陶小俊	7,200.00	2,800.00	500.00	1,000.00	11,500.00
7	005	朱广博	4,300.00	3,000.00	–	–	7,300.00

图 2 – 8　SUM 函数

（三）SUMIF 函数的应用

函数语法：= SUMIF(range,criteria,sum_range)

函数说明：= 条件求和（用于条件判断的单元格区域，为确定哪些单元格将被相加求和，其形式可以为数字、表达式或文本，如果忽略了则对区域中的单元格求和）。

函数举例：如图 2 – 9 所示。

	A	B	C	D	E	F	G
			E2		fx	=SUMIF(C2:C6,">=5000")	
1	员工编号	员工姓名	基本工资		求大于5000的基本工资总和？		
2	001	李晓红	5,800.00		32,400.00		
3	002	赵小兰	8,600.00				
4	003	吴华贵	10,800.00				
5	004	陶小俊	7,200.00				
6	005	朱广博	4,300.00				

图 2 – 9　SUMIF 函数

（四）COUNT 函数的应用

函数语法：= COUNT(value1,value2,…)

函数说明：= 求数字个数。

注意

函数 COUNT 在计数时,将把数字、空值、逻辑值、日期或以文字代表的数计算进去,但是错误值或其他无法转化成数字的文字则被忽略。如果参数是一个数组或引用,那么只统计数组或引用中的数字,数组中或引用的空单元格、逻辑值、文字或错误值都将忽略。如果要统计逻辑值、文字或错误值,请使用函数 COUNTA。

函数举例:如图 2-10 所示。

(五)DATEDIF 日期函数的应用

函数语法: = DATEDIF(起始日期,结束日期,返回单位)

函数说明: = 计算期间内的年数、月数、天数。其单位及作用如表 2-5所示。

	D2		fx	=COUNTA(B2:B6)	
	A	B	C	D	E	F
1	员工编号	员工姓名		共几人?		
2	001	李晓红		5		
3	002	赵小兰				
4	003	吴华贵				
5	004	陶小俊				
6	005	朱广博				
7						

图 2-10 COUNT 函数

表 2-5 日期函数单位及作用

单 位	作 用
y	两日期差距的整年数,即已满几年
m	两日期差距的整月数,即已满几月
d	两日期差距的天数,即两者相减的数字
ym	两日期中月数的差,忽略日期中的日和年
md	两日期中天数的差,忽略日期中的月和年
yd	两日期中天数的差,忽略日期中的年

函数举例:如图 2-11 所示。

	A	B	C	D	E	F
1	计算员工的工龄					
2	员工编号	员工姓名	入职日期	工龄（年数）	工龄（月数）	工龄（天数）
3	001	李晓红	2016-5-20	4	1	20
4	002	赵小兰	2015-3-19	5	3	21
5	003	吴华贵	2002-9-1	17	10	9
6	004	陶小俊	2014-1-2	6	6	8
7	005	朱广博	2017-10-30	2	8	10
8						
9	工龄（年数）=DATEDIF(C3,TODAY(),"Y")					
10	工龄（月数）=DATEDIF(C3,TODAY(),"YM")					
11	工龄（年数）=DATEDIF(C3,TODAY(),"MD")					

图 2-11 工龄的计算

（六）INT 函数的应用

函数语法：= INT（number）

函数说明：将数字向下舍入到最接近的整数。

函数举例：如图 2 - 12 所示。

（七）ROUND 函数的应用

函数语法：= ROUND（number，num_digits）

函数说明：返回某个数字按指定位数四舍五入后的结果。

函数举例：如图 2 - 13 所示。

		f_x	=INT(C2)	
B	C	D		E
	数字	INT		
	2.2	2		
	2.8	2		
	-6.01	-7		
	-6.999	-7		

图 2 - 12　INT 函数计算结果

	f_x	=ROUNDUP(C2,0)		
C	D	E	F	G
数字	INT	ROUNDUP	ROUNDDOWN	ROUND
2.2	2	3	2	2
2.8	2	3	2	3
-6.01	-7	-7	-6	-6
-6.999	-7	-7	-6	-7

图 2 - 13　ROUND 函数处理结果

（八）RANK 函数的应用

函数语法：= RANK（number，ref，[order]）

函数说明：= 排名函数，number 为需要排名的那个数值或单元。

> **注意**
>
> 格名称（单元格内必须为数字），ref 为排名的参照数值区域，order 的值为 0 和 1，默认为不用输入，得到的就是从大到小的排名。若是想求倒数第几，order 的值请使用 1。

函数举例：如图 2 - 14 和图 2 - 15 所示。

	D2	▼	f_x	=RANK(C2,$C$2:$C$6,1)	
	A	B	C	D	E
1	员工编号	员工姓名	基本工资	收入排名	
2	001	李晓红	5,800.00	2	
3	002	赵小兰	8,600.00	4	
4	003	吴华贵	10,800.00	5	
5	004	陶小俊	7,200.00	3	
6	005	朱广博	4,300.00	1	

图 2 - 14　倒数排名

图 2 – 15 顺数排名

（九）AVERAGE 函数的应用

函数语法：= AVERAGE(number1 , number2 , …)

函数说明：= 求平均值。

函数举例：如图 2 – 16、图 2 – 17 和图 2 – 18 所示。

图 2 – 16 AVERAGE(B2:B6) = 3

图 2 – 17 AVERAGE(B2:B6 ,9) = 4

图 2 – 18 SUM(B2:B6)/COUNT(B2:B6) = 3

（十）MAX 函数的应用

函数语法：= MAX(number1 , number2 , …)

函数说明：= 可以将参数指定为数字、空白单元格、逻辑值或数字的文本表达式。如果参数为错误值或不能转换成数字的文本，将产生错误。

注意

　　如果参数为数组或引用，则只有数组或引用中的数字将被计算。数组或引用中的空白单元格、逻辑值或文本将被忽略。如果逻辑值和文本不能忽略，请使用函数 MAXA 来代替。如果参数不包含数字，函数 MAX 返回 0。

函数举例:如图 2 - 19 所示。

图 2 - 19 MAX 函数处理结果

任务三 学习 Excel 财务函数

任务目标

知识目标:

1. 了解常用财务函数的种类。

2. 熟悉常用财务函数的使用方法。

能力目标:

1. 能够熟练运用 Excel 财务函数计算终值(FV)、现值(PV)、净现值(NPV)等财务指标。

2. 能够掌握 Excel 在利率(RATE)和内含报酬率(IRR)中的运用。

任务导入

李先生准备 6 年后为儿子购买一套价值 900 000 元的住房,为此他现在将 250 000 元存入银行,计划此后的 6 年中,每月月末存入银行 6 000 元,第 5 年与第 6 年每月月末存入银行 5 000 元。

假如银行存款月利率为 0.5%,按月复利计息,那么王先生届时能否积蓄足够的购房款?

通过本任务的学习,你将了解常用财务函数的种类,并且在 Excel 中学会它们的使用方法。

货币的时间价值,也称为资金的时间价值,是经济活动中的一个重要概念,是财务管理的一个重要指标,又是资金使用中必须认真考虑的一个标准。货币时间价值是指货币拥有者放弃现在使用货币的机会而进行投资,随着投资时间的推移而得到的最低增值。其实质就是资金周转使用后的增值额,即货币的时间价值只有在生产经营周转使用中才能产生。其本质是指在无投资风险条件下的社会平均资本利润率。货币的时间价值应是企业资金利润率的最低限度,因此,它是衡量企业经济效益、考核企业经营成果的重要依据。

一、Excel 在终值(FV)中的应用

终值又称将来值或本利和,是指现在一定量的资金在未来某一时点上的价值。

函数语法：= FV(rate,nper,pmt,[pv],[type])

函数说明：

rate：各期利率。

nper：年金的付款总期数。

pmt：各期所应支付的金额，其数值在整个年金期间保持不变。通常，pmt 包括本金和利息，但不包括其他费用或税款。如果省略 pmt，则必须包括 pv 参数。

pv：现值，是指一系列未来付款的当前值的累积和。如果省略 pv，则假设其值为 0(零)，并且必须包括 pmt 参数。

type：数字 0 或 1，用以指定各期的付款时间是在期初还是期末。如果省略 type，则假设其值为 0。

例 2 - 1　某公司员工王明存入银行 50 000 元，存期 5 年，银行按 5% 的 5 年期单利利率计息，5 年后可一次性从银行取出多少钱？其中利息是多少？(详见教学视频)

步骤 1：打开 Excel，将工作表 Sheet1 重命名为"终值计算应用模型 1"。

步骤 2：选定"终值计算应用模型 1"，并将 A1:B1 合并居中，输入："公司员工王明存入银行 50 000 元，存期 5 年，银行按 5% 的 5 年期单利利率计息，5 年后可一次性从银行取出多少钱？其中利息是多少？"

步骤 3：在 A2 单元格输入"银行年利率"，B2 单元格输入 5%；A3 单元格输入"存入银行(元)"，B3 单元格输入 50000；A4 单元格输入"存款期限(年)"，B4 单元格输入 5；A5 单元格输入"5 年后可一次性从银行取出多少(元)"，B5 单元格输入"= B3 + B3 * B2 * B4"。

步骤 4：在 A6 单元格输入"利息(元)"。

步骤 5：在 B6 单元格输入公式"= B3 * B2 * B4"。

公式定义完毕，自动显示结果，如图 2 - 20 所示。

A	B
某公司员工王明存入银行50000元，存期5年，银行按5%的5年期单利利率计息，5年后可一次性从银行取出多少钱？其中利息是多少？	
银行年利率	5%
存入银行(元)	50000
存款期限(年)	5
5年后可一次性从银行取出多少(元)	62500
利息(元)	12500

图 2 - 20　终值计算应用模型 1

例 2 - 2　某公司向银行借款 1 000 万元，年利率 8%，期限 8 年，到期一次还本付息，6 年后应偿还多少？其中有多少利息？

步骤 1：打开 Excel，将工作表"Sheet2"重命名为"终值计算应用模型 2"。

步骤 2：选定"终值计算应用模型 2"，并将 A1：B1 合并居中，输入："某公司向银行借款 1 000 万元，年利率 8%，期限 8 年，到期一次还本付息，8 年后应偿还多少？其中有多少利息？"

步骤 3：在 A2 单元格输入"银行借款年利率"，B2 单元格输入 8%；A3 单元格输入"借款期限（年）"，B3 单元格输入 8；A4 单元格输入"借款金额（万元）"，B4 单元格输入 1000；A5 单元格输入"到期还本付息额（万元）"，B5 单元格输入公式"＝FV（B2，B3，，－B4）"。

步骤 4：在 A6 单元格输入"其中利息（万元）"。

步骤 5：在 B6 单元格输入公式"＝B5－B4"。

公式定义完毕，自动显示结果，如图 2－21 所示。

	B6	f_x =B5-B4
	A	B
1	某公司向银行借款1000万元，年利率8%，期限8年，到期一次还本付息，8年后应偿还多少？其中有多少利息？	
2	银行借款年利率	8%
3	借款期限（年）	8
4	借款金额（万元）	1000
5	到期还本付息额（万元）	¥1,850.93
6	其中利息（万元）	¥850.93

图 2－21　终值计算应用模型 2

例 2－3　某公司计划从现在起每月月末存入 300 000 元，如果按月利息 0.35% 计算，那么 4 年以后该账户的存款余额是多少？

步骤 1：打开 Excel，将工作表 Sheet3 重命名为"终值计算应用模型 3"。

步骤 2：选定"终值计算应用模型 3"，并将 A1：B1 合并居中，输入："某公司计划从现在起每月月末存入 300000 元，如果按月利息 0.35% 计算，那么四年以后该账户的存款余额是多少？"

步骤 3：在 A2 单元格输入"存款月利息率"，B2 单元格输入 0.35%；A3 单元格输入"存款期限（年）"，B3 单元格输入 4；A4 单元格输入"每月月末存款金额（元）"，B4 单元格输入 300000；A5 单元格输入"存款到期后的账户余额（元）"，B5 单元格输入公式"＝FV（B2，B3 * 12，－B4）"。

公式定义完毕，自动显示结果，如图 2－22 所示。

	B5	f_x =FV(B2,B3*12,-B4)
	A	B
1	某公司计划从现在起每月月末存入300000元，如果按月利息0.35%计算，那么四年以后该账户的存款余额是多少？	
2	存款月利息率	0.35%
3	存款期限（年）	4
4	每月月末存款金额（元）	300000
5	存款到期后的账户余额（元）	¥15,650,544.65

图 2－22　终值计算应用模型 3

二、Excel 在现值(PV)中的应用

现值是指一笔资金按规定的折算率,折算成现在或指定起始日期的数值,也可以理解为一系列未来付款的当前值的累积和。

函数语法: = PV(rate,nper,pmt,fv,type)

函数说明:

rate:各期利率。

nper:总投资(或贷款)期,即该项投资(或贷款)的付款期总数。

pmt:各期所应支付的金额,其数值在整个年金期间保持不变。通常 pmt 包括本金和利息,但不包括其他费用及税款。

fv:未来值,或在最后一次支付后希望得到的现金余额。如果省略 fv,则假设其值为 0(一笔贷款的未来值即为 0)。

type:类型,可选。数字 0 或 1,用以指定各期的付款时间是在期初还是期末。"0 或省略"指期末;"1"指期初。

例2-4　某公司计划在 6 年后获得一笔资金 5 500 000 元,假设年投资报酬率为 12%,那么现在应该一次性地投入多少资金?

步骤 1:启动 Excel,将工作表 Sheet1 重命名为"现值计算应用模型 1"。

步骤 2:选定"现值计算应用模型 1",并将 A1:B1 合并居中,输入:"某公司计划在 6 年后获得一笔资金 5 500 000 元,假设年投资报酬率为 12%,那么现在应该一次性地投入多少资金?"

步骤 3:在 A2 单元格输入"年报酬率",B2 单元格输入 12%;A3 单元格输入"投资期(年)",B3 单元格输入 6;A4 单元格输入"6 年后获得一笔资金(元)",B4 单元格输入5500000;A5 单元格输入"现在应该一次性地投入资金(元)"。

步骤 4:在 B5 单元格输入公式" = PV(B2,B3,,B4)"(B3 与 B4 之间有一个参数缺省,缺省参数必须留"位置")。

公式定义完毕,自动显示结果,如图 2-23 所示。

	B5	f_x	=PV(B2,B3,,B4)
	A		**B**
1	某公司计划在6年后获得一笔资金5500000元,假设年投资报酬率为12%,那么现在应该一次性地投入多少资金?		
2	年报酬率		12%
3	投资期(年)		6
4	6年后获得一笔资金(元)		5500000
5	现在应该一次性地投入资金(元)		¥-2,786,471.17

图 2-23　Excel 现值计算应用模型 1

例2-5　李晓红购买一项基金,如果此项基金的购买成本为 150 000 元,该基

金可以在今后 5 年内于每月月末回报 3 000 元,假定投资机会的最低年报酬率为 8%,那么投资该项基金是否合理?

步骤 1:启动 Excel,将工作表 Sheet2 重命名为"现值计算应用模型 2"。

步骤 2:选定"现值计算应用模型 2",并将 A1:B1 合并居中,输入:"李晓红购买一项基金,如果此项基金的购买成本为 150 000 元,该基金可以在今后 5 年内于每月月末回报 3 000 元,假定投资机会的最低年报酬率为 8%,那么投资该项基金是否合理?"

步骤 3:在 A2 单元格输入"年报酬率",B2 单元格输入 8%;A3 单元格输入"投资期(年)",B3 单元格输入 5;A4 单元格输入"每月月末的报酬(元)",B4 单元格输入 3000;A5 单元格输入"基金卖价",B5 单元格输入 150000;A6 单元格输入"实现期望报酬率需要的投资额(元)"。

步骤 4:在 B6 单元格输入公式" = PV(B2/12,B3 * 12,B4)"。

步骤 5:在 A7 单元格输入"投资是否合理"。

步骤 6:在 B7 单元格输入公式" = IF(ABS(B6) > B5,"合理","不合理")"。

公式定义完毕,自动显示结果,如图 2 - 24 所示。

	B7	▼	f_x	=IF(ABS(B6)>B5,"合理","不合理")	
	A			B	C
1	李晓红购买一项基金,如果此项基金的购买成本为150000元,该基金可以在今后5年内于每月月末回报3000元,假定投资机会的最低年报酬率为8%,那么投资该项基金是否合理?				
2	年报酬率			8%	
3	投资期(年)			5	
4	每月月末的报酬(元)			3000	
5	基金卖价			150000	
6	实现期望报酬率需要的投资额(元)			¥-147,955.30	
7	投资是否合理			不合理	

图 2 -24 Excel 现值计算应用模型 2

结果表明,实现期望报酬率需要的投资额为 147 955.30 元。因为该项基金的实际购买成本为 150 000 元,大于实现期望报酬率需要的投资额,所以投资该项基金是不合理的。

三、Excel 在净现值(NPV)中的应用

净现值是指投资方案所产生的现金流量以资金成本为贴现率折现之后与原始投资额现值的差额。

函数语法: = NPV(rate,value1,[value2],…)

函数说明:

rate:某一期间的贴现率。

value1,[value2],…:代表支出及收入的参数。在时间上必须具有相等间隔,并且都发生在期末。

NPV 使用 value1,[value2],…的顺序来说明现金流的顺序。一定要按正确的顺序输入支出值和收益值。忽略以下类型的参数:参数为空白单元格、逻辑值、数字的文本表示形式、错误值或不能转换为数值的文本。

注意

如果参数是一个数组或引用,则只计算其中的数字。数组或引用中的空白单元格、逻辑值、文本或错误值将被忽略。

例 2-6　天天公司 2019 年 1 月 1 日从星星公司购买一台设备,该设备已投入使用。合同约定,该设备的总价款为 1 500 万元,设备款分 4 年付清,2019 年 12 月 31 日支付 600 万元,2020 年 12 月 31 日支付 500 万元,2021 年 12 月 31 日支付 400 万元,3 年期银行借款年利率为 6%,利用 Excel 对设备的入账价值进行计算。

步骤 1:启动 Excel,将工作表 Sheet3 重命名为"净现值计算应用模型"。

步骤 2:选定"净现值计算应用模型",并将 A1:B1 合并居中,输入:"天天公司 2019 年 1 月 1 日从星星公司购买一台设备,该设备已投入使用。合同约定,该设备的总价款为 1 500 万元,设备款分 3 年付清,2019 年 12 月 31 日支付 600 万元,2020 年 12 月 31 日支付 500 万元,2021 年 12 月 31 日支付 400 万元,3 年期银行借款年利率为 6%,利用 Excel 对设备的入账价值进行计算。"

步骤 3:在 A2 单元格输入"银行借款年利率",B2 单元格输入 6%;A3 单元格输入"2019 年 12 月 31 日支付设备款(万元)",B3 单元格输入 600;A4 单元格输入"2020 年 12 月 31 日支付设备款(万元)",B4 单元格输入 500;A5 单元格输入"2021 年 12 月 31 日支付设备款(万元)",B5 单元格输入 400。

步骤 4:在 A6 单元格输入"设备入账价值(万元)"。

步骤 5:在 B6 单元格输入公式" = NPV(B2,B3:B5)"。

公式定义完毕,自动显示结果,如图 2-25 所示。

	B6	f_x	=NPV(B2,B3:B5)	
	A			B
1	天天公司2019年1月1日从星星公司购买一台设备,该设备已投入使用。合同约定,该设备的总价款为1500万元,设备款分4年付清,2019年12月31日支付600万元,2020年12月31日支付500万元,2021年12月31日支付400万元,3年期银行借款年利率为6%,利用Excel对设备的入账价值进行计算。			
2	银行借款年利率			6%
3	2019年12月31日支付设备款(万元)			600
4	2020年12月31日支付设备款(万元)			500
5	2021年12月31日支付设备款(万元)			400
6	设备入账价值(万元)			¥1,346.88

图 2-25　Excel 净现值计算应用模型

结果表明,假设现在一次付清货款,并且天天公司同意按 3 年期银行借款年利率 6% 进行计算,那么现在的交易金额应该是 1 346.88 万元,1 346.88 万元即为入账价值。

四、Excel 在利率(RATE)中的应用

利率又称利息率,表示一定时期内利息额与本金的比率,通常用百分比表示,按计算利

率的期限单位可划分为年利率、月利率与日利率。利息率 =（利息量/本金/时间）* 100%。

函数语法：= RATE(nper, pmt, pv, fv, type, guess)

函数说明：

nper：总投资（或贷款）期。

pmt：各期所应付给（或得到）的金额。

pv：一系列未来付款当前值的累积和。

fv：未来值，或在最后一次支付后希望得到的现金余额。

type：数字 0 或 1，用以指定各期的付款时间是在期初还是期末，0 为期末，1 为期初。

guess：为预期利率（估计值），如果省略预期利率，则假设该值为 10%；如果函数 RATE 不收敛，则需要改变 guess 的值。通常情况下当 guess 位于 0 和 1 之间时，函数 RATE 是收敛的。

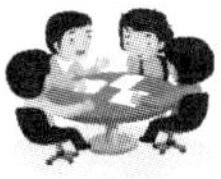

例 2 -7 王江建议孙红贷给他 50 000 元，并同意每年末付给孙红 9 500 元，共付 6 年，请问孙红如何决策？

步骤 1：打开 Excel 工作簿，插入一张工作表，并将工作表重命名为“利率计算应用模型 1”。

步骤 2：选定“利率计算应用模型 1”，并将 A1：B1 合并居中，输入：“王江建议孙红贷给他 50 000 元，并同意每年末付给孙红 9 500 元，共付 6 年，请问孙红如何决策？”

步骤 3：在 A2 单元格输入“投资期（年）”，B2 单元格输入 6；A3 单元格输入“每期期末收益（元）”，B3 单元格输入 9500；A4 单元格输入“投资金额（元）”，B4 单元格输入 50000；A5 单元格输入“利率（收益率）”，B5 单元格输入公式“ = RATE(B2, B3, - B4)”。

公式定义完毕，自动显示结果，如图 2 - 26 所示。

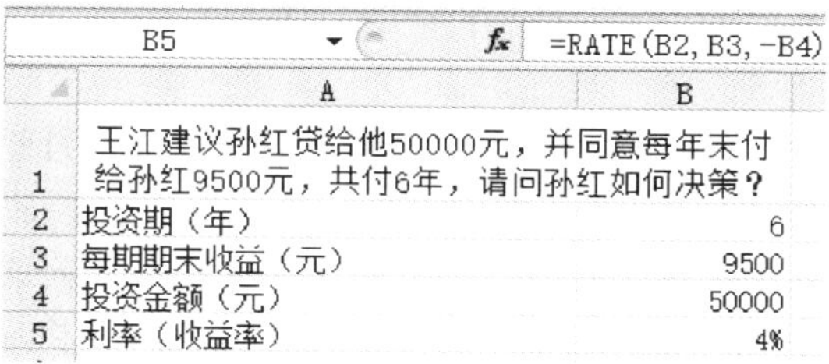

B5 =RATE(B2,B3,-B4)

	A	B
1	王江建议孙红贷给他50000元，并同意每年末付给孙红9500元，共付6年，请问孙红如何决策？	
2	投资期（年）	6
3	每期期末收益（元）	9500
4	投资金额（元）	50000
5	利率（收益率）	4%

图 2 - 26 利率计算应用模型 1

结果表明，如果 4% 高于其他投资项目的报酬率，可以接受该建议；反之，不接受该建议。

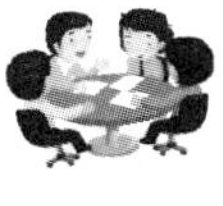

例 2 -8 公司出售一台设备，协议约定采用分期收款方式，从销售当年末分 5 年分期收款，每年 200 万元，合计 1 000 万元。假定购货方在销售成立日支付货款，付 900 万元即可，那么采用分期付款购买设备条件下的折现率是多少？

步骤 1：打开 Excel 工作簿，插入一张工作表，并将工作表重命名为“利率计算应用模型 2”。

步骤 2：选定“利率计算应用模型 2”，并将 A1：B1 合并居中，输入：“公司出售一台设备，协议约定采用分期收款方式,从销售当年末分 5 年分期收款,每年 200 万元,合计 1 000 万元。假定购货方在销售成立日支付贷款,付 900 万元即可,那么采用分期付款购买设备条件下的折现率是多少?"

步骤 3:在 A2 单元格输入"付款期(年)",B2 单元格输入 5;A3 单元格输入"每期付款额(万元)",B3 单元格输入 200;A4 单元格输入"设备现付价款",B4 单元格输入 900;A5 单元格输入"分期购买设备的折现率",B5 单元格输入公式" = RATE(B2,B3, − B4)"。

公式定义完毕,自动显示结果,如图 2 − 27 所示。

	B5	▼	f_x =RATE(B2,B3,-B4)
	A		B
1	公司出售一台设备,协议约定采用分期收款方式,从销售当年末分5年分期收款,每年200万元,合计1000万元。假定购货方在销售成立日支付贷款,付900万元即可,那么采用分期付款购买设备条件下的折现率是多少?		
2	付款期(年)		5
3	每期付款额(万元)		200
4	设备现付价款		900
5	分期购买设备的折现率		4%

图 2 − 27　利率计算应用模型 2

例 2 − 9　某保险公司开办了一种商业保险,具体办法是一次性缴费 80 000 元,投保期限为 20 年,如果保险期限内没有出险,每年年底返还 1 500 元,该险种的收益率如何? 假设同期银行存款年利率为 5%,与银行存款相比,投保是否有利?

步骤 1:打开 Excel 工作簿,插入一张工作表,并将工作表重命名为"利率计算应用模型 3"。

步骤 2:选定"利率计算应用模型 3",并将 A1:H1 合并居中,输入"商业养老保险收益计算表"。

步骤 3:在 A2 单元格输入"投资年限",B2 单元格输入"每月返还额";C2 单元格输入"一次性投保额",D2 单元格输入"期初期末参数";E2 单元格输入"guess 参数",F2 单元格输入"保险收益率";G2 单元格输入"存款利率",H2 单元格输入公式"保险与存款对比"。

步骤 4:在 A3 单元格输入 20,B3 单元格输入 1500,C3 单元格输入 80000,D3 单元格输入 0,E3 单元格输入 0.1,G3 单元格输入 5%。

步骤 5:在 F3 单元格输入公式" = RATE(A3 ∗ 12, − B3,C3,,D3,E3) ∗ 12";在 H3 单元格输入公式" = IF(F3 > G3,"投保有利","存款有利")"(公式中的 C3 参数后面有两个逗号,两个逗号之间的参数缺省为 0,说明最后一次付款后账面上的现金余额为 0)。

公式定义完毕,自动显示结果,如图 2 − 28 所示。

	H3	▼	f_x =IF(F3>G3,"投保有利","存款有利")				
	A	B	C	D	E	F	G	H
1			商业养老保险收益计算表					
2	投资年限	每月返还额	一次性投保额	期初期末参数	guess参数	保险收益率	存款利率	保险与存款对比
3	20	1500	80000	0	0.1	22%	5%	投保有利

图 2 − 28　利率计算应用模型 3

五、Excel 在内含报酬率(IRR)中的应用

内含报酬率是指能够使未来现金流入现值等于未来现金流出现值的贴现率,或者是使投资方案净现值为零的贴现率。内含报酬率指的是比率,不是绝对值,一个内含报酬率较低的方案可能由于其规模较大而有较大的净现值,因而更值得投资。所以在比较各个方案时,必须将内含报酬率与净现值结合起来考虑。

函数语法: = IRR(values,guess)

函数说明:

values:数组或单元格的引用,包含用来计算返回的内部收益率的数字。values 必须包含至少一个正值和一个负值,以计算返回的内部收益率。

guess:对函数 IRR 计算结果的估计值。

提示

从 guess 开始,函数 IRR 进行循环计算,直至结果的精度达到 0.00001%。如果函数 IRR 经过 20 次迭代,仍未找到结果,则返回错误值#NUM!。

注意

在大多数情况下,并不需要为函数 IRR 的计算提供 guess 值。如果省略 guess,假设它为 0.1(10%)。如果函数 IRR 返回错误值#NUM!,或结果没有靠近期望值,可用另一个 guess 值再试一次。

函数 IRR 与函数 NPV(净现值函数)的关系十分密切。函数 IRR 计算出的收益率即净现值为 0 时的利率。

例 2 - 10　公司以 9% 的年利率向银行贷款 1 800 000 元,然后以所筹资金签约某一项目,合同约定该项目投资期为 6 年,每年的净收益分别是投资额的 20%、25%、25%、30%、25%、30%,假如每年将所得的投资收益用于再投资,再投资报酬率为 12%,那么该公司前 5 年的投资报酬率是多少? 6 年后的投资报酬率是多少?

步骤 1:打开 Excel 工作簿,插入一张工作表,并将工作表重命名为"内含报酬率计算应用模型"。

步骤 2:选定"内含报酬率计算应用模型",并将 A1:B1 合并居中,输入:"公司以 9% 的年利率向银行贷款 1 800 000 元,然后以所筹资金签约某一项目,合同约定该项目投资期为 6 年,每年的净收益分别是投资额的 20%、25%、25%、30%、25%、30%,假如每年将所得的投资收益用于再投资,再投资报酬率为 12%,那么该公司前 5 年的投资报酬率是多少? 6 年后的投资报酬率是多少?"

步骤 3:在 A2 单元格输入"投资额",B2 单元格输入" - 1800000";A3 单元格输入"第一年净收益",A4 单元格输入"第二年净收益";A5 单元格输入"第三年净收益",A6 单元格输

入"第四年净收益";A7 单元格输入"第五年净收益",A8 单元格输入"第六年净收益",A9 单元格输入"资金成本率",A10 单元格输入"再投资报酬率",A11 单元格输入"5 年后投资的内含报酬率",A12 单元格输入"6 年后投资的内含报酬率",B3 到 B12 单元格分别输入：$B3 = -B2*0.20$、$B4 = -B2*0.25$、$B5 = -B2*0.25$、$B6 = -B2*0.30$、$B7 = -B2*0.25$、$B8 = -B2*0.30$、$B9 = 9\%$、$B10 = 12\%$、$B11 = IRR(B2:B7)$、$B12 = IRR(B2:B8)$。

公式定义完毕，自动显示结果，如图 2-29 所示。

	B12	f_x =IRR(B2:B8)
	A	B
1	公司以9％的年利率向银行贷款1800000元，然后以所筹资金签约某一项目，合同约定该项目投资期为6年，每年的净收益分别是投资额的20％、25％、25％、30％、25％、30％，假如每年将所得的投资收益用于再投资，再投资报酬率为10％，那么该公司前5年的投资报酬率是多少？6年后的投资报酬率是多少？	
2	投资额	-1800000
3	第一年净收益	360000
4	第二年净收益	450000
5	第三年净收益	450000
6	第四年净收益	540000
7	第五年净收益	450000
8	第六年净收益	540000
9	资金成本率	9%
10	再投资报酬率	12%
11	5年后投资的内含报酬率	8%
12	6年后投资的内含报酬率	13%

图 2-29　内含报酬率计算应用模型

项目小结

Excel 2010 的公式是由数值和运算符组成的一个表达式序列，必须以等号"＝"开始，也可包括函数、引用、运算符和常量。单元格的引用有相对引用、绝对引用、混合引用和外部引用等。Excel 2010 公式的编辑包括公式的输入与修改、公式的移动与复制、数组公式等。Excel 2010 提供了大量的数据分析处理与管理功能，利用它们可以实现对数据的排序、分类汇总和筛选等功能。在 Excel 2010 中有一些非常重要的财务函数，终值函数 FV( ) 可以用于计算整收整付款项的终值，也可用于计算年金终值。现值函数 PV( ) 可以用于计算整收整付款项的现值，也可用于计算年金现值。净现值函数 NPV( ) 主要是基于一系列现金流和固定的各期折现率，计算一组定期现金流的净现值。还介绍了利率函数和内含报酬率函数等，学会这些财务函数可以为以后学习财务决策的其他知识打下基础。

技能训练

1. 某公司上半年的利润资料见表 2-6。

表2-6　某公司上半年利润　　　　　　　　　　　　单位:元

	1月	2月	3月	4月	5月	6月
销售额	65 500	68 000	70 400	81 000	90 000	105 500
销售成本						
销售奖金						
销售利润						

说明:① 销售成本 = 销售额 ×30%。

　　　② 销售奖金 = 销售利润 ×3%。

　　　③ 销售利润 = 销售额 - 销售成本 - 销售奖金。

要求:计算表2-6中所缺数据,对计算结果四舍五入,保留2位小数。

2. 某居民为购买一套住房向银行贷款80万元,期限为10年贷款的年利率为6%。按年复利计息,到期一次还本付息。计算该居民在第10年年末应一次性偿还的本利和。

3. 某公司计划今后5年中每年年末从银行提取6万元用于人才培训,如果银行存款年利率为4%,现在应一次性存入银行多少钱?

4. 某公司准备为其将在10年后退休的一批员工制订养老金计划。该计划为:在10年后退休的每位员工可以每年年末从银行领取3 000元,可连续领取20年。若银行存款的复利年利率为6%,那么该公司从今年开始应为这批员工的每人每年存入银行多少钱?

项目三

筹资分析与决策

学习目标

筹资是企业资金运动的起点,筹资决策也是企业财务管理的三大决策之一。通过本项目的学习,学生在回顾企业筹资目的与各种筹资渠道和方式的基础上,应能熟练运用 Excel 提供的函数和工具构建筹资决策的各种模型;掌握资金需要量预测的基本方法,进行筹资成本比较分析,并进行最佳资金结构决策。通过 Excel 模型展示使得筹资决策计算更加准确快捷,使得筹资决策的依据更加直观易懂。

企业筹资,是指企业根据其生产经营、对外投资以及调整资本结构等需要,通过一定的渠道,采取适当的方式,获取所需资金的一种行为。

在企业筹资管理过程中,我们要坚持如下基本原则:①分析生产经营情况,合理预测资金需要量;②了解筹资渠道和资金市场,认真选择资金来源;③合理安排资金的筹集时间,适时取得所需资金;④研究各种筹资方式,选择最佳资金结构。

在筹资管理中,我们预测资金需要量之后,首先要解决的是筹资渠道和筹资方式的问题。筹资渠道,是指筹措资金来源的方向与通道,体现资金的来源与流量。目前我国企业筹资渠道主要包括:①国家财政资金;②银行信贷资金;③非银行金融机构资金;④其他企业资金;⑤居民个人资金;⑥企业自留资金。筹资方式,是指企业筹集资金所采用的具体形式。

目前我国企业的筹资方式主要有:①吸收直接投资;②发行股票;③银行借款;④商业信用;⑤发行债券;⑥融资租赁。筹资渠道解决的是资金来源问题,筹资方式则解决通过何种方式取得资金的问题,它们之间存在一定的对应关系。

本项目将对筹资管理面临的三大可量化分析的主要问题(资金需求量预测、各种筹资方式下资本成本的比较分析、最优资本结构决策)进行介绍。

任务一　资金需求量预测

任务目标

知识目标:

1. 理解资金需求量预测的资金习性法。
2. 掌握资金需求量预测的销售百分比法。

能力目标:

1. 能选择合理的方法进行资金需求量的预测。
2. 能运用销售百分比法进行资金需求量的预测。

任务导入

深圳华翔家居股份有限公司(简称华翔公司)成立于 2001 年,2016 年上市,现股本总额 600 万元,每股面值 100 元,发行在外全部为普通股股票。公司主营业务产品为防盗门,经过 15 年的发展,公司资产规模已经超过 1 千万元,公司销售规模不断上升,销售收入不断增长,预计未来 5～10 年,公司的销售收入还将不断上涨。为了保证下一年的生产经营活动顺利开展,公司要提前做好资金需要量的估计分析和判断,以做好充足的资金准备。公司的销售收入变动如表 3-1 所示。已知华翔公司 2020 年销售收入为 1 000 000 元,现在还有剩余生产能力,即增加收入不需要增加固定资产方面的投资,假定销售净利率为 10%,利润分配率为 70%。

表 3-1　华翔公司销售收入变动　　单位:万元

年　度	产销量(万套)	销售收入	资金占用量
2015	120	78	100
2016	110	72	120
2017	125	80	140
2018	130	88	158
2019	136	89	165
2020	145	100	180

该公司 2020 年末的资产负债表如表 3-2 所示。

表 3-2　华翔公司 2020 年资产负债表(简表)

2020 年 12 月 31 日　　单位:万元

资　产	期　初	期　末	负债及所有者权益	期　初	期末数
货币资金	613 000	805 800	短期借款	320 000	200 000
交易性金融资产	700 000	600 000	应付票据	360 000	402 000
应收票据	260 000	220 000	应付账款	865 900	892 600
应收账款	646 630	847 100	预收款项	1 280 000	134 650
预付款项	182 360	0	应付职工薪酬	900 000	900 000
其他应收款	96 000	58 000	应交税费	156 000	178 650
存货	2 010 000	2 103 200	其他应付款	23 000	568 000
流动资产合计	4 507 990	4 634 100	其他流动负债	1 000	2 100
固定资产	5 600 000	5 818 740	流动负债合计	3 905 900	3 278 000
无形资产	100 000	150 000	非流动负债合计	4 050 900	2 000 000
递延所得税资产	23 800	24 960	所有者权益	2 274 990	5 349 800
资产总计	10 231 790	10 627 800	负债和所有者权益总计	10 231 790	10 627 800

思考:华翔公司如何预测 2021 年的资金占用额及外部筹资额呢?

通过本任务的学习,你将能够通过 Excel 表格建立资金需求量的预测模型,得到该公司资金需求量的预测的解决办法。

企业资金需求量的预测是企业未来一定时期内生产经营活动所需资金以及扩展业务追加资金进行的预计和推测。资金需求量的预测主要有定性预测法和定量分析法。这里主要给大家介绍两种常用的定量预测方法:销售百分比法和资金习性法。

一、销售百分比法

销售百分比法是一种以未来销售收入变动的百分比为主要参数,考虑随销售量变动的资产负债项目及其他因素对资金的影响,从而预测未来需要追加的资金量的一种定量方法。解题步骤如下。

(一)计算百分比

根据基期的资产、负债和所有者权益等项目的金额及基期收入额计算销售百分比,包括流动资产销售百分比、长期资产销售百分比、应付款项销售百分比、预提费用销售百分比等。

(二)计算预测期的资产、负债和所有者权益等项目的金额

根据基期的有关销售百分比和预测期收入额,分别计算预测期的资产、负债和所有者权益数额。与销售额无关的项目金额按基期金额计算,留存收益项目的预测金额按基期金额加上新增留存收益金额预计。

(三)计算留存收益的增加额

根据预测期销售收入额、净利率和留存收益率或股利支付率计算预测期留存收益的增加额。

(四)计算外部融资需求

根据会计公式:"外部融资需求 = 预计总资产 − 预计总负债 − 预计股东权益",计算外部融资需求。

例 3 − 1 清源公司 2020 年销售收入为 300 万元,销售净利率为 10%,净利润的 60% 分配给投资者。2020 年 12 月 31 日的资产负债表(简表)如表 3 − 3 所示。

表 3 − 3　资产负债表(简表)

2020 年 12 月 31 日　　　　　　　　　　　　　　　单位:万元

资　产	期初余额	期末余额	负债及所有者权益	期初余额	期末余额
货币资金	80	100	短期借款	120	100
应收账款	130	200	应付账款	50	90
存货	220	300	应交税费	230	300
固定资产	300	400	长期借款	180	210
无形资产	50	100	负债合计	580	700
			所有者权益合计	200	400
资产总计	780	1 100	负债和所有者权益总计	780	1 100

该公司 2021 年计划销售收入比上年增长 20%。据历年财务数据分析,公司流动资产

与流动负债随销售额同比率增减,公司现有生产能力尚未饱和。假定该公司 2021 年的销售净利率和利润分配政策与上年保持一致。预测该公司 2021 年对外筹资数额。(详见教学视频)

教学视频

步骤1:创建"财务预测"工作簿及工作表"销售百分比法"。

步骤2:在工作表销售百分比法中设计表格,按照设计好的表格样式编制公式。部分相关公式如下:

B9 = SUM(B3 : B7)

C9 = SUM(C3 : C8)

E9 = SUM(E3 : E8)

F9 = SUM(F3 : F8)

C3 = B3/C11

F4 = E4/C11

C4 = B4/C11

C5 = B5/C11

E12 = C11 * (1 + C12)

E13 = E12 * C14

C15 = (E12 − C11) * (C9 − F9)

C16 = E13 * (1 − C13)

C17 = C15 − C16

据以上公式,清源公司采用销售百分比法预测 2021 年资金需要量的计算结果如图 3 − 1 所示。

A	B	C	D	E	F
			清源公司资产负债表		单位:万元
资产项目	期末金额	百分比(%)	负债及所有者权益	期末金额	百分比(%)
货币资金	100	33%	短期借款	100	非敏感项目
应收账款	200	67%	应付账款	90	30%
存货	300	100%	应交税费	300	100%
固定资产	400	非敏感项目	长期借款	210	非敏感项目
无形资产	100	非敏感项目	负债合计		
			所有者权益合计	400	非敏感项目
资产总计	1100	200%	负债和所有者权益总计	1100	130%
随收入需增加筹资的%					
2020年销售收入		300			
2021年销售增长率		20%	2021年预计销售收入	360	
股利分配率		60%	2021年预计销售净利润	36	
销售净利率		10%			
预计资金需要增加总额			42		
其中:留存利润		14.4			
外界筹资		27.6			

图 3 − 1　销售百分比法

二、资金习性预测法

资金习性即资金的变动与产销量变动之间的依存关系。按照资金与产销量之间的依存

关系,可以把资金区分为不变资金、变动资金和半变动资金。由此我们建立如下资金习性模型:

$$y = a + bx$$

其中,y 为资金占用量;a 为不变资金;b 为单位变动资金;x 为产销量。

通过资金习性模型,可以看出已知 a、b,根据预测期的产销量 x,即可得出资金占有量。根据确定 a、b 的方法不同,资金习性预测法义分为高低点法和回归直线法。

(一)高低点法

高低点法义称两点法,是指通过一定的产销量这种方法,选择业务量最高最低的两点资料,应用下列公式计算 a、b:

$$b = \frac{最高业务量的资金占用量 - 最低业务量的资金占用量}{最高业务量 - 最低业务量}$$

b 计算出以后,代入高点公式或低点公式,即可计算出 a。

✏️ **注意**

> 该方法的特点是简便易行,便于理解,缺点是仅选择了历史资料中的两组数据建立模型,很可能不具有代表性,导致较大的预测误差。该方法仅适用于资金趋势变化比较稳定的企业。

例 3-2 某企业产量和资金占用量的历史资料如表 3-4 所示,假定该企业 2020 年的产销量是 12 万件,要求用高低点法预测 2020 年的资金需求量。(详见教学视频)

教学视频

表 3-4 某企业产量和资金占用量历史资料

年　度	产量 x(万件)	资金占用量 y(万元)
2015	7.5	800
2016	8	780
2017	9	820
2018	8.5	790
2019	9.5	900

步骤 1:创建新工作表"高低点法"。

步骤 2:按表 3-5 所示。单元格公式,在工作表中输入公式。

表 3-5 单元格公式

单元格	公　式	备　注
B8	(VLOOKUP(MAX(B2:B6),B2:C6,2,FALSE) - VLOOKUP(MIN(B2:B6),B2:C6,2,FALSE))/(MAX(B2:B6) - MIN(B2:B6))	
B9	VLOOKUP(MAX(B2:B6),B2:C6,2,FALSE) - B8 * MAX(B2:B6)	计算不变资金
B11	B9 + B8 * B10	计算预计资金占用量

按照上述公式,该企业 2020 年预计产销量及资金需求量计算结果如图 3-2 所示。

A	B	C	D
年度	产量 x（万件）	资金占用量 y（万元）	
2015	7.5	800	
2016	8	780	
2017	9	820	
2018	8.5	790	
2019	9.5	900	
b	50		
a	425		
预计产销量		12	
预计资金占用量		1025	

图 3-2　高低点法

（二）回归分析法

回归分析法是根据 $y = ax + b$ 这个直线方程式,按照最小平方法的原理来确定一条能正确反映自变量 x 和因变量 y 之间误差的平方和最小的直线的一种方法。这条直线就是回归直线,它的常数项 a 和系数 b 既可用公式计算,又可用统计回归函数计算。本教材主要介绍统计回归函数法。

$$b = \frac{n\sum x_i y_i - \sum x_i \sum y_i}{n\sum x^2 - (\sum x)^2} \text{ 或} \begin{cases} a = \dfrac{\sum x_x^2 \sum y_i - \sum x_i \sum x_i y_i}{n\sum x^2 - (\sum x_i)^2} \\ b = \dfrac{\sum y_i - na}{\sum x} \end{cases}$$

$$\begin{cases} \sum y = na + b\sum x \\ \sum xy = a\sum x + b\sum x^2 \end{cases}$$

提示

运用统计回归函数,其功能是根据给定的数据计算或预测未来值。此预测是基于一系列的已知的 x 值推导出 y 值。以数组或数据区域的形式给定 x 和 y 值后,返回基于 x 的线性回归预测值。

该函数的语法公式如下:

FORECAST(X, Known y's, Known x's)

说明:x——需要进行预测的数据点;

Known y's——因变量数组或数据区域;

Known x's——变量数组或数据区域。

例 3-3　假定清源公司 2020 年下半年的资金占用量如图 3-3 所示,要求预测 2021 年 1 月份的资金需求量。

步骤1:建立新工作表"回归分析表"。

步骤2:在"回归分析表"工作表中设计表格,设计好的表格如图3-3所示。

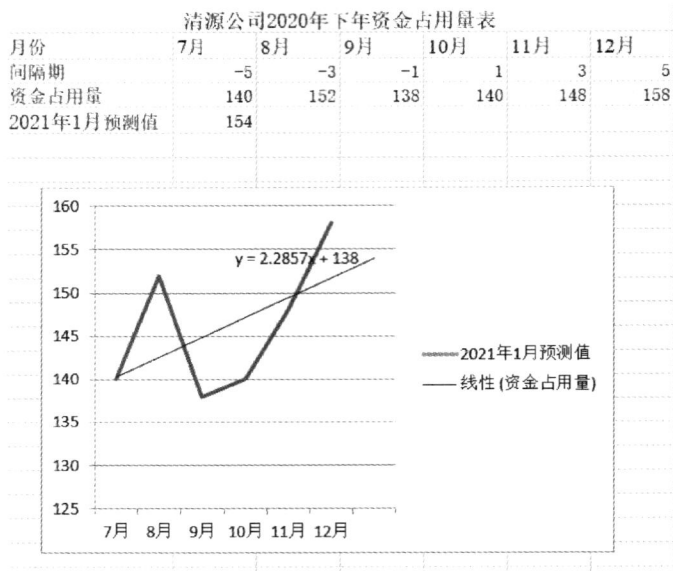

清源公司2020年下年资金占用量表

月份	7月	8月	9月	10月	11月	12月
间隔期	-5	-3	-1	1	3	5
资金占用量	140	152	138	140	148	158
2021年1月预测值	154					

图3-3　回归分析法

步骤3:在单元格B5中输入公式函数" = FORECAST(7,B3:G3,B2:G2)"。

步骤4:显示结果。

任务二　筹资方式的比较分析

任务目标

知识目标:

掌握长期筹资方式的资金成本分析。

能力目标:

能够建立借款筹资、债券筹资、股票筹资、租赁筹资的分析模型。

任务导入

深圳华翔家居股份有限公司(简称华翔公司)当前该公司面临的最大的困难是缺乏资金扩大生产,不知如何筹集资金。公司现有生产线一套,厂房1 000余平方米,但贷款非常困难。面对筹资困境,公司咨询了一家管理咨询公司,被给出如下建议:

1. 债务融资

(1)从银行等金融机构融资。此种方式下,银行对借款人规定了严格限制条件,另一方面,银行实行了"区别对待,择优扶持"的原则,对于一些关乎国际民生的部门和行业给予了特殊照顾,但是家具行业从银行进行长期贷款具有一定难度,另外企业一般需以其资产等进行抵押或担保。如果企业有必要的资产，并且急需资金周转的情况下，相比从银行贷款，典当可能是一个更快捷的选择。

（2）选择融资租赁。也就是企业生产用的设备、设施等固定资产，企业可以不选择购买，而是找租赁公司用融资租赁的形式，这样可以为企业节省一大笔固定资金支出。当然这种方式下，企业的营业利润率必须超过借款利率。

（3）向供应商融资。这指的是企业合理制定应收账款政策，通过充分利用供应商应付账款的付款期，来达到利用供应商资金进行周转的目的。

（4）向其他债权人融资。创业初期的企业可以选择向熟人等其他债权人进行融资，但是这种融资方式必须充分合理设计相关选择性条款，如赋予债权人以后某个时点的入股资格和条件等。

（5）现有股东借款。股东借款给公司，而不是增资入股，在企业资金周转正常的情况下再行抽回。

2. 股权融资

（1）现有股东增资入股；

（2）吸引新的股东入伙；

（3）寻求风险投资。

3. 自有资金

除了向外寻求资金之外，企业应该管好公司账上的现金，自身的现金比较可靠。

思 考：华翔公司如何对各种筹资方案进行比较分析核算其筹资成本呢？

通过本任务的学习，你将能够通过 Excel 模型对公司的各种筹资方案的筹资成本进行比较分析，为企业的筹资决策提供科学的决策方法。

一、长期借款筹资分析

长期借款是企业向银行或非银行金融机构借入使用期限超过一年的借款，主要用于满足固定资产和其他长期占用流动资金的需要。建立长期借款筹资分析模型就是通过利用 Excel 提供的筹资工具和函数，对贷款金额、贷款利率、贷款期限和归还期等多因素进行测算，在多种方案的比较选择中选择一种比较合理的贷款方案。

（一）长期借款基本分析模型

例 3 - 4 M 公司向银行申请 5 000 000 元工业贷款，贷款年利率为 10%，借款期限为 5 年。请用长期借款模型确定不同的还款期、不同的还款时点下每期偿还的金额。（详见教学视频）

教学视频

步骤 1：创建新工作簿，命名为"筹资模型"，在该工作簿中建立工作表"分期偿还借款筹资模型"。在该工作表上输入借款金额、借款年利率、还款年限，通过公式的数据引用即可核算出不同时点、不同还款期的每期偿还额及总还款额，如图 3 - 4 所示。

	A	B	C	D	E
1	分期偿还借款基本模型				
2	借款类型	工业贷款		还款时点	还款方式
3	借款金额（元）	5000000		期末	按　年
4	借款年利率	10%		期初	按半年
5	借款年限（年）	5			按季度
6	还款时点	期初 ▼ 2			按　月
7	还款方式	按半年 ▼ 2			
8	总还款次数（次	10			
9	每期偿还额（元	¥616,688.45			
10	总还款额（元）	¥6,166,884.52			

图 3-4　分期偿还借款筹资模型

步骤 2：建立还款时点的组合控件，具体步骤如下。

① 单击"开发工具"选项卡"插入"按钮下方的小箭头，然后单击弹出菜单"表单控件"组中的"组合框"按钮。

② 在长期借款模型工作表单元格 B6 按下鼠标左键并拖动至合适大小，松开鼠标左键，在工作表中即可绘制出"组合框"控件。

③ 右击工作表中"组合框"控件，然后单击快捷菜单"设置对象格式"命令，打开"设置对象格式"对话框，选择"控制"项。

④ 如图 3-5 所示，填写数据源区域、单元格链接和下拉显示项数，其中单元格链接标识链接的单元格，即将"组合框"控件当前被选中项目的返回值存入该链接的单元格。

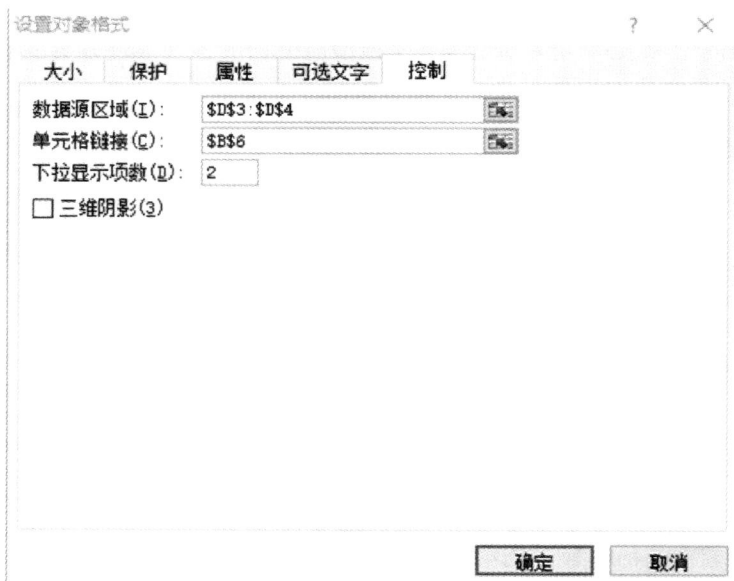

图 3-5　设置对象格式

步骤 3：同理建立还款方式组合框。但在数据源区域填写"$E3：$E6"，在单元格链接中输入"$B$7"，在下面显示项数中输入 4，表示有 4 种还款方式，即单元格区域"$E3：$E6"所示内容。

步骤4:在单元格B8中输入公式"=IF(B7=1,B5*1,IF(B7=2,B5*2,IF(B7=3,B5*4,B5*12))))",计算借款期内的总还款次数。

步骤5:在单元格B9中输入公式"=IF(INDEX(D3:D4,B6)="期末",PMT(B4/(B8/B5),B8,-B3,,0),PMT(B4/(B8/B5),B8,-B3,,1)))",计算每期的偿还额。

步骤6:单元格B10中输入公式"=B8*B9",计算总偿还额。

技巧

上述分期偿还借款模型建立后,工作表中各单元格之间建立了有效的动态链接,用户可以直接输入或改变借款金额、借款年利率、借款年限、还款时点、还款方式中的任意一个或多个变量,来观察每期偿还金额的变化,选择对当前企业最合适的固定偿还金额进行贷款。

(二)长期借款双变量分析模型

在现实经济社会中,长期借款分析的各种因素往往是相互影响的。借款期的长短会影响借款利率的大小,借款利率的波动又对借款分析产生较大的影响。因此,用户需要观察借款期限和借款利率两个因素对长期借款的影响,进行多因素综合作用下长期借款的选择。

提示

对于两个因素同时变动的情况,Excel提供了模拟运算表工具,利用此工具,可以分析两个因素不同组合下的运算结果。模拟运算表工具是Excel提供的一种只需一步操作就能计算出所有变化的模拟分析工具。在工作表中输入公式,就可以利用模拟运算表进行分析,查出某些数据的改变对公式结果的影响。

承接上例,以"借款年利率"和"借款期限"两个因素的变化对"每期偿还金额"的影响为例,来说明长期借款双变量模型的设计和使用。

例3-5　假设借款利率为3%~10%,借款年限为2~5年,利用双变量模型计算每期的偿还金额。

步骤1:承接例3-4,建立分期偿还借款基本模型表,在A列中输入借款年利率,在15行输入各种可能借款期限。

步骤2:在行与列的交叉处输入目标函数pmt(),即在A15单元格中输入公式"=ABS(PMT(B4/(B8/B5),B5*(B8/B5),B3))"。

这样,我们就设置了一个双变量模拟运算表格用15行的各种借款年限替换第一个变量的值,即替换图3-4中B5单元格借款年限的值,用A列各种借款年利率替换第二个变量的值,即替换图3-4中B4单元格的值,与此对应的每期偿还金额将放在第15行下面,A列右侧的单元格区域中,双变量模拟运算表如图3-6所示。

	分期偿还借款基本模型			
12				
13				
14	借款年利率（%）/借款年限(年)			
15	647522.87	2	3	4	5
16	3%				
17	4%				
18	5%				
19	6%				
20	7%				
21	8%				
22	9%				
23	10%				

图 3-6　双变量模拟运算表

步骤 3：给模拟运算表分别输入引用的行、列的单元格。

选择单元格区域 A15：E23，单击"数据"选项卡下"模拟分析"按钮下方的小箭头，然后单击弹出菜单中的"模拟运算表"命令，出现如图 3-7 所示的对话框。在"输入引用行的单元格"中输入行变量"借款年限"所在单元格 $B$5，在"输入引用列的单元格"中输入列变量"借款年利率"所在单元格 $B$4。单击"确定"按钮，此时运算结果便自动显示在双变量分析表中，也就完成了双变量分析模型的建立，其结果如图 3-8 所示。

图 3-7　"模拟运算表"对话框

图 3-8　长期借款双变量分析模型

	A	B	C	D	E
1	分期偿还借款基本模型				
2	借款类型	工业贷款		还款时点	还款方式
3	借款金额（元）	5000000		期末	按　年
4	借款年利率	10%		期初	按半年
5	借款年限（年）	5			按季度
6	还款时点	期初　2			按　月
7	还款方式	按半年　2			
8	总还款次数（次）	10			
9	每期偿还额（元）	¥616,688.45			
10	总还款额（元）	¥6,166,884.52			
11					
12	分期偿还借款基本模型				
13					
14	借款年利率（%）/借款年限(年)				
15	647522.87	2	3	4	5
16	3%	1297223.93	877626.07	667920.12	542170.89
17	4%	1313118.76	892629.06	682549.00	556632.64
18	5%	1329089.39	907749.86	697336.73	571293.82
19	6%	1345135.23	922987.50	712281.94	586152.53
20	7%	1361255.70	938341.04	727383.23	601206.84
21	8%	1377450.23	953809.51	742639.16	616454.72
22	9%	1393718.24	969391.94	758048.27	631894.11
23	10%	1410059.16	985087.34	773609.07	647522.87

图 3-8　长期借款双变量分析模型

技巧

在双变量借款分析模型中,用户可以轻松观察双因素的不同组合所产生的借款偿还结果。当长期借款方案发生变化时,用户只需改变其中变量的行或列的取值,模型便会自动重新计算并显示出双变量分析表中的值,大大提高了筹资决策的效率。

二、租赁筹资分析

租赁是承租人以支付租金的形式向出租人租用某种资产的一种契约性行为。租赁活动由来已久,信贷租赁综合了传统租赁和分期付款的特点,在金融市场上发挥了投资、融资和促销三重作用,其中,融资功能最为明显。目前,租赁业务已成为企业普遍采用的筹资方式。租赁业务通常分为经营租赁和融资租赁两大类。

在融资租赁分析中,财务管理人员要根据不同的租赁途径、租赁期限、利息率、租金数额、支付方式等因素进行分析,对多个备选方案进行比较后,选择一种最合适的方案,为管理者融资租赁决策提供重要依据。在我国租赁业务中,租金一般采用等额年金的方法。我们将通过建立 PMT( )函数讨论租赁模型的建立。

例3-6　某企业2020年1月1日从一租赁公司租入设备A一台,设备的购置成本为300万元,双方商定,租期为5年,年利率按10%计算,租金可以采用按年、按半年、按季度、按月在每个期间的期末或期初支付,请核算该设备不同时点的应付租金额。(详见教学视频)

教学视频

具体步骤如下。

步骤1:设计工作表格,建立租赁筹资分析模型结构,输入设备价款、租期,租赁年利率,选择支付时点和支付方式,即可核算不同时点的每期应付租金额及应付租金总额,如图3-9租赁筹资分析所示。

租赁筹资分析模型			租金支付时点	租金支付方式
租赁项目名称	设备A		期末	按年 支付
设备购置成本(万元)	300		期初	按半年支付
租金支付时点	期末			按季 支付
租金支付方式	按季 支付			按月 支付
租期(年)	5			
每年付款次数(次)	4			
总付款次数(次)	20			
租赁年利率	10%			
每期应付租金(万元)	19.24			
应付租金总计(万元)	384.88			

图3-9　租赁筹资分析

步骤2:建立租金支付时点组合框控件。同例3-4所示步骤。设置租赁支付时点组合框的"设置对象格式",如图3-10所示;设置租赁支付方式组合框控件的"设置对象格式",如图3-11所示。

图 3 – 10　租赁支付时点"设置对象格式"对话框

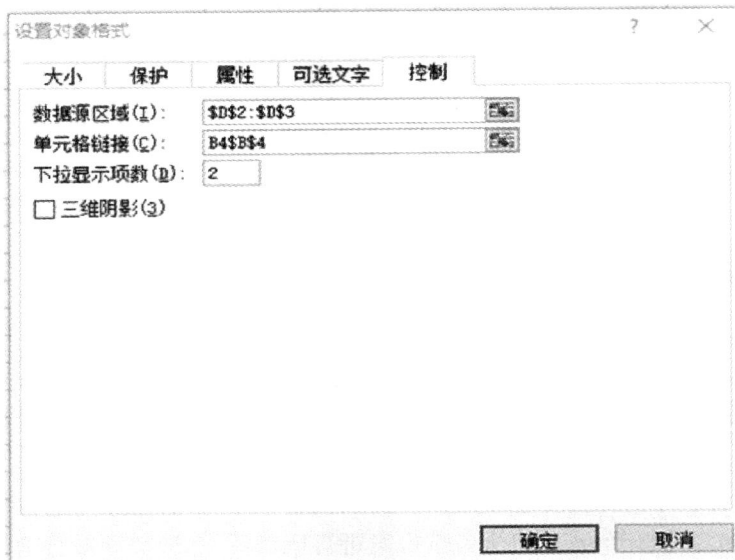

图 3 – 11　租赁支付方式"设置对象格式"对话框

步骤 3:在单元格 B7 中输入每年付款次数公式" = IF(B5 = 1,1,IF(B5 = 2,2,IF(B5 = 3,4,12)))"。

步骤 4:在单元格 B8 中输入总付款次数计算公式" = B6 * B7"。

步骤 5:在单元格 B10 中输入公式" = IF(INDEX(D2:D3,B4) = "期末",PMT(B9/B7,B8, – B3),PMT(B9/B7,B8, – B3,,1)))"。这里用 IF 函数设置不同支付时点租金的计算公式,利用函数 INDEX( ) 将租金支付时点自动检索出来,并在计算公式中应用。

步骤 6:在单元格 B11 中输入公式" = B8 * B10"。

通过以上模型的建立,我们可以判断不同支付时点、不同支付方式组合下每期应付的租金数及全部租金,就可以比较同一租赁下最佳的筹资方式。

三、发行债券筹资分析

企业债券又称公司债券,是企业依照法定程序发行的、约定在一定期限内还本付息的有价证券。债券是持券人拥有公司债权的书面证书,代表持券人与发债公司之间的债权、债务关系。多数情况下,企业债券是按票面价值发行,又称平价发行,但也有按高于票面价值或低于票面价值,即溢价发行或折价发行的情况。债券发行价格的形成受诸多因素的影响,如债券面值、票面利率、期限、还本付息方式以及发行债券的市场利率等诸多因素。债券的发行价格应该根据债券的内在价值确定,即该债券未来各期的现金流量的总现值。还本付息的方式不同,债券的内在价值的计算公式也不同。

1. 债券的发行价格

（1）每年付息、到期一次还本债券

投资者购买此种债券,每年可按债券面值乘以票面利率所计算得到利息,到期可以按债券面值得到所返还的本金。

例 3 - 7　某公司发行两种期限不同的债券,甲债券的期限为 5 年,乙债券的期限为 10 年,两种债券的面值均为 1 000 元,票面利率均为 8%,每年年末付息一次,到期一次还本。在市场利率分别为 6%、8%、10%、12%、14% 的情况下,请问两种债券的价值分别是多少?试根据计算结果对债券发行价格进行分析。

步骤 1:建立每年付息、到期一次还本的债券价值分析表,如图 3 - 12 所示,根据已知数据建立债券资料表格,根据债券价值计算公式计算不同市场利率下的债券价值。

步骤 2:计算债券的价值。在单元格 B9 中输入公式" = PV(B8, $B$5, - $B$3 * $B$4, - $B$3)",然后向右一直复制到 F9,计算甲债券在不同利率下的价值。在单元格 B10 中输入公式" = PV(B8, $C$5, - $C$3 * $C$4, - $C$3)",然后向右一直复制到 F10,计算乙债券在不同利率下的价值。

步骤 3:进行债券价值的分析。选取单元格 B8:F10,单击"插入"选项卡下的"散点图",选择式样 2,即可得到甲、乙两种债券和市场利率之间的关系。

提示

通过图 3 - 12 我们可以看出,随着市场利率的升高,甲乙两种债券的价值都会下降,即债券价值和市场利率成反方向变动。但是期限长的乙债券价值变动比期限短的甲债券变动受市场利率的影响更大,即乙债券市场利率下降的幅度大于甲债券,反之,若市场利率上升,乙债券价值增加的幅度也大于甲债券。当市场利率和票面利率相等时,两种债券的价值都等于其面值,此时债券应等价发行;当市场利率高于票面利率时,两种债券的价值都低于其面值,此时债券应折价发行;当市场利率低于票面利率时,两种债券的价值都高于其面值,此时应溢价发行。

	A	B	C	D	E	F
1	**债券资料**					
2		甲债券	乙债券			
3	债券面值（元）	1000	1000			
4	票面利率	8%	8%			
5	期限（年）	5	10			
6						
7	**债券价值计算**					
8	市场利率（%）	6%	8%	10%	12%	14%
9	甲债券的价值（元）	1,084.25	1,000.00	924.18	855.81	794.02
10	乙债券的价值（元）	1,147.20	1,000.00	877.11	773.99	687.03

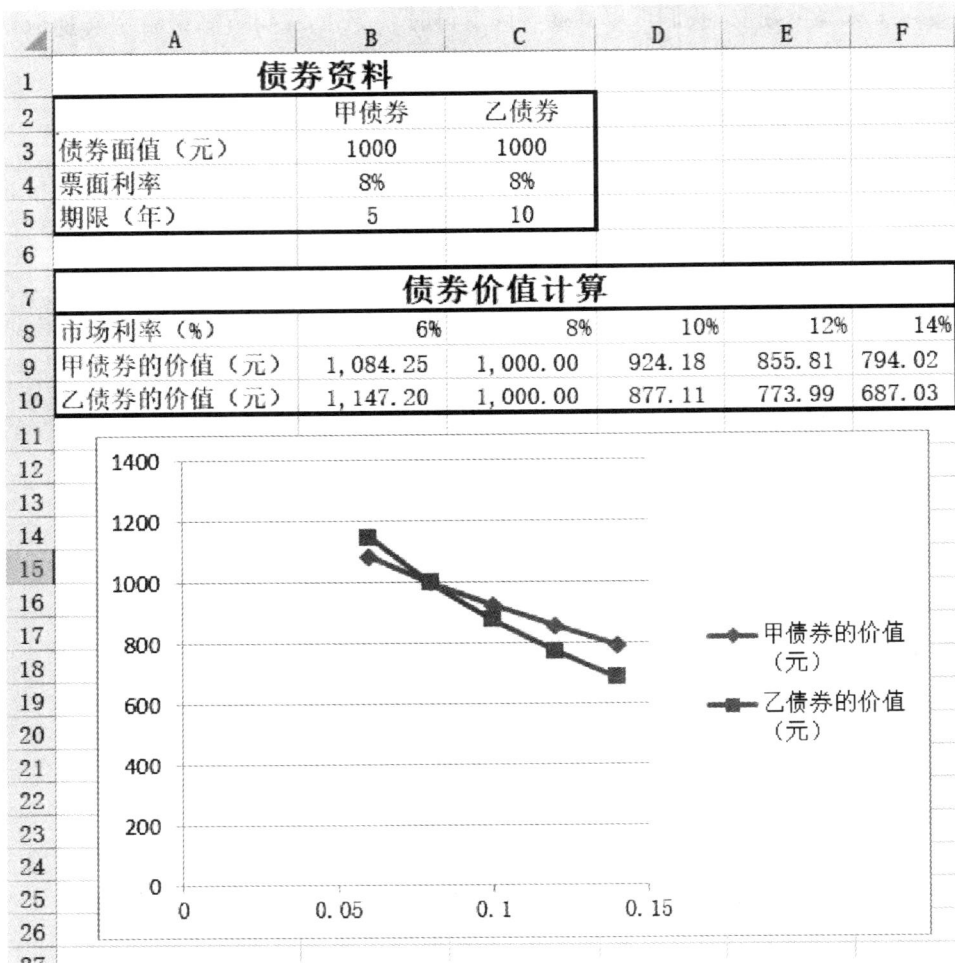

图 3-12　每年付息、到期一次还本的债券价值分析表

（2）每半年付息一次，到期一次还本的债券

投资者购买此种债券，每半年可按债券面值乘以票面利率所计算的利息的一半，到期可以按债券面值得到所返还的本金。在这种情况下，由于投资者每半年收到利息一次，因此，计算债券现值时应采用投资者所要求的年投资报酬率的一半，即市场利率的一半作为贴现率。

例 3-8　某公司拟发行丙和丁两种债券，两种债券的面值都为 1 000 元，丙票面利率为 10%，丁票面利率为 14%，市场利率为 12%，两种债券的发行价格分别是多少？债券发行后，随着时间的推移，这两种债券的价值将会怎样变化？

步骤 1：建立每半年付息、到期一次还本的债券价值计算表，如图 3-13 所示。根据已知数据建立债券资料表格，根据债券价值计算公式计算债券价值。

	A	B	C	D	E	F	G
1		债券资料					
2		丙债券	丁债券				
3	债券面值（元）	1000	1000				
4	票面利率	10%	14%				
5	期限（年）	5	5				
6	每年付息次数（次）	2	2				
7	市场利率	12%	12%				
8							
9			债券价值计算				
10	距离债券到期时间(年)	5	4	3	2	1	0
11	丙债券价值（元）	926.40	937.90	950.83	965.35	981.67	1,000.00
12	丁债券价值（元）	1,073.60	1,062.10	1,049.17	1,034.65	1,018.33	1,000.00
13							

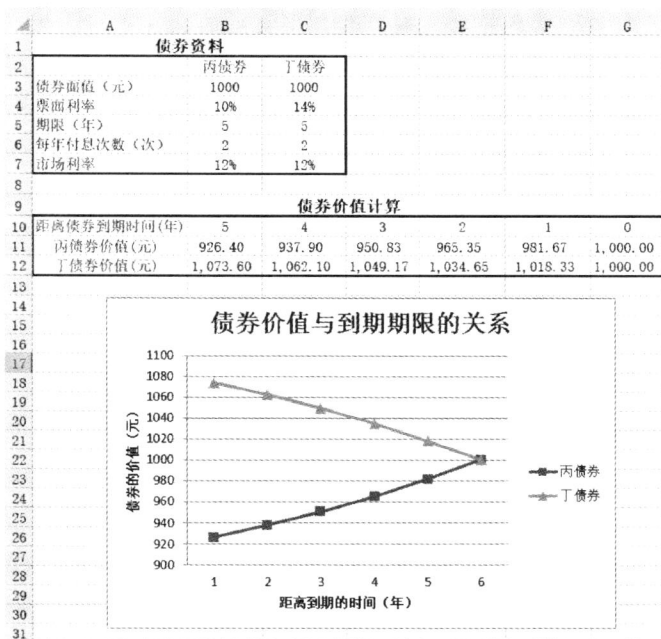

图 3 - 13　每半年付息一次、到期一次还本的债券价值计算表

步骤 2：计算债券的价值。在单元格 B11 中输入公式"= PV($B$7/$B$6，B10 ∗ $B$6，- $B$3 ∗ $B$4/$B$6，- $B$3)"，并复制到单元格 G11，计算丙债券在不同利率下的价值。在单元格 B12 中输入公式"= PV($C$7/$C$6，B10 ∗ $C$6，- $C$3 ∗ $C$4/$C$6，- $C$3)"，然后向右一直复制到 G12，计算丁债券在不同利率下的价值。

步骤 3：进行债券价值的分析。选取单元格区域 B10：G10，单击"插入"选项卡下的"散点图"，选择式样 2，即可得到丙、丁两种债券和市场利率之间的关系。

通过分析我们可以看出，丙债券应该按 926.4 元的价格折价发行，随着时间的推移，该折价债券的价值会逐渐升高，在第 5 年债券到期时，其价值与面值相等。若该公司选择发行丁债券，应该按 1 073.60 元议价发行，随着时间的推移，该债券价值会逐渐下降，在第 5 年债券到期时，其价值与面值相等。所以，随着时间的推移，无论溢价还是折价发行的债券，其都有向面值回归的趋势。

2. 债券的摊销

公司折价或溢价发行债券，每期应按票面利率支付利息，这时的利息为名义利息，而非公司承担的实际利息费用。债券溢价是发行公司对未来多付利息的一种事前补偿，是对债券面值和票面利率计算的应付利息的调整。因此，债券溢价在债券存续期间内应冲减各期的利息支出，在债券到期时，溢价金额摊销完毕。同理，债券折价是对未来少收利息的一种补偿，应在债券存续期内摊销完毕。

在溢价或折价发行债券的情况下，公司实际每年支付的利息费用计算公式如下：

溢价发行债券时，

当期实际利息费用 = 按票面利率支付的利息 - 溢价摊销

折价发行债券时，

当期实际利息费用 ＝按票面利率支付的利息 ＋折价摊销

折价或溢价摊销的方法有两种：直线法和实际利率法。直线法是将折价或溢价额平均分摊到各期，实际利率法是将债券发行时的实际利率（市场利率），分别乘以每期期初债券的账面价值，求得该期的实际利息。

（1）债券溢价摊销表

例 3-9 某公司 2019 年 12 月 31 日发行债券面值为 5 000 万元，票面利率为 10% 的长期债券，债券将于 2024 年 12 月 31 日到期，每年 12 月 31 日付息一次，到期一次还本。债券发行时的市利率为 8%，求债券的发行价格并编制溢价摊销表。（详见教学视频）

如图 3-14 所示，具体操作步骤如下。

	A	B	C	D	E
1	债券资料				
2	总面值（万元）	5000			
3	票面利率	10%			
4	期限	5			
5	市场利率	8%			
6	债券的发行价格（万元）	5,399.27			
7					
8	债券溢价摊销表　单位：万元				
9	直线法				
10	付息日期	每期支付利息	溢价摊销	实际利息费用	债券的账面价值
11	2019-12-31				5399.27
12	2020-12-31	500	79.85	420.15	5319.42
13	2021-12-31	500	79.85	420.15	5239.56
14	2022-12-31	500	79.85	420.15	5159.71
15	2023-12-31	500	79.85	420.15	5079.85
16	2024-12-31	500	79.85	420.15	5000.00
17	实际利率法				
18	付息日期	每期支付利息	溢价摊销	实际利息费用	债券的账面价值
19	2019-12-31				5,399.27
20	2020-12-31	500	68.06	431.94	5,331.21
21	2021-12-31	500	73.50	426.50	5,257.71
22	2022-12-31	500	79.38	420.62	5,178.33
23	2023-12-31	500	85.73	414.27	5,092.59
24	2024-12-31	500	92.59	407.41	5,000.00

图 3-14　债券溢价摊销表

首先，在 B6 单元格输入公式"＝PV($B$5,$B$4,－$B$2*$B$3,－$B$2)"。

采用直线法摊销的步骤如下。

步骤 1：在单元格 E11 中输入公式"＝B6"。

步骤 2：在单元格 B12 中输入公式"＝$B$2*$B$3"，然后复制到 B16，计算出每期支付的利息。

步骤 3：在单元格 C12 中输入公式"＝($B$6－$B$2)/$B$4"，然后复制到 C16，计算出每期溢价摊销额。

步骤 4：在单元格 D12 中输入公式"＝B12＋C12"，然后一直复制到单元格 D16，计算债券每期实际利息费用。

步骤 5：在单元格 E12 中输入公式"＝E11－C12"，然后一直复制到单元格 E16，计算溢价摊销后每期债券的账面价值。

采用实际利率法摊销的具体步骤如下。

步骤 1：在单元格 E19 中输入公式"＝B6"。

步骤 2：在单元格 B20 中输入公式"＝$B$2＊$B$3"，然后复制到 B24，计算出每期支付的利息。

步骤 3：在单元格 D20 中输入公式"＝E19＊$B$5"，计算出每期实际利息费用，并依次计算。

步骤 4：在单元格 C20 中输入公式"＝B20－D20"，计算每期的溢价摊销额，并依次计算。

步骤 5：在单元格 E20 中输入公式"＝E19－C20"，然后一直复制到单元格 E16，计算溢价摊销后每期债券的账面价值。

（2）债券的折价摊销表

例 3 - 10　某公司 2019 年 12 月 31 日发行债券面值为 5 000 万元，票面利率为 10% 的长期债券，债券将于 2024 年 12 月 31 日到期，每年 12 月 31 日付息一次，到期一次还本。债券发行时的市场利率为 12%，求债券的发行价格并编制折价摊销表。（详见教学视频）

如图 3 - 15 所示，具体操作步骤如下。

首先，在 B6 单元格中输入公式"＝PV($B$5,$B$4,－$B$2＊$B$3,－$B$2)"，计算债券的发行价格。

采用直线法摊销的步骤如下。

步骤 1：在单元格 E11 中输入公式"＝B6"。

步骤 2：在单元格 B12 中输入公式"＝$B$2＊$B$3"，然后复制到 B16，计算出每期支付的利息。

步骤 3：在单元格 C12 中输入公式"＝($B$6－$B$2)/$B$4"，然后复制到 C16，计算出每期溢价摊销额。

步骤 4：在单元格 D12 中输入公式"＝B12＋C12"，然后一直复制到单元格 D16，计算债券每期实际利息费用。

步骤 5：在单元格 E12 中输入公式"＝E11＋C12"，然后一直复制到单元格 E16，计算溢价摊销后每期债券的账面价值，并依次计算。

采用实际利率法摊销的具体步骤如下。

步骤 1：在单元格 E19 中输入公式"＝B6"。

步骤 2：在单元格 B20 中输入公式"＝$B$2＊$B$3"，然后复制到 B24，计算出每期支付的利息。

步骤 3：在单元格 D20 中输入公式"＝E19＊$B$5"，计算出每期实际利息费用，并依次计算。

步骤 4：在单元格 C20 中输入公式"＝D20－B20"，计算每期的折价摊销额，并依次计算。

步骤 5：在单元格 E20 中输入公式"＝E19＋C20"，然后一直复制到单元格 E16，计算折价摊销后每期债券的账面价值,并依次计算。

	A	B	C	D	E
1	债券资料				
2	总面值（万元）	5000			
3	票面利率	8%			
4	期限	5			
5	市场利率	10%			
6	债券的发行价格（万元）	4,620.92			
7					
8	债券折价摊销表　单位：万元				
9	直线法				
10	付息日期	每期支付利息	折价摊销	实际利息费用	债券的账面价值
11	2019-12-31				4620.92
12	2020-12-31	400	75.82	475.82	4696.74
13	2021-12-31	400	75.82	475.82	4772.55
14	2022-12-31	400	75.82	475.82	4848.37
15	2023-12-31	400	75.82	475.82	4924.18
16	2024-12-31	400	75.82	475.82	5000.00
17	实际利率法				
18	付息日期	每期支付利息	折价摊销	实际利息费用	债券的账面价值
19	2019-12-31				4,620.92
20	2020-12-31	400	62.09	462.09	4,683.01
21	2021-12-31	400	68.30	468.30	4,751.31
22	2022-12-31	400	75.13	475.13	4,826.45
23	2023-12-31	400	82.64	482.64	4,909.09
24	2024-12-31	400	90.91	490.91	5,000.00

图 3-15　债券折价摊销表

提示

通过上述两个例子可见,不论溢价或折价都是发行公司在债券存续期内对利息的一种调整。在债券到期日,溢价或折价都摊销完毕,债券的账面价值等于面值。

四、发行股票筹资

股票筹资是权益类资本的主要筹资模式。股票是股份有限公司为筹集自由资本而发行的有价证券,是股东按其所持份额享有权利和承担义务的书面凭证。按股东权利和义务的不同,主要分为普通股股票和优先股股票。普通股代表股东享有平等权利和义务,没有特别限制,且股利不固定的股票。通常情况下,股份有限公司只发行普通股。优先股是相对普通股而言的,它是股份公司发行的优先于普通股东分享股利和分配剩余财产的一种股票,优先股股东比普通股股东优先获得固定的股息。

普通股的资本成本比较复杂,一般采用估算的方法,常用固定增长模型法和资本资产定价模型法。股利增长模型法是假定股本投资的收益以固定的年增长率递增,则普通股的资金成本为

$$K_s = \frac{D_0(1+g)}{p_0(1-f)} + g = \frac{D_1}{p_0(1-f)} + g$$

其中,K_s 为普通股资本成本率;D_0 为本期支付的股利;P_0 为股票市价;D_1 为第一年支付

的股利;g 为固定股利增长率;f 为股票发行费用率。

资本资产定价模型:普通股股利实际是一种风险报酬,它的高低取决于投资者所冒风险的大小,所以只需计算股票在证券市场上的组合风险系数,就可以根据这一风险来预计股票的资本成本,其计算公式为

$$K_s = R_f + \beta(R_m - R_f)$$

其中,K_s 为普通股资本成本率;R_f 为市场无风险报酬率;$(R_m - R_f)$ 是对市场平均风险的补偿;β 是某股票相对市场平均风险的波动倍数。

优先股资本成本和普通股相似,优先股股利通常是固定的,其计算公式为

$$K_p = \frac{D_p}{P_p(1-f)}$$

其中,K_p 为优先股资本成本率;D_p 为每年年股息;P_p 为优先股发行价;f 为优先股发行费用率。

例 3-11 某企业拟增资扩股提高企业的资金规模,现发行普通股为固定股利增长率的股票,每股发行价为 12 元,筹资费用率为 4%,上年派发股利为 1.5 元,固定股利增长率为 6%;以 20 元的价格发行了面值为 15 元的优先股股票,筹资费用率为 5%,股息率为 9%。请分别计算该企业筹集的权益类资金的资本成本。

权益类资本成本的计算如图 3-16 所示,具体计算步骤如下。

步骤1:根据已知数据建立普通股资本成本和优先股资本成本资料表格。

步骤2:在单元格 B7 中输入公式" = B4 * (1 + B5)/(B3 * (1 - B6)) + B5",由计算结果可知,该普通股股票的成本为 19.8%。在单元格 E7 中输入公式" = E4 * E5/(E3 * (1 - E6))",由计算结果可知,该优先股的筹资成本为 7.11%。

	权益类资本成本计算表			
	普通股资本成本		**优先股资本成本**	
普通股价格	12		优先股价格	20
普通股股息	1.5		优先股面值	15
普通股股息增长率	6%		优先股股息率	9%
筹资费用率	4%		筹资费用率	5%
普通股成本	19.80%		优先股成本	7.11%

图 3-16 权益类资本成本计算表

任务三 最优资本结构决策

任务目标

知识目标:

1. 掌握比较资金成本法选择最优筹资方案。

2. 掌握每股收益无差别点分析法选择最优资本结构。

3. 了解公司价值分析法选择最优资本结构。

能力目标:

能够建立比较资金成本分析模型、每股收益无差别点分析模型、公司价值分析模型,进行最优资本结构的选择。

任务
导入

深圳华翔家居股份有限公司(简称华翔公司)2020 年末的资本结构如下:

资金来源金额:

普通股 6 万股(面值 100 元,筹资费率 2%)　　　　600 万元

长期债券年利率 10%(筹资费率 2%)　　　　　　　400 万元

长期借款年利率 9%(无筹资费用)　　　　　　　　200 万元

合计　　　　　　　　　　　　　　　　　　　　1 200 万元

预计 2020 年普通股每股股利为 10 元,预计以后每年股利率将增加 3%。该企业所得税税率为 25%。

该企业现拟增资 300 万元,有两个方案可供选择。

甲方案:发行长期债券 300 万元,年利率 11%,筹资费率 2%。普通股每股股利增加到 12 元,以后每年需增加 4%。

乙方案:发行长期债券 150 万元,年利率 11%,筹资费率 2%,另以每股 150 元发行普通股 150 万元,筹资费率 2%,普通股每股股利增加到 12 元,以后每年仍增加 3%。

思考:该如何为华翔公司做出增资决策呢?

通过本任务的学习,你将能够建立最佳资本结构决策模型,做出最优资本结构决策。

资本结构是指企业各种来源的长期资金的构成及其比例关系。资本结构是否合理会影响企业资本成本的高低、财务风险的大小以及投资者的收益,它是企业筹资决策的核心问题。资本结构的优化意在寻求最佳资本结构。最佳资本结构是指在一定条件下使企业综合资本成本最低、企业价值最大的资本结构。

一、比较资金成本法

当企业对不同筹资方案做出选择时,可以先分别计算各备选方案的加权平均资金成本,并根据加权资金成本的高低来确定最佳资本结构。

例 3 - 12　某企业现有资本 2 000 万元,资本结构如表 3 - 6 所示,现需要追加筹资 500 万元,有两个备选的筹资方案,试选择最优的筹资方案。(详见教学视频)

教学视频

表 3 - 6　某企业的资本资料　　　　　　　　　　　　　　　　金额单位:万元

资本种类	目前资本结构			追加筹资方案					
	筹资额	比重	资本成本	方案 A			方案 B		
				筹资额	比重	资本成本	筹资额	比重	资本成本
长期借款	800	40%	6.00%	250	50%	6%	125	25%	15%
长期债券	400	20%	10.00%	0	0%	0%	250	50%	7%
普通股	800	40%	15.00%	250	50%	12%	125	25%	12%
合计	2 000	100%	10.40%	500	100%		500	100%	

最优筹资方案的计算如图 3 −17 所示。具体操作步骤如下。

	A	B	C	D	E	F	G	H	I	J
1	已知条件(金额单位:万元)									
2	目前资本结构				追加筹资方案					
3					方案A			方案B		
4	资本种类	筹资额	比重	资本成本	筹资额	比重	资本成本	筹资额	比重	资本成本
5	长期借款	800	40%	6.00%	250	50%	6%	125	25%	15%
6	长期债券	400	20%	10.00%	0	0%	0%	250	50%	7%
7	普通股	800	40%	15.00%	250	50%	12%	125	25%	12%
8	合计	2000	100%	10.40%	500	100%		500	100%	
9										
10	追加筹资决策(金额单位:万元)									
11	资本种类	方案A			方案B					
12		筹资额	比重	资本成本	筹资额	比重	资本成本			
13	长期借款	1050	42.00%	6.00%	925	37.00%	7.22%			
14	长期债券	400	16.00%	10.00%	650	26.00%	8.85%			
15	普通股	1050	42.00%	14.29%	925	37.00%	14.59%			
16	合计	2500	100.00%	10.12%	2500	100.00%	10.37%			
17										
18	最优筹资方案		方案A							

图 3 −17　最优筹资方案

步骤 1:在单元格 B13 中输入公式" = B5 + E5",并将单元格 B13 向下复制到 B15。

步骤 2:在单元格 C13 中输入公式" = B13/$B$16",并将单元格 C13 向下复制到 C15。

步骤 3:在单元格 D13 中输入公式" = B5/(B5 + E5) * D5 + E5/(B5 + E5) * G5",并将单元格 D13 向下复制到 D15。

步骤 4:在单元格 E13 中输入公式" = B5 + H5",并将单元格 E13 向下复制到 E15。

步骤 5:在单元格 F13 中输入公式" = E13/$E$16",并将单元格 F13 向下复制到 F15。

步骤 6:在单元格 G13 中俗输入公式" = B5/(B5 + H5) * D5 + H5/(B5 + H5) * J5",并将单元格 G13 向下复制到 G15。

步骤 7:在单元格 D16 中输入公式" = SUMPRODUCT(C13:C15,D13:D15)",从而得到 A 方案的加权平均资金成本。

步骤 8:在单元格 G16 中输入公式" = SUMPRODUCT(F13:F15,G13:G15)",从而得到 B 方案的加权平均资金成本。

步骤 9:在单元格 C18 中输入公式" = INDEX(B11:G11,MATCH(MIN(D16,G16),D16:G16,0))",寻找加权资金成本最低的筹资方案。

可见,A 方案的加权平均资金成本最低,所以应采用 A 方案追加筹资。

二、每股收益无差别点分析法

每股收益无差别点分析法是将企业的盈利能力与负债对股东财富的影响结合起来,去分析资本结构与每股收益之间的关系,进而确定合理的资金结构的方法,也称息税前利润 − 每股收益(EBIT − EPS)分析法。它是利用息税前利润和每股收益之间的关系来确定最优的资金结构的方法。

所谓每股收益无差别点,是指使不同筹资方式下的每股收益(EPS)相等时的息税前利润(EBIT)和业务量水平。每股收益无差别点计算公式如下:

$$\frac{\text{EBIT} - I1(1-T) - D1}{N1} = \frac{(\text{EBIT} - I2)(1-T) - D2}{N2}$$

其中,EBIT 为每股收益无差别点的息税前利润;$I1$,$I2$ 为两种筹资方式下的年利息;$D1$,$D2$ 为两种筹资方式下的年优先股股利;$N1$,$N2$ 为两种筹资方式下的普通股股数。

该种方法的决策程序为,第一步,先计算出每股收益无差别点;第二步,做每股收益无差别图;第三步,选择最佳筹资方式。

例 3 –13 某公司发行在外的普通股 1 000 股(每股面值 1 元),已发行利率 5% 的债券 2 000 万元,该公司打算为一个新的项目融资 5 000 万元。现有两个方案可供选择:

方案一,按 8% 的利率平价发行债券。

方案二,按每股 10 元发行新股,公司适用所得税税率为 25%。

试采用每股利润无差别点法分析应选择何种筹资方案。(详见教学视频)

最优筹资方案的计算如图 3 –18 所示。具体操作步骤如下。

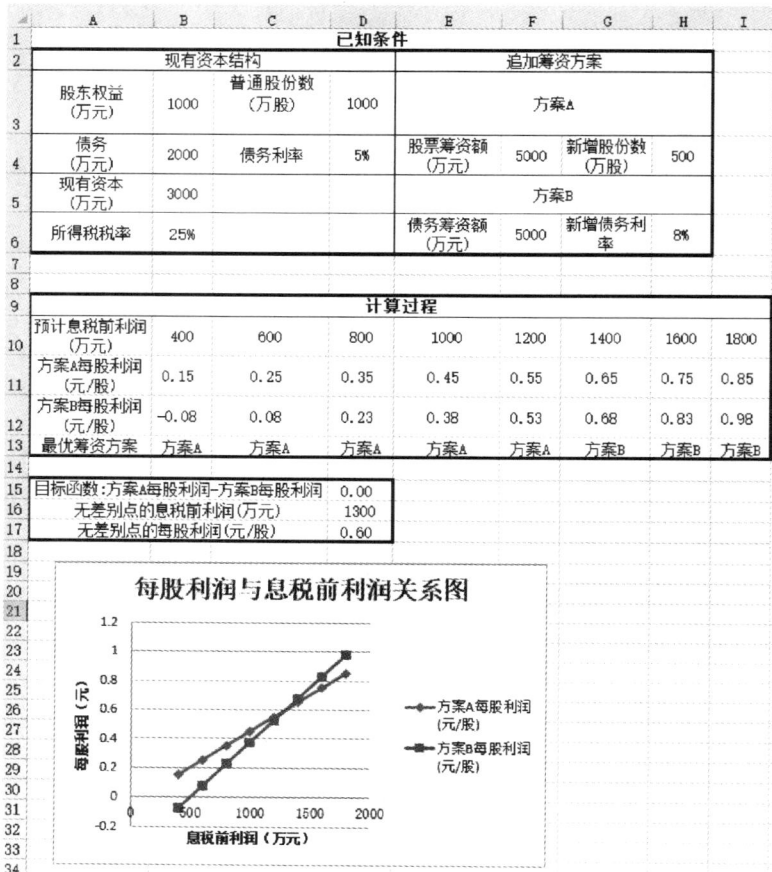

A	B	C	D	E	F	G	H	I
已知条件								
	现有资本结构			**追加筹资方案**				
股东权益(万元)	1000	普通股份数(万股)	1000			方案A		
债务(万元)	2000	债务利率	5%	股票筹资额(万元)	5000	新增股份数(万股)	500	
现有资本(万元)	3000					方案B		
所得税税率	25%			债务筹资额(万元)	5000	新增债务利率	8%	
计算过程								
预计息税前利润(万元)	400	600	800	1000	1200	1400	1600	1800
方案A每股利润(元/股)	0.15	0.25	0.35	0.45	0.55	0.65	0.75	0.85
方案B每股利润(元/股)	-0.08	0.08	0.23	0.38	0.53	0.68	0.83	0.98
最优筹资方案	方案A	方案A	方案A	方案A	方案A	方案B	方案B	方案B
目标函数:方案A每股利润-方案B每股利润			0.00					
无差别点的息税前利润(万元)			1300					
无差别点的每股利润(元/股)			0.60					

图 3 –18 最优筹资方案的计算

步骤 1：在单元格 B11 中输入公式" =（B10 - $B$4 * $D$4）*（1 - $B$6）/（$D$3 + $H$4）"，并将单元格 B11 复制到 I11，计算 A 方案在不同息税前利润下的每股收益。

步骤 2：在单元格 B12 中输入公式" =（B10 - $B$4 * $D$4 - $F$6 * $H$6）*（1 - $B$6）/$D$3"，并将单元格 B12 复制到 I12，计算 B 方案在不同息税前利润下的每股收益。

步骤 3：在单元格 B13 中输入公式" = IF（B11 > B12，"方案 A"，"方案 B"）"，并将单元格 B13 复制到 I13，选取不同息税前利润所适用的最优筹资方案。

步骤 4：在单元格 D15 中输入公式" =（D16 - B4 * D4）*（1 - B6）/（D3 + H4）-（D16 - B4 * D4 - F6 * H6）*（1 - B6）/D3"，计算两个方案的每股收益之差，并将其作为目标函数。

步骤 5：在"数据"选项卡单击"模拟分析"下的小箭头，选择"单变量求解"，系统弹出"单变量求解"对话框，在"目标单元格"中输入 D15，在"目标值"中输入 0，在"可变单元格"中输入 D16，最后单击"确定"按钮，即可求出两个方案无差别点的息税前利润。

步骤 6：在单元格 D17 中输入公式" =（D16 - B4 * D4）*（1 - B6）/（D3 + H4）"，计算两个方案无差别点的每股收益。

步骤 7：选中单元格区域 A10:I12，单击"插入"选项卡下的"散点图"，选择式样 2，即可得到每股利润和息税前利润的关系图。图中结果显示，当息税前为 1 300 万元时，两个方案每股利润相等，均为 0.6 元/股；当预计息税前利润低于 1 300 万元时，应采用 A 方案；当预计息税前利润高于 1 300 万元时，方案 B 每股利润更高，应采用 B 方案。

三、公司价值分析法

公司价值分析法，是在考虑市场风险的基础上，以公司市场价值为标准，进行资本结构的优化，即能够提升公司价值的资本结构，则是合理的资本结构。这种方法主要适用于资本规模较大的上市公司资本结构的优化分析。同时，在公司价值最大的资本结构下，公司平均资金成本率也是最低的。这种方法下公司价值 V 等于股票的市场价值（S）加上长期债务的市场价值（B）之和，即

$$V = S + B$$

为了计算方案，设长期债务（长期借款和长期债券）的现值等于其面值，股票的现值等于其未来的净收益按照股东要求的报酬率贴现。假设企业的经营利润永续，股东要求的回报率保持不变，则股票的市场价值为

$$S = \frac{(\text{EBIT} - 1)(1 - T)}{1 S}$$

$$k_s = K_f + \beta(K_m - K_f)$$

其加权平均资金成本为

$$K_w = k_b \frac{B}{V}(1 - T) + k_s \frac{S}{V}$$

其中，k_b 为债务资本成本，k_s 为股本资本成本。

例 3 - 14 某公司现有资本账面价值 3 000 万元，全部为普通股。预计该公司每年息税前利润为 500 万元且保持不变，公司所得税税率为 25%，公司的税后净利润全部用于发放股利，固定增长率为 0。公司的财务管理人员计划改变现有的资本结构，拟增加负债

并回购相应数额的股票来利用财务杠杆效应。经测算,债券的现值等于其面值。在不同的负债水平下,债务资本成本率 K_b 和普通股 β 值如表 3 – 7 所示,同时已知证券市场的无风险利率为 6%,市场投资组合期望报酬率 K_m 为 12%,试选择最优筹资方案。(详见教学视频)

表 3 – 7　某企业的资本结构数据

方案	债务 B(万元)	债务资本成本率 K_b	普通股 β 值	息税前利润 EBIT(万元)	500
1	0		1.12	所得税税率 T	25%
2	100	5%	1.16	无风险利率 K_f	6%
3	200	8%	1.22	市场投资组合期望报酬率 K_m	12%
4	300	10%	1.48		
5	400	12%	1.85		
6	500	15%	2.2		

公司价值分析法最优筹资决策如图 3 – 19 所示,具体解题步骤如下。

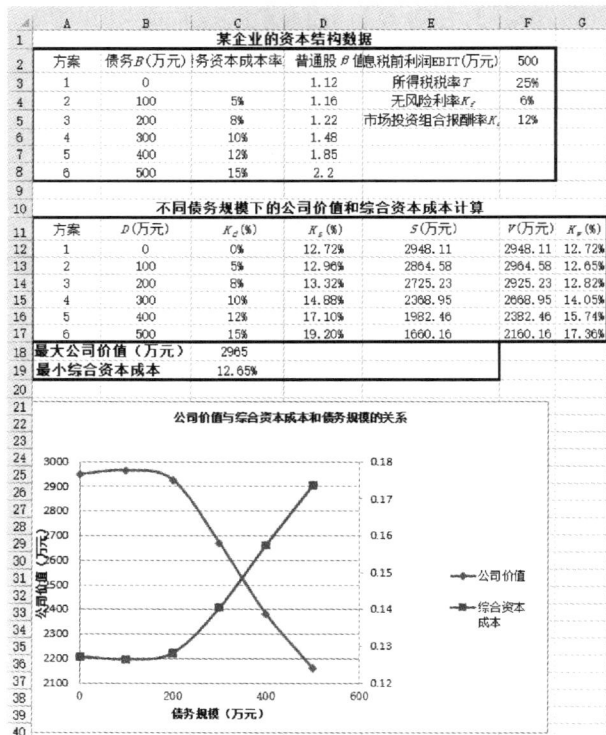

图 3 – 19　公司价值分析法最优筹资决策

步骤 1:在单元格 B12 中输入公式" = B3",并向下复制到单元格 B17。

步骤 2:在单元格 C12 中输入公式" = C3",并向下复制到单元格 C17。

步骤 3:普通股资金成本率 Ks 的计算,在单元格 D12 中输入公式" = $F$4 + D3 *($F$5 –

$F\$4)$",并向下复制到 D17。

步骤 4:普通股的市场价值 S 的计算:在单元格 E12 中输入公式"$=(\$F\$2-C12*B12)*(1-\$F\$3)/D12$",并向下复制到单元格 E17。

步骤 5:公司总市场价值 V 的计算:在单元格 F12 中输入公式"$=E12+F12$",并向下复制到单元格 F17。

步骤 6:公司的加权资金成本率 Kw 的计算:在单元格 G12 中输入公式"$=B12/F12*C12*(1-\$F\$3)+E12/F12*D12$",并向下复制到 G17。

步骤 7:在单元格 C18 输入公式"$=MAX(F12:F17)$",在单元格 C19 中输入公式"$=MIN(G12:G17)$"。

从计算结果我们可以看出,当没有负债时,公司的价值等于其普通股的价值。随着公司债务的增加,公司的价值开始逐渐增加,当债务增加到 100 万元时,公司价值达到最大;此后,随着债务的增加公司的价值开始下降。从公司综合资金成本的变化趋势可见,债务规模为 100 万元时,综合资金成本达到最低。因此,公司债务为 100 万元时的资本结构为最优资本结构,最优筹资方案为发行 100 万债权并回购 100 万股票。选中单元格区域 B12:B17、F12:F17、G12:G17,插入散点图更清楚地展示了上述结果。

项目小结

筹集资金是企业的基本财务活动。企业筹集资金的目的总的来说是为了获取资金,它是企业生产经营活动的前提,又是企业再生产顺利进行的保证。

企业筹资活动需要通过一定的渠道并采用一定的方式来完成。企业在进行筹资前,要采用一定的方法预测资金需要量,常用的预测方法有销售百分比法和资金习性分析法等。

企业筹集资金可以采用债券投资、股票投资、借款投资、租赁投资、商业信用等多种方式,只有对能够比较各筹资方式的资金成本进行分析,才能选出适应企业的最佳筹资方式。

企业进行筹资决策的核心问题是选择最优的资本结构,企业可以选择的筹资决策方法主要包括比较资本成本法、比较公司价值法和每股利润分析法。

技能训练

1. 兴达公司 2020 年 12 月 31 日资产负债表如表 3 - 8 所示。

表 3 - 8 兴达公司简要资产负债

2020 年 12 月 31 日 单位:万元

资 产	期末余额	负债及所有者权益	期末余额
		短期借款	25 000
货币资金	5 000	应付账款	10 000
应收账款	1 5000	应交税费	5 000
存货	3 0000	应付债券	10 000
固定资产	300 000	实收资本	200 000
		未分配利润	100 000
资产总计	350 000	负债与所有者权益总计	350 000

该公司 2020 年的销售收入为 200 000 元,现在还有剩余生产能力,即增加收入不需要进

行固定资产方面的投资。假定销售净利润为 16%，如果 2021 年的销售收入提高到 280 000元，利润分配为 60%。

要求：用销售百分比法预测需要筹集的资金。

2. 海华公司向银行申请 2 000 000 元工业贷款，贷款年利率为 7%，借款期限为 5 年。

要求：

（1）利用长期借款基本模型结构确定不同还款期、不同还款时点下的每期偿还金额；

（2）如果贷款利率为 4%、9%，借款期限为 3、8 年，利用双变量分析模型计算每期偿还金额。

3. 某企业需要增加一台价值 350 000 元的设备，该设备使用期 7 年，预计 7 年后无残值。该企业可以用银行贷款购买该设备，银行贷款年利率 8%，要求每年年末等额偿还贷款；该企业也可以采用租赁方式取得该设备，租赁公司要求每年年初预计租金，该设备原价在 5年内摊销，并要求得到 8% 的租费（收益）率。如果该企业所得税率为 25%，采用直线法计提折旧，贴现率为 5%。

要求：选择筹资方式。

4. 宏远公司有资本 2 000 万元，其中长期借款 800 万元，年利率 10%，普通股 1 200 万元，上年支付每股股利 2 元，预计股利增长率为 5%，发行价格为 20 元，目前价格也为 20 元，该公司计划筹集资金 100 万元，企业所得税税率 25%，有两种筹资方案：

方案一：增加借款 100 万元，借款利率上升到 12%，假设公司其他条件不变。

方案二：增发普通股 40 000 股，普通股市价增加到每股 25 元，假设公司其他条件不变。

要求：

（1）计算该公司筹资前加权平均资金成本；

（2）用比较资金成本法确定该公司最佳的资金结构。

5. 某企业向银行借款 300 万元，年利率为 6%，期限 5 年，借款的手续费为 3 万元，该企业所得税率为 25%。现有两种还本付息方式：

方案一：每年年末等额还本付息。

方案二：前 2 年每年年末偿还本金 100 万元，并在每年年末支付按年初借款余额计算的相应利息，其余的款项在后 3 年中每年年末等额还本付息。

要求：试计算并判断该企业应选择哪种还本付息方式。

项目四

投资分析与决策

学习目标

投资是企业获取利润的重要途径,同时也是企业经营活动的重要组成部分。投资决策对企业来说是一项重要的内容,正确的投资决策是资金的投入和运用是否高效的关键,直接影响企业未来的经营状况。通过本项目的学习,学生能熟练运用 Excel 提供的函数和工具构建投资决策的各种模型,掌握一系列的投资决策指标在 Excel 中的应用,以及利用 Excel 2010 进行正确地进行投资项目决策、固定资产更新决策和证券投资决策。

在财务工作中,投资决策是最重要的决策。按照 MM 理论,企业价值取决于企业的投资决策。一个企业的兴衰存亡,往往与投资的正确与否息息相关。《北京人在纽约》中的王启明之所以破产,《大世界风云》中的黄楚九之所以失败,都是因为投资的失误。文艺作品中的情形如此,现实生活中的情况更是如此。

投资决策包括项目投资决策、固定资产更新决策、证券投资决策等内容。项目投资决策主要是通过计算投资决策指标并按照一定的标准来选择项目;固定资产更新决策是通过计算使用新、旧设备两个方案的投资决策指标来决定是继续使用旧设备还是购买新的设备;证券投资不同于其他两种投资,需要在计算证券投资风险的基础上来选择投资证券的类别。

任务一 项目投资现金流量分析

任务目标

知识目标:

1. 理解现金流量的概念和内容。
2. 掌握现金流量的计算方法。

能力目标:

1. 能正确地计算现金流量。
2. 能正确地评价投资项目的优劣。

任务导入

某投资项目的初始固定资产投资额为 800 000 元,流动资产投资额为 200 000 元。预计项目的使用年限为 8 年,终结时固定资产残值收入为 150 000 元,清理及有关终结费用 100 000 元,初始时投入的流动资金在项目终结时可全部收回。另外,预计项目投入运营后每年可产生 400 000 元的销售收入,并发生 150 000 元的付现成本。该企业的所得税税率为 30%,采用直线法计提折旧。同时,税法规定,计提折旧时固定资产的残值为 0。这样,每年法定的固定资产折旧额为 100 000 元($=800\ 000\div8$)。

思考:如何测算这个投资项目的现金净流量?

通过本任务的学习,你将能够通过 Excel 表格建立现金流量计算模型,以便正确地评价投资项目的优劣。

一、现金流量概述

所谓现金流量,在项目投资决策中是指一个项目引起的企业现金支出和现金收入增加的数量。企业在进行项目投资的时候,都需要用特定的指标对项目投资的可行性进行分析,而这些指标的计算,都以项目的现金流量为基础。因此,现金流量是评价投资方案是否可行时必须事先计算的一个基础性数据。这里"现金"的概念是广义的,包括各种货币资金及与投资项目有关的非货币资产的变现价值。Excel 中对现金流量一般用数学运算公式、固定资产折旧函数进行计算。

现金流量包括现金流入量、现金流出量和现金净流量 3 个具体的概念。

(一)现金流入量

现金流入量是指投资项目实施后在项目计算期内所引起的企业现金收入的增加额。它包括以下几部分:

① 营业收入,是指项目投产后每年实现的全部营业收入。为简化核算,一般假定正常经营年度内,每期发生的赊销额与回收的应收账款大致相等。营业收入是经营期主要的现金流入量项目。

② 固定资产的余值,是指投资项目的固定资产在终结报废清理时的残值收入或中途转让时的变价收入。

③ 回收流动资金,是指投资项目在项目计算期结束时,收回原来投放在各种流动资产上的营运资金。

④ 固定资产的折旧费用。计提固定资产折旧费用虽然引起了项目营业利润的下降但并不会引起现金的支出,所以可以将其视为一项现金的流入。

(二)现金流出量

现金流出量是指投资项目实施后在项目计算期内所引起的企业现金流出的增加额,简称现金流出。它包括以下几部分。

① 建设投资(含更改投资),由两部分组成:一是固定资产投资,包括固定资产的购置成本或建造成本、运输成本、安装成本等;二是无形资产投资。建设投资是建设期发生的主要现金流出量。

② 垫支的流动资金,是指投资项目建成投产后为开展正常经营活动而投放在流动资产(如存货、应收账款等)上的营运资金。

建设投资与垫支的流动资金合称为项目的原始总投资。

③ 付现成本(或经营成本),是指在经营期内为满足正常生产经营而需用现金支付的成本。它是生产经营期内最主要的现金流出量。

④ 所得税额,是指投资项目建成投产后,因应纳税所得额增加而增加的所得税。

⑤ 其他现金流出量,是指不包括在以上内容中的现金流出项目。

(三)现金净流量

现金净流量是指投资项目在项目计算期内现金流入量和现金流出量的净额。由于投资项目的计算期超过一年,且资金在不同的时间具有不同的价值,这里所述的现金净流量是以年为单位的。现金净流量的计算公式为

$$现金净流量(NCF)=年现金流入量-年现金流出量$$

(四)不同时期的现金流量

项目从准备投资到项目结束,要经历项目建设期、生产经营期及项目终止期3个阶段;可以按照项目本身发展的时间不同,分为建设期初始现金净流量、营业现金净流量和项目终止现金净流量。

1. 建设期初始现金净流量

建设期初始现金净流量是指项目开始投资时发生的现金流量,主要为购买新设备的现金流量和垫支的流动资金。由于没有现金流入,所以一般用负数表示。

2. 营业现金净流量

营业现金流量是指投资项目投入使用后,在其寿命期内,由于生产经营所带来的现金流入和流出的数量。这种现金流量一般按年度进行计算。现金流入一般是指营业收入(假设每年应收账款回收率相等,则营业收入等于现金销售收入),现金流出则是指付现成本。营业现金净流量可用流量调整法计算,公式表示为

$$营业现金净流量=营业收入-付现成本-所得税$$

或

$$营业现金净流量=净利润+折旧$$
$$=(营业收入-付现成本-折旧)\times(1-所得税税率)+折旧$$
$$=营业收入\times(1-所得税税率)-付现成本\times(1-所得税税率)+$$
$$折旧\times所得税税率$$

3. 项目终止现金净流量

项目终止现金净流量是指投资项目完成时所发生的现金净流量。主要包括固定资产的残值收入或变价收入、原有垫支在各种流动资产上的资金的收回和停止使用的土地的变价收入等。

二、现金流量的计算

为了正确地评价投资项目的优劣,必须正确地计算现金流量。

例4-1 南京市顺诚公司因扩大再生产准备新建一条生产线,预计固定资产投

资 860 万元,垫支营运资金 25 万元。该生产线当年即可建成并投入使用,可用 5 年时间,固定资产采用平均年限法提取折旧,预计净残值率为 5%;投产后每年收入 2 000 万元,每年付现成本 1 550 万元,所得税率 25%,营运资金于最后一年收回。要求计算该投资项目的现金净流量。

在 Excel 中用平均年限法计算折旧,用流量调整法计算各年营业现金流量。平均年限法的语法是:SLN(cost,salvage,life),参数 cost 为资产原值,salvage 为资产残值,life 为折旧期限,详见任务三。现金流量计算如图 4-1 所示。

	A	B	C	D	E	F
1		现金净流量计算表(NCF)计算表				单位:万元
2	已	固定资产投资		固定资产净残值率	折旧方法	年限
3	知	860		5%	平均年限法	5
4	数	流动资产投资		年均收入	年付现成本	所得税率
5	据	25		2000	1550	25%
6	计	年度	折旧	净利润	资金回收	现金净流量
7	算	0				-885
8	现	1	163.4	214.95		378.35
9	金	2	163.4	214.95		378.35
10	净	3	163.4	214.95		378.35
11	流	4	163.4	214.95		378.35
12	量	5	163.4	214.95	68	446.35
13		合计	817	1074.75	68	1074.75

图 4-1　现金流量计算公式

操作步骤如下。

步骤 1:创建"投资决策分析"工作簿,插入"现金流量计算公式"工作簿,输入已知数据。

步骤 2:在 A1、A2、A6、F1、B2 至 B13、D2 至 F6、C6 单元区域输入文字和已知资料;合并 A1 至 E1、A2 至 A5、A6 至 A13、B2 至 C2、B3 至 C3、B4 至 C4、B5 至 C5 单元区域;设置字体字号,对齐方式,调整行高列宽等。

步骤 3:计算各年平均年限法折旧额。在 C8 单元格输入平均年限法函数公式"=SLN($B$3,$B$3*$D$3,$F$3)";自动填充 C9 至 C12 单元区域公式;在 C13 单元格输入自动求和公式"=SUM(C7:C12)"。

步骤 4:计算各年净利润。在 D8 单元格输入净利润公式"=($D$5-$E$5-C8)*(1-$F$5)";自动填充 D9 至 D12 单元区域公式;在 D13 单元格输入自动求和公式"=SUM(D7:D12)"。

步骤 5:计算资金回收额。在 E12 单元格输入期满回收营运资金、固定资产净残值的公式"=B3*D3+B5";在 E13 单元格输入自动求和公式"=SUM(E7:E12)"。

步骤 6:计算各年现金净流量。该项目当年投资并投产即第 0 年(第 1 年初)的现金净流量为投资额的负数,所以在 F7 单元格输入"=-B3-B5"。

按前述现金净流量的"净利润+折旧+回收额"计算公式在 F8 单元格输入自动求和公式"=SUM(C8:E8)";自动填充 F9 至 F12 单元区域公式;在 F13 单元格输入自动求和公式"=SUM(F7:F12)"。

任务二　投资决策指标的应用

任务目标

知识目标：

1. 了解投资决策的相关基础知识。
2. 掌握 Excel 在净现值、现值指数和内含报酬率中的应用。

能力目标：

1. 能够灵活运用 Excel 进行各种投资指标的计算。
2. 能够通过指标的分析对比进行简单的投资决策。

任务导入

小刘打算开设一个打印店,通过调查研究提出以下方案:

设备投资:设备购价 20 万元,预计可使用 5 年,报废时无残值收入;按税法要求该设备折旧年限为 4 年,使用直线法折旧,残值率为 10%;计划在 2019 年 10 月 1 日购进并立即投入使用。

门店装修:装修费用预计 4 万元,在装修完工的 2019 年 10 月 1 日支付。预计在 2.5 年后还要进行一次同样的装修。

收入和成本预计:预计 2019 年 10 月 1 日开业,前 6 个月每月收入 3 万元,以后每月收入 4 万元;耗用纸张和墨等成本为收入的 60%,人工费、水电费和房租等费用每月 0.8 万元(不含设备折旧、装修费摊销)。

营运资金:开业时垫付 2 万元;所得税率为 30%;业主要求的投资报酬率最低为 10%。

思考:如何用净现值法评价该项目经济上是否可行?

通过本任务的学习,我们将能够运用 Excel 进行各种投资指标的计算,并且帮助我们分析上述案例中的项目是否可行。

进行投资决策分析时使用的经济评价指标,按照其是否考虑货币时间价值可分为两大类:一类是非贴现指标,即没有考虑时间价值因素的指标(主要包括投资回收期、会计收益率等),采用这类指标对投资项目进行分析评价的方法称为非贴现方法;另一类是贴现指标,即考虑了时间价值因素的指标(主要包括净现值、现值指数、内含报酬率等),采用这类指标对投资项目进行分析评价的方法称为贴现方法。下面我们分别介绍两类投资分析方法。

一、非贴现指标的应用

(一)投资回收期

投资回收期是指回收初始投资所需要的时间,一般以年为单位,回收期越短,说明方案越好。根据每年的现金流量是否相等,投资回收期通常有两种不同的计算方法。

① 每年现金净流量相等时:

$$投资收回期 = \frac{原始投资额}{每年现金净流量}$$

② 每年现金净流量不相等时：

$$投资回收期 = (累计现金净流量首次出现正值的年数 - 1) + \frac{年初未收回的剩余投资额}{相应年度的现金净流量}$$

例 4 - 2 蓝宇公司现有一个初始投资为 1 000 万元的投资方案，期限 4 年，每年年末的现金流量如图 4 - 2 所示，计算该方案的投资回收期。

	A	B	C	D	E	F	G
1	项目						
2		时期	0	1	2	3	4
3		税后净现金流	-1000	500	400	300	100
4		累计税后净现金流	-1000	-500	-100	200	300

图 4 - 2　投资方案数据

操作步骤如下。

步骤 1：插入工作簿"投资回收期计算"，输入已知数据。

步骤 2：计算各年的累计税后现金净流量。在单元格 C4 输入"= C3"，得到期初累计的税后现金净流量为 -1000；在单元格 D4 中输入"= C4 + D3"，得到第一年年末累计的税后现金净流量为 -500；向右复制自动填充到单元格 E4、F4、G4 即可得到第二至第四年累计的税后现金净流量。

步骤 3：采用逻辑判断 AND 函数判断何时累计的税后现金净流量值为正，即收回原始投资额。判断的条件是该单元格累计的税后现金净流量 >0，而位于其左侧的单元格累计的税后现金净流量 <0，满足条件的用 TRUE 表示，否则为 FALSE，判断方法如图 4 - 3 所示。

	A	B	C	D	E	F	G
1	项目						
2		时期	0	1	2	3	4
3		税后净现金流	-1000	500	400	300	100
4		累计税后净现金流	-1000	-500	-100	200	300
5			FALSE	FALSE	FALSE	TRUE	FALSE
6			FALSE	FALSE	FALSE	2.333333	FALSE

图 4 - 3　投资回收期计算

单击单元格 C5，输入"= AND（C4 >0，B4 <0）"，得到"FALSE"，表明不能满足条件，向右复制到单元格 D5 至 G5，即可得知第三年为满足条件的时间。

步骤 4：采用 IF 函数求解投资回收期。按照投资回收期的计算公式，对于第二步返回 TRUE 的单元格，将该结果所对应的年数减 1，加上年初未收回的剩余投资额除以相应年度的税后现金净流量即可。在单元格 D6 中输入公式"= IF（D5 = TRUE，D2 - 1 +（- C4/D3））"，返回值为 FALSE，表明不满足条件。分别向右复制单元格 D6 的公式到单元格 E6 至 G6，得到 F6 的值为 2.33，所以得到该项目的投资回收期为 2.33 年。

提示

用投资回收期法对投资项目进行评价时，需要将项目的投资回收期与事先选定的标准投资回收期进行比较，投资回收期小于或等于标准投资回收期的项目为可行项目。

投资回收期法的优点是计算简单、容易理解。缺点是只考虑了投资回收期以内的净现金流量，没有考虑投资回收期以后各年的现金流量，也没有考虑资金的时间价值，并且评价项目的比较标准有较强的主观性，所以，如果单独使用这种方法对项目进行评估有时会得出不正确的结论。

（二）会计收益率

会计收益率是指投资项目经营期各年平均利润与原始投资额的百分比。会计收益率法是根据投资方案预期平均盈利率大小选择最佳方案的方法。计算公式为

$$会计收益率 = \frac{年平均利润}{原始投资额}$$

提示

使用会计收益率法对投资项目进行评估时，需要将项目的会计收益率与投资者要求的投资报酬率进行对比，如果会计收益率大于或等于投资者要求的投资报酬率，则项目为可行的项目。

例 4 - 3　某公司面临一投资项目，初始投资额为 60 000 元，项目寿命期为 3 年，期末无残值，采用直线折旧法。投产后，项目每年的收入分别为 40 000 元、50 000 元和 60 000 元，付现成本分别为 20 000 元、22 000 元和 25 000 元。假设公司所得税税率为 25%，公司要求的最低收益率为 20%，请用会计收益率法为公司做出是否投资的决策。

利用 Excel 建立会计收益率法分析模型，就是将具体示例的数据填入工作表中，利用 Excel 的计算功能和直接计算出项目的会计收益率，依据计算出的会计收益率和投资者要求的最低收益率的大小判断是否值得投资。计算模型如图 4 - 4 所示。

	A	B	C	D	E	F
1	年份	1	2	3	原始投资额	60000
2	销售收入	40000	50000	60000		
3	付现成本	20000	22000	25000		
4	年折旧额	20000	20000	20000		
5	税前利润	0	8000	15000		
6	所得税	0	2000	3750		
7	净利润	0	6000	11250	年平均利润	5750
8					会计收益率	9.58%

图 4 - 4　会计收益计算

操作步骤如下。

步骤 1：插入工作簿"会计收益率法分析模型"，输入已知数据。

步骤 2：计算各年的税前利润。在单元格 B5 中输入" = B2 - B3 - B4"，得到第一年税前利润为 0，然后单击单元格 B5，放在单元格右下角，出现" + "号，拖动鼠标拖至 D5 单元格，此操作叫复制单元格 B5 至 D5。

步骤 3：计算各年所得税，在单元格 B6 中输入" = B5 * 25% "，按回车键，然后复制单元

格 B6 至 D6。

步骤 4:计算各年净利润,在单元格 B7 中输入" = B5 - B6",按回车键,然后复制单元格 B7 至 D7。

步骤 5:计算年平均利润,在单元格 F7 中输入" = = (B7 + C7 + D7)/3",得到年平均利润 5 750 元。

步骤 6:计算会计收益率,在单元格 F8 中输入" = F7/F1",得到数值为 9.58%,小于投资者要求的最低会计收益率,所以该项目不值得投资。

会计收益率法的优点是简便、易懂,能促使企业尽快回收资金;其缺点是没有考虑资金的时间价值。所以这种方法适用于资金少、决策人员追求较快回收投资、管理水平较低的企业。

提示

上面介绍的投资回收期与会计收益率均属于非贴现方法,由于这类方法没有考虑资金的时间价值,有其固有的缺陷,单独采用这类方法有时不能做出正确的决策,所以一般将其作为辅助方法使用。

二、贴现指标的应用

(一)净现值(NPV)

净现值是指特定方案未来现金流入的总现值与实施该项计划的现金流出的现值之间的差额。计算公式为

净现值 = 现金净流量的现值 - 投资总额的现值

上机操作中,净现值可采用项目二任务三中介绍的 NPV 函数计算。

提示

在使用 NPV 函数时,需要注意以下几点:

NPV 函数假定投资开始于 valuel 现金流所在日期的前一期,并结束于最后一笔现金流的当期,它只能计算在同一贴现率下,各期现金流发生在每年年末,且第一笔现金流必须是第一年末的一组现金流量(即一组 values 值)的净现值。如果第一笔现金流发生在第一期的期初,则需将第一笔现金流添加到 NPV 函数的结果中,而不应包含在 values 参数中。

如果参数是数值、空白单元格、逻辑值或表示数值的文字表达式,则都会计算在内,因此,在没有现金流的年份,对应的单元格中应输入 0,而不应该为空白单元格,否则会造成错误计算;如果参数是错误值或不能转化为数值的文字,则被忽略。

如果参数是一个数组或引用,则只有其中的数值部分计算在内,忽略数组或引用中的空白单元格、逻辑值、文字及错误值。

用净现值指标评价投资项目的基本准则是:净现值大于或等于 0 的项目为可行项目,反之则为不可行项目。净现值法不仅考虑了资金的时间价值因素,计算科学准确,而且还考虑

了投资项目的最低盈利水平,可以单方案决定取舍,所以净现值成为评价投资项目的重要指标之一,净现值法在投资决策分析中被广泛应用。

下面我们以实例介绍利用 Excel 建立净现值法投资分析模型的方法。

例 4 - 4　宏图公司现有甲、乙两个投资项目,有关数据如图 4 - 5 所示。假定资金成本为 14%,用净现值法计算并选择最佳方案。

	A	B	C	D	E
1					单位:元
2	期间(年)		甲项目		乙项目
3		现金流入	现金流出	现金流入	现金流出
4	0		10000		8000
5	1		8000		5000
6	2	10000	2000	6000	1000
7	3	10000	2000	8000	1000
8	4	10000	2000	10000	2000
9	5	10000	2000	8000	1500
10	6	10000	2000	6000	1000

图 4 - 5　净现值法投资分析数据

利用 Excel 建立净现值法投资分析模型,就是将具体示例的数据填入工作表中,利用 Excel 的计算功能和函数功能直接计算出各方案的净现值,依据净现值的大小选定最佳方案,如图 4 - 6 所示。

	A	B	C	D	E	F	G	H	I
1									单位:元
2								资金成本 14%	
3	期间(年)		甲项目				乙项目		
4		流入	流出	净流量	现值	流入	流出	净流量	现值
5	0		10000	-10000	-10000		8000	-8000	-8000
6	1		8000	-8000	-7017.54		5000	-5000	-4385.96
7	合计		18000	-18000	-17017.54		13000	-13000	-12385.96
8	2	10000	2000	8000		6000	1000	5000	
9	3	10000	2000	8000		8000	1000	7000	
10	4	10000	2000	8000		10000	2000	8000	
11	5	10000	2000	8000		8000	1500	6500	
12	6	10000	2000	8000		6000	1000	5000	
13	合计	50000	10000	40000	24091.80	38000	6500	31500	18962.61
14	净现值				7074.25				6576.64

图 4 - 6　净现值法投资分析模型

操作步骤如下。

步骤 1:打开工作簿“投资决策分析”,再插入一个工作表,命名为“净现值法投资分析模型”,输入已知数据。

步骤 2:建立净流量公式,计算出各年的现金净流量。

选择工作表“净现值法投资分析模型”,选择 D5 单元格,输入公式“= B5 - C5”;单击工具栏的“复制”按钮,该单元格呈闪烁状;分别选择目标单元格区域 D6:D13 和 H5:H13;单击工具栏的“粘贴”按钮,即完成图表中各相应指标的计算。

步骤 3:建立净现值公式,计算出净现值。

选择 E5 单元格,输入公式“= NPV(0,D5)。

选择 E6 单元格,输入公式"= NPV($I$2,D6)"。

选择 E7 单元格,输入公式"= SUM(E5:E6)"。

选择 E13 单元格,输入公式"= NPV($I$2,0,D8:D12)"。

选择 E14 单元格,输入公式"= E7 + E13"。

将这 5 个公式一次性复制到乙项目的相应单元格区域(方法同上)。

计算可知,甲项目净现值为 7 074.25 元,乙项目净现值为 6 576.64 元。单就投资项目净现值分析,两项目的净现值都大于 0,都可行,且甲项目优于乙项目。

在该例中,甲项目的净现值大,但其投资总额也大。当投资金额不等时,净现值的大小比较就失去了基础。因此,净现值大小的简单比较不能准确说明问题,这就需要用现值指数分析。

(二)现值指数(PI)

现值指数又称获利指数,是指投资方案未来报酬的现金净流量的总现值与原始投资额现值之比,反映了投入与产出之间的关系,用来说明每元投资额未来可以获得的报酬的现值有多少。现值指数与净现值的不同在于,现值指数是相对指标,它可以使不同方案具有可比性。计算公式为

$$现值指数 = \frac{现金净流量的现值}{投资总额现值}$$

采用现值指数评价投资项目的基本准则是:现值指数大于或等于 1 的项目为可行项目,否则为不可行项目。在多项目的比较中,现值指数使得初始投资额不同、有效使用期不同的项目具有可比性。现值指数的主要优点在于考虑了资金的时间价值,计算科学准确,便于在不同方案中选优;主要缺点是根据期望投资报酬率计算项目的经济效益,未能计算投资项目本身的投资报酬率。

现值指数的计算只需要在图 4 - 6 的基础上,选择 E15 单元格,输入公式"= ABS(E13/E7)",并复制到 I15 单元格中即可,如图 4 - 7 所示。

	A	B	C	D	E	F	G	H	I
1									单位:元
2								资金成本 14%	
3	期间(年)			甲项目				乙项目	
4		流入	流出	净流量	现值	流入	流出	净流量	现值
5	0		10000	-10000	-10000		8000	-8000	-8000
6	1		8000	-8000	-7017.54		5000	-5000	-4385.96
7	合计		18000	-18000	-17017.54		13000	-13000	-12385.96
8	2	10000	2000	8000		6000	1000	5000	
9	3	10000	2000	8000		8000	1000	7000	
10	4	10000	2000	8000		10000	2000	8000	
11	5	10000	2000	8000		8000	1500	6500	
12	6	10000	2000	8000		6000	1000	5000	
13	合计	50000	10000	40000	24091.80	38000	6500	31500	18962.61
14	净现值				7074.25				6576.64
15	现值指数				1.41570349				1.53097556

图 4 - 7 现值指数分析模型

从计算结果看,甲项目的现值指数为 1.415 7,乙项目的现值指数为 1.531 0,都大于 1,说明这两个项目都是可行的,且乙项目优于甲项目。

(三)内含报酬率(IRR)

内含报酬率又称内部报酬率,它是在长期投资方案寿命周期内按现值计算的实际报酬率。内含报酬率就是指能够使投资方案净现值等于零时的贴现率。

采用内含报酬率评价项目的基本准则是:内含报酬率大于或者等于投资者要求的收益率的项目为可行项目,投资者要求的收益率即为企业的资金成本或者企业设定的基准收益率。

通常,确定投资方案的内含报酬率可用测试法、年金法和图解法。这里只介绍测试法。

测试法的具体操作步骤如下。

步骤1:先估计一个折现率,再用此折现率来计算投资方案的现金净流量现值,然后与原投资额的现值比较,也就是看其净现值是正数、负数还是0。如果净现值为正,说明估计的折现率小于该方案的实际投资报酬率,因此必须提高折现率,再重新计算净现值;如果净现值为负,则说明这一折现率大于实际投资的报酬率,应降低折现率并重新计算净现值。重复以上步骤,一直到找到相应的一个可使净现值为0的折现率为止。如果找不到一个恰好使净现值为0的折现率,则应找出两相邻的折现率使净现值近于0,且一个高于0,一个低于0。

步骤2:出现上述相邻的折现率时,用内插法求出该方案的内部报酬率。计算公式为

$$IRR = RL + \frac{NPV1}{NPV1 - NPV2} \times (RH - RL)$$

式中,IRR 为内含报酬率;RH 为两个相邻折现率中使方案净现值为负数的较高折现率;RL 为两个相邻折现率中使方案净现值为正数的较低折现率;NPV1 为较低折现率计算出的方案净现值;NPV2 为较高折现率计算出的方案净现值。

内含报酬率的主要优点在于考虑了资金的时间价值,计算科学准确,而且根据投资方案本身的投资报酬率来评价方案的优劣,能反映投资方案本身的收益能力和内在的获利水平。其主要缺点是,在计算过程中,把各年现金净流量按各自的内含报酬率进行再投资形成增值,而不是将各投资方案的现金净流量按统一的资本市场上可能达到的报酬率进行再投资形成增值。用该方法处理,如果资金市场上的报酬率有较大变动,且与计算所得内含报酬率有较大差异时,该方法的计算结果可能会有很大的不客观性。

例4-5 某企业现有甲、乙两个投资方案,它们的现金流量如图4-8所示,请在两个方案中做出决策。

	A	B	C	D	E	F
1						
2		投资方案比较				
3	年份	0	1	2	3	4
4	甲现金流量	-200	45	60	70	55
5	乙现金流量	-250	69	70	84	73
6						
7		分析评价				
8	年利率	甲NPV	乙NPV			
9	11%					
10	12%					
11	13%					
12	14%					

图4-8 方案资料

操作步骤如下。

步骤 1:插入工作簿"内含报酬率计算",输入已知数据。

步骤 2:计算甲方案试算净现值。单击单元格 B9,输入公式" = NPV(A9, $B$4: $G$4)"得到相应的数值 5.7。单击单元格 B9,利用鼠标进行公式复制,直到数值出现负数为止,即按住鼠标左键向下将鼠标光标从 B9 拖至 B11,如图 4 - 9 所示。

步骤 3:计算乙方案试算净现值。单击单元格 C9,输入公式" = NPV(A9, $B$5: $G$5)",得到相应的数值 13.23,然后按上一步的操作进行公式复制,直到数值出现负数为止,如图 4 - 9 所示。

▲	A	B	C	D	E	F
1						
2		投资方案比较				
3	年份	0	1	2	3	4
4	甲现金流量	−200	45	60	70	55
5	乙现金流量	−250	69	70	84	73
6						
7		分析评价				
8	年利率	甲NPV	乙NPV			
9	11%	5.70	13.23			
10	12%	1.04	7.33			
11	13%	−3.37	1.75			
12	14%		−3.52			

图 4 - 9　方案净现值计算

步骤 4:使用内插法计算甲、乙方案的内含报酬率。单击单元格 F9,输入公式" = A10 + (B10/(B10 − B11)) * (A11 − A10)";单击单元格 F10,输入公式" = A11 + (C11/(C11 − C12)) * (A12 − A11)"。

这样就得到了甲、乙两方案的内含报酬率,其值分别为 12% 和 13%,如图 4 - 10 所示。根据评价规则,内含报酬率大的乙方案为最佳方案。

▲	A	B	C	D	E	F
1						
2		投资方案比较				
3	年份	0	1	2	3	4
4	甲现金流量	−200	45	60	70	55
5	乙现金流量	−250	69	70	84	73
6						
7		分析评价				
8	年利率	甲NPV	乙NPV			
9	11%	5.70	13.23		IRR甲=	12.24%
10	12%	1.04	7.33		IRR乙=	13.33%
11	13%	−3.37	1.75			
12	14%		−3.52			

图 4 - 10　内含报酬率计算

另外,我们还可以用 IRR 函数来计算内部收益率。IRR 函数的功能是返回由数值代表的一组现金流的内部收益率。这些现金流不必为均衡的,但作为年金,它们必须按固定的间隔产生,如按月或按年。内部收益率为投资的回收利率,其中包含定期支付(负值)和定期收入(正值)。

提示

有关 IRR 函数的说明如下：

values 必须包含至少一个正值和一个负值，以计算返回的内部收益率。函数 IRR 根据数值的顺序来解释现金流的顺序，故应确定按需要的顺序输入了支付和收入的数值。如果数组或引用包含文本、逻辑值或空白单元格，这些数值将被忽略。Microsoft Excel 使用迭代法计算函数 IRR。从 guess 开始，函数 IRR 进行循环计算，直至结果的精度达到 0.00001%。如果函数 IRR 经过 20 次迭代，仍未找到结果，则返回错误值#NUM!。在大多数情况下，并不需要为函数 IRR 的计算提供 guess 值。如果省略 guess，则假设它为 0.1（10%）。如果函数 IRR 返回错误值#NUM!，或结果没有靠近期望值，可用另一个 guess 值再试一次。

当投资项目各年的净现金流量不相同时，使用 IRR 函数计算内部收益率会比较方便。

三、投资风险价值的衡量

投资风险价值大小的衡量，是财务投资决策中一个很重要的问题。在企业进行投资决策时，通常假定未来现金流量是确定的，即可确知未来现金收支的金额和时间，我们前面分析的就是这种情况。然而，实际中的投资活动充满了不确定性。若投资决策面临的不确定性比较小，一般可忽略其影响，把决策视为确定情况下的决策；反之，投资决策面临的不确定性和风险比较大，足以影响到方案的选择，就应对它们进行计量分析，并在决策时加以考虑。在财务管理中，当我们对一个投资项目的风险程度进行分析时，经常采用的一种方法是先计算出该投资项目各个投资方案的预期收益和标准离差，再根据标准离差计算出投资风险收益，然后进行比较权衡。

（一）预期收益

预期收益是指某一投资方案各种可能发生的结果，以概率为权数计算出来的加权平均数。反映投资者的合理预期，用 K 表示。预期收益计算公式为

$$K = \sum_{i=1}^{n} (P_i K_i)$$

式中，K 为期望收益率；K_i 为第 i 种情况下的投资收益率；P_i 为第 i 种情况出现的概率；n 为出现可能情况的种数。

（二）标准离差

标准离差是用来衡量概率分布中各种可能值对期望值的偏离程度，反映风险的大小，用 σ 表示。标准离差的计算公式为

$$\sigma = \sqrt{\sum_{t=1}^{n} (K_i - R)^2 P_i}$$

标准离差用来反映决策方案的风险，是一个绝对数。在 n 个方案的情况下，若期望值相同，则标准离差越大，表明各种可能值偏离期望值的幅度越大，结果的不确定性越大，风险也越大；反之，标准离差越小，表明各种可能值偏离期望值的幅度越小，结果的不确定越小，则风险也越小。

（三）标准离差率

标准离差率是指标准离差与期望报酬率的比值，也称标准差系数或变异系数，用 V 表

示,计算公式为

$$V = \frac{\sigma}{K}$$

标准离差率是一个相对数,在预期收益不同时,标准离差率越大,表明可能值与期望值偏离程度越大,结果的不确定性越大,风险也越大;反之,标准离差率越小,表明可能值与期望值偏离程度越小,结果的不确定性越小,风险也越小。

下面我们结合实例利用 Excel 对这一方法的计算过程进行说明。

例4-6 假设某投资项目有两个方案可供选择,其收益的概率分布如表4-1所示。

表4-1 某投资项目A、B两方案收益的概率分布表

经济情况	概率 (P_i)	收益(随机变量 K_i)		备 注
		A 方案	B 方案	
繁荣	$P_1 = 0.30$	$K_1 = 20\%$	$K_1 = 30\%$	风险价值系为8%
一般	$P_2 = 0.50$	$K_2 = 10\%$	$K_2 = 10\%$	无风险收益率为6%
较差	$P_3 = 0.20$	$K_3 = 5\%$	$K_3 = 0\%$	

利用 Excel 对该项目的两个方案是否可取做出决策,操作过程如下。

步骤1:新建 Excel 工作簿,将 Sheet1 表重命名为"投资方案",Sheet2 表重命名为"风险收益计算",将工作簿保存。其中"投资方案"表格中存放给定的投资方案数据,如图4-11所示。"风险收益计算"表格中用于投资风险收益的计算,如图4-12所示。

	A	B	C	D	E	F
1	经济情况	概率	收益		备注	
2			A方案	B方案		
3	繁荣	0.3	20%	30%	风险价值系数	8%
4	一般	0.5	10%	10%	无风险收益率	6%
5	较差	0.2	5%	0%		

图4-11 投资方案已知数据

步骤2:为了操作方便,先将有关单元格定义为名称。(详见教学视频)

在"投资方案"表格中选取 B3:B5 单元格,右击,在快捷菜单中选择"定义名称"命令,在"名称"框中输入"概率",以后在计算中就可以直接引用定义的名称"概率"来代表该区域,而不需输入单元格区域名称。同样的方法将 C3:C5、D3:D5 单元格分别定义名称为"A 方案""B 方案"。然后分别选取有关的单元格 F3 和 F4,分别定义名称"风险价值系数""无风险收益率"。

步骤3:利用函数 SUMPRODUCT( )计算预期收益。SUMPRODUCT 函数的功能是返回相应的数组或区域乘积的和。语法是 SUMPRODUCT(array1,array2,array3,…)。式中:array1,array2,array3,…为 2 到 30 个数组,其相应元素需要相乘并求和。

在"风险计算收益"表格中选择 B2 单元格。选中 B2 单元格,在其中输入"=SUMPRODUCT(概率,A 方案)",同样在 C2 单元格中输入"=SUMPRODUCT(概率,B 方案)",得到 A、B 两方案的预期收益。

步骤4:计算标准离差。在 B3 单元格中输入"=SUM((A 方案 – 预期收益 A)^2 * 概率)^0.5",在 C3 单元格中输入"=SUM((B 方案 – 预期收益 B)^2 * 概率)^0.5"。

步骤5:计算标准离差率。在 B4 单元格中输入"=B3/B2",在 C4 单元格中输入"=C3/C2"。

步骤6:计算应得风险收益率。在 B5 单元格中输入"=风险价值系数 * B4",在 C5 单元格中输入"=风险价值系数 * C4"。

步骤7:计算预测风险收益率。在 B6 单元格中输入"=B2 – 无风险收益率",在 C6 单元格中输入"=C2 – 无风险收益率"。

步骤8:将预测风险收益率与应得风险收益率进行比较,权衡投资方案是否可取。若预测风险收益率大于应得风险收益率则方案可取。

在 B7 单元格中输入"=IF(B6>B5,"方案可取","方案不可取")",C7 单元格公式参照 B7 输入。计算结果如图 4 – 12 所示。

	A	B	C
1		A方案	B方案
2	预期收益	12.00%	14.00%
3	标准离差	5.57%	11.14%
4	标准离差率	46.40%	79.54%
5	应得风险收益率	3.71%	6.36%
6	预测风险收益率	6.00%	8.00%
7	方案评价	方案可取	方案可取

图 4 – 12　风险收益计算

通过计算,A、B 两方案预测风险收益率均高于应得风险收益率,因此两个方案均可取,且 A 方案更优。

任务三　固定资产更新决策

任务目标

知识目标:

1. 掌握固定资产折旧方法。
2. 掌握 Excel 固定资产折旧函数的运用。

能力目标:

1. 能够灵活运用 Excel 函数对几种固定资产折旧方法进行比较。
2. 能够运用固定资产更新决策模型做出决策。

任务导入

某企业正在考虑用一台新设备来替代原来的旧设备:新旧设备的有关资料如图 4 – 13 所示。假设公司使用的贴现率为 4%,残值率为 14%,所得税率为 25%。

	A	B	C
1		已知条件	
2	项目	旧设备	新设备
3	原值（万元）	80	90
4	已使用年限	5	0
5	预计使用年限	10	5
6	年销售收入	70	75
7	年付现经营成本	48	45
8	目前变现价值	45	90
9	残值率	14%	
10	贴现率	4%	
11	所得税税率	25%	
12	折旧方法	直线法	

图 4-13　新旧设备有关资料

思考：该企业是否更新设备？

通过本任务的学习，你将能够灵活运用 Excel 函数对几种固定资产折旧方法进行比较，能够运用固定资产更新决策模型做出决策。

由于科学技术的不断发展，固定资产更新周期大大缩短，企业经常需要进行固定资产更新决策，决定是否更换固定资产。主要研究两个问题：一个是决定是否更新，即继续使用旧资产还是更新资产；二是决定选择什么样的资产进行更新。实际中，这两个问题是结合在一起考虑的，如果市场上没有比现有设备更为适用的设备，则继续使用旧设备。由于旧设备可以维修使用，所以更新决策是对继续使用旧设备和购置新设备的选择。

一、固定资产折旧分析

固定资产在生产和经营的过程中，会发生有形和无形的损耗，并以折旧的形式表现出来。尽管折旧费用不是现金流量，但所得税是企业的一种现金流出，它的大小取决于利润的大小和所得税税率的高低，而折旧费用的高低会影响利润的大小，也就是说固定资产折旧会间接产生抵税的效果，因此在固定资产投资分析中必须考虑折旧的影响。

计算固定资产折旧可以采用不同的方法，如平均年限法、双倍余额递减法、年数总和法等。不同的折旧方法的折旧速度是不同的，即按照不同的折旧方法所计算出来的各期的折旧额不同。Excel 提供了多种折旧计算函数，本节主要介绍 SLN 函数、DDB 函数和 SYD 函数，我们可以利用这些函数来对固定资产计提折旧。

（一）SLN 函数
SLN 函数的功能是返回某项资产的直线折旧额。

函数语法：= SLN(cost , salvage , life)。

参数说明：

cost——资产原值；

Salvage——资产在折旧期末的价值（也称为资产残值）；

Life——折旧期限（有时也称作资产的使用寿命）。

（二）DDB 函数
DDB 函数的功能是使用双倍余额递减法或其他指定方法，计算一笔资产在给定期间内的折旧值。

函数语法： = DDB(cost，salvage，life，period，factor)。

参数说明：

cost——资产原值；

salvage——资产在折旧期末的价值(也称为资产残值)；

Life——折旧期限(有时也称作资产的使用寿命)；

period——需要计算折旧值的期次，period 必须使用与 life 相同的单位；

factor——余额递减速率。如果 factor 被省略，则假设为2(双倍余额递减法)。

注意：这5个参数都必须为正数。

(三) SYD 函数

SYD 函数的功能是返回某项资产按年限总和折旧法计算的指定期间的折旧值。

函数语法： = SYD(cost，salvage，life，per)。

参数说明：

cost——资产原值；

salvage——为资产在折旧期末的价值(也称为资产残值)；

life——折旧期限(有时也称作资产的使用寿命)；

per——期次，其单位与 life 相同。

下面举例介绍不同折旧方法的计算。

例4-7 顺诚公司有一台设备，其原值为50万元，预计使用5年，预计净残值为2万元。分别采用平均年限法、双倍余额递减法和年数总和法计提折旧，其计算结果如图4-14所示。

	A	B	C	D
1		固定资产原始数据		
2	固定资产原值（万元）	50		
3	预计净残值（万元）	2		
4	预计使用年限（年）	5		
5				
6		固定资产折旧方法比较		单位：万元
7	折旧方法	平均年限法	双倍余额递减法	年数总和法
8	折旧年限			
9	1	9.6	20	16
10	2	9.6	12	12.8
11	3	9.6	7.2	9.6
12	4	9.6	4.4	6.4
13	5	9.6	4.4	3.2
14	合计	48	48	48

图4-14　固定资产折旧方法对比

操作步骤如下。

步骤1：打开"投资决策分析"工作簿，插入工作簿"固定资产折旧方法对比"，输入已知数据。

步骤2：在 B9 单元格中输入公式" = SLN($B$2，$B$3，$B$4)"，然后向下复制到 B13 单元格，即可得到采用平均年限法计算的各年应计提的折旧额。

步骤 3：在 C9 单元格中输入公式"= DDB（$B$2,$B$3,$B$4,A9）"，然后向下复制到 C11 单元格；在 C12 单元格中输入公式"=（B2 - B3 - C9 - C10 - C11）/2"，在 C13 单元格中输入公式"= C12"，即可得到按双倍余额递减法计算的各年的折旧额。需要注意的是"折旧年限"使用相对地址，其余各项使用绝对地址。

步骤 4：在 D9 单元格中输入公式"= SYD（$B$2,$B$3,$B$4,A9）"，然后向下复制到 D13 单元格，即可得到按年数总和法计算的各年的折旧额。需要注意的是"折旧年限"使用相对地址，其余各项使用绝对地址。

从图 4 - 12 中可以看出，采用平均年限法计算出的每年的折旧额都是完全相同的，而采用双倍余额递减法和年数总和法计算出的各期折旧额则呈现出先多后少的规律，即各年折旧额逐渐递减。但是不管采用何种折旧方法，固定资产折旧总额都是一样的，都等于固定资产原值减去预计净残值。

二、固定资产更新决策

例 4 - 8　顺诚公司有一个设备更新方案，新旧设备的原始资料如图 4 - 15 所示。如果购买新设备的话，现在处置旧设备可得净收益 30 000 元，要求建立固定资产更新决策模型。

操作步骤如下。

步骤 1：插入工作簿"固定资产更新决策模型"，输入已知数据。

	A	B	C
1	**新旧设备原始资料**		
2	项目	旧设备	新设备
3	原始价值	64000	85000
4	预计使用年限	8	5
5	已使用年限	3	0
6	年销售收入	70000	110000
7	年付现成本	44000	48000
8	预计净残值	10000	10000
9	折旧方法	平均年限法	年数总和法
10	资金成本	10%	
11	所得税税率	25%	

图 4 - 15　新旧设备原始资料

步骤 2：年折旧额的计算。

旧设备：在 B18 单元格中输入公式"= SLN（64000,10000,8）"，然后复制到 C18：F18 单元格区域，可计算出旧设备各年的折旧额。

新设备：在 B28 单元格中输入公式"= SYD（85000,10000,5,B25）"，然后复制到 C28：F28 单元格区域，可计算出新设备各年的折旧额。

步骤 3：设备利润总额的计算。

旧设备：在单元格 B19 中输入公式"= B16 - B17 - B18"，再将该公式复制到单元格区域 C19：F19，可得到旧设备各年的利润总额。

新设备：在单元格 B29 中输入公式"= B26 - B27 - B28"，再将该公式复制到单元格区域 C29：F29，可得到新设备各年的利润总额。

步骤 4：设备所得税的计算。

旧设备：在单元格 B20 中输入公式"= B19 * $E$13"，再将该公式复制到单元格区域 C20：F20，可得到旧设备各年的所得税。

新设备：在单元格 B30 中输入公式"= B29 * $E$13"，再将该公式复制到单元格区域 C30：F30，可得到新设备各年的所得税。

步骤 5：税后净利润的计算。

旧设备：在单元格 B21 中输入公式"= B19 - B20"，再将该公式复制到单元格区域 C21：

F21,可得到旧设备各年的税后净利润。

新设备:在单元格 B31 中输入公式"= B29 - B30",再将该公式复制到单元格区域 C31:F31,可得到新设备各年的税后净利润。

步骤 6:现金净流量的计算,根据上面的公式和原始资料,可以计算出新旧设备的现金净流量(不考虑其他现金流量因素),如图 4-16 所示。

	A	B	C	D	E	F
12		固定资产更新决策模型				
13		资金成本	10%	所得税税率	25%	
14	一、旧设备					
15	剩余使用年限	1	2	3	4	5
16	销售收入	70000	70000	70000	70000	70000
17	付现成本	44000	44000	44000	44000	44000
18	折旧额	6750	6750	6750	6750	6750
19	利润总额	19250	19250	19250	19250	19250
20	所得税	4812.5	4812.5	4812.5	4812.5	4812.5
21	税后净利润	14437.5	14437.5	14437.5	14437.5	14437.5
22	现金净流量	21187.5	21187.5	21187.5	21187.5	21187.5
23	净现值	80317.2947				
24	二、新设备					
25	剩余使用年限	1	2	3	4	5
26	销售收入	110000	110000	110000	110000	110000
27	付现成本	48000	48000	48000	48000	48000
28	折旧额	25000	20000	15000	10000	5000
29	利润总额	37000	42000	47000	52000	57000
30	所得税	9250	10500	11750	13000	14250
31	税后净利润	27750	31500	35250	39000	42750
32	现金净流量	52750	51500	50250	49000	47750
33	净现值	106386.75				

图 4-16　固定资产更新决策模型

旧设备:在单元格 B22 中输入公式"= B18 + B21",再将该公式复制到单元格区域 C22:F22,可得到旧设备各年的现金净流量。

新设备:在单元格 B32 中输入公式"= B28 + B31",再将该公式复制到单元格区域 C32:F32,可得到新设备各年的现金净流量。

步骤 7:计算各方案的净现值及其差额。

净现值的计算公式如下:

$$采用旧设备的净现值 = NPV(资金成本,旧设备的现金流量)$$
$$采用新设备的净现值 = NPV(资金成本,新设备的现金流量) - 初始投资额$$
$$新旧设备净现值差额 = 新设备 NPV - 旧设备 NPV + 变现收入$$

当新旧设备净现值差额 ≥ 0 时,可更新;新旧设备净现值差额 < 0,不可更新。在本例中,如果我们直接在工作表"固定资产更新决策模型"中计算净现值,那么新旧设备的现金流量可以用单元格来表示,即净现值的公式可以表示为

$$旧设备净现值 = NPV(C13,B22:F22)$$
$$新设备净现值 = NPV(C13,B32:F32) - 85\ 000$$

计算结果为:旧设备的净现值为 80 317.29 元,新设备的净现值为 106 386.75 元。新旧设备的净现值差额 = 106 386.75 - 80 317.29 + 30 000 = 56 069.46(元)。

根据上述结果,新旧设备净现值差额明显大于 0,即应当使用新设备。

任务四　证券投资决策

任务目标

知识目标：

1. 掌握股票和债券的价值及收益率的计算。
2. 掌握证券投资组合的意义、风险和收益率。

能力目标：

1. 能够灵活运用证券投资价值计算的有关函数。
2. 能够运用 Excel 建立债券的估价模型及其投资收益计算模型。
3. 能够运用 Excel 建立股票的内在价值计算及其收益和风险度量模型。

任务导入

　　振兴公司拟将闲余资金投于债券和股票,目前市场上有 A 公司债券和 B 公司股票,资料如下:A 公司债券市价为 9.2 万元、面值 10 万元、票面利率 8%、期限 5 年,每年 1 月 1 日与 7 月 1 日付息,假设当时市场利率为 12%;B 公司股票的 β 系数为 2.5,目前无风险收益率为 8%,市场上所有股票的平均报酬率为 10%,若该股票为固定成长股,成长率为 6%,预计一年后的股利为 1.5 元。

　　思考:A 公司债券是否值得购买? 如按债券价值购入了该债券,此时购买债券的到期收益率是多少? 请问 B 公司股票的风险收益率和必要投资收益率是多少? 该股票的价格为多少时可购买?

　　证券投资是企业通过购买有价证券的形式进行的投资,主要包括股票投资、债券投资和基金投资等。与将资金直接投入到投资项目相比,有价证券投资的投资者一般只享受定期获得一定收益的权利(除股票投资外),而无权干预被投资对象对这部分投资的具体运用及其经营管理决策。有价证券投资的资本运用比较灵活,可以随时调用或转卖,更换其他资产,谋求更大的收益,也可以减少因政治经济形势变化而承担的投资损失的风险,所以有价证券投资是一个重要的投资方式。科学地进行证券投资,可以充分地利用企业的闲置资金,有利于实现企业的财务目标。

　　本任务主要介绍债券投资、股票投资及证券投资组合等内容。

　　通过本任务的学习,你将掌握股票和债券的价值及收益率的计算,掌握证券投资组合的意义、风险和收益率;能够灵活运用证券投资价值计算的有关函数,能够运用 Excel 建立债券的估价模型及其投资收益计算模型,能够运用 Excel 建立股票的内在价值计算及其收益和风险度量模型。

一、债券投资分析

(一)债券估价

1. 债券的估价原理

债券作为一种投资,现金流出是其购买价格,现金流入是利息和本金的归还,或出售时得到的现金。债券的价值或债券的内在价值,是指债券未来现金流入按投资者要求的必要投资收益率进行贴现的现值,即债券各期利息收入的现值加上债券到期偿还本金的现值之和。债券的未来现金流入包括利息流入、本金流入、转让价款流入等。债券的内在价值是投资者为取得未来的货币收入目前愿意投入的资金。只有债券的价值大于市场价格才值得购买,才能获取投资收益。因此,债券价值是债券投资决策时使用的主要指标之一。

债券是筹资者为筹集资金而发行的有价证券,是一种反映债权债务关系的权利证书。债券分为永久债券、定期付息债券、零息债券等类型。

（1）永久债券

永久债券是指没有到期日,无限期支付利息的债券。永久债券价值 P_b 的计算公式为

$$P_b = \frac{利息额}{必要报酬率}$$

（2）定期付息债券

定期付息债券是指每年一次或数次向投资者支付利息,到期按面值偿还本金的债券。这种债券每次向投资者支付的利息等于债券的面值乘以票面年利率再除以每年付息的次数。其价值的计算公式为

$$P_b = \sum_{t=1}^{mn} \frac{\dfrac{M \times 1}{m}}{(1+)\dfrac{k}{m}^t} + \frac{M}{(1+\dfrac{k}{m})^{mn}} = \frac{M \times i}{m} \times (P/A, \frac{k}{m}, mn) + M \times (P/R \frac{k}{m} mn)$$

式中,P_b 为债券的价值;M 为债券的面值;I 为债券的票面年利率;N 为债券的期限;K 为债券投资者要求的最低年投资报酬率,或称市场利率;M 为每年付息的次数。

（3）零息债券

零息债券是指不规定票面利率的债券。这种类型的债券一般以低于面值的价格发行,到期按面值偿还,也称为贴现债券。因此,投资者购买这种债券后,得不到任何利息收入,只能获得收回的面值与购买价格之间的价差收入。零息债券的估价公式为

$$P_b = \frac{M}{(1+k)^n} = M \times (P/F, \frac{k}{m}, n)$$

实际上,零息债券的估价公式是定期付息债券估价公式的一个特例。

2. 计算债券价值相关函数

（1）PRICE 函数

PRICE 函数的作用是返回定期付息的面值为 100 的有价证券的价格。

函数语法：= PRICE(settlement, maturity, rate, yld, redemption, frequency, basis)

参数说明：

settlement——债券的结算日,即债券结算日是在发行日期之后,债券卖给购买者的日期;

maturity——债券的到期日,即券有效期截止时的日期;

rate——债券的票面利率;

yld——债券的实际年收益率;

redemption——面值 100 的债券的清偿价值。PRICE 函数是以面值 100 元的债券为计算依据的,如果债券面值不是 100 元,在计算时应先按 100 面值的债券计算其价格,再乘以面

值相应的倍数,不能直接将第 5 个参数用 500 或 1000 作为参数的值。

frequency——年付息次数。如果按年支付,值为 1;按半年期支付,值为 2;按季支付,值为 4。

basis——日计数基准类型。如果按 US(NASD)30/360 计算,值为 0 或省略;如果按实际天数/实际天数计算,值为 1;如果按实际天数/360 计算,值为 2;如果按"实际天数/365"计算,值为 3。一般选用 3,表示按"实际天数/365"计算。

(2) PV 函数

PV 函数的作用是返回投资的现值。

函数语法: = PV(rate,nper,pmt,fv,type)

参数说明:

rate——各期利率。例如,如果按 12% 的年利率借入一笔贷款来购买汽车,并按月偿还贷款,则月利率为 12%/12(即 1%)。可以在公式中输入 12%/12、1% 或 0.01 作为 rate 的值。

nper——总投资(或贷款)期,即该项投资(或贷款)的付款期总数。例如,对于一笔 5 年期按月偿还的汽车贷款,60 个偿款期数。可以在公式中输入 60 作为 nper 的值。

pmt——各期所应支付的金额,其数值在整个年金期间保持不变。通常将 pmt 设为负值。如果忽略,必须要有 fv 参数。

fv——未来值,或在最后一次支付后希望得到的现金余额,如果省略 fv,则假设其值为 0(一笔贷款的未来值即为 0)。如果忽略 fv,则必须包含 pmt 参数。

type——数字 0 或 1,用以指定各期的付款时间是在期初还是期末。

(3) PRICEMAT 函数

PRICEMAT 函数返回到期付息的面值 100 的有价证券价格。

函数语法: = PRICEMAT(settlement,maturity,issue,rate,yld,basis)

参数说明:

settlement——债券的结算日;

maturity——债券的到期日;

discount——债券的贴现率;

redemption——面值 100 的债券清偿价值;

basis 的含义参照 PRICE 函数。

(4) PRICEDISC 函数

PRICEDISC 函数返回折价发行的面值 100 的有价证券的价格。

函数语法: = PRICEDISC(settlement,maturity,discount,redemption,basis)

参数说明:

issue——债券的发行日;

rate——债券的票面利率;

其他参数含义参照 PRICE 函数。

3. 债券估价的基本模型

下面举例介绍利用相关函数建立计算债券价值的模型。

例4－9　A和B两种债券的有关资料如图4－17的"已知条件"区域所示。要求建立一个分别利用PV函数和PRICE函数计算两种债券价值的模型。

打开工作表"投资决策分析"，插入新工作表"债券估价的基本模型"，输入已知条件。

建立模型的具体步骤如下。

步骤1：设计模型的结构，如图4－17的"计算结果"区域所示。

步骤2：在单元格G3中输入公式" = PV（B7/B6，B5 * B6，－B3 * B4/B6，－B3）"，并将其复制到单元格H3中，得到利用PV函数计算的两种债券的价值。

步骤3：在单元格G4中输入公式" = 10 * PRICE（"2009 － 1 － 1"，"2019 － 1 － 1"，B4，B7，B3/10，B6，3）"，得到利用PRICE函数计算的A债券的价值。

步骤4：在单元格H4中输入公式" = 10 * PRICE（"2009 － 1 － 1"，"2014 － 1 － 1"，C4，C7，C3/10，C6，3）"，得到利用PRICE函数计算的B债券的价值。

模型的运行结果如图4－17所示。

	A	B	C	D	E	F	G	H
1		已知条件					计算结果	
2	债券名称	A债券	B债券		价	债券名称	A债券	B债券
3	面值（元）	1000	1000		值	利用PV函数计算	875.38	1077.22
4	票面年利率	8%	12%			利用PRICE函数计算	875.38	1077.22
5	期限（年）	10	5					
6	每年付息次数	2	2					
7	市场利率	10%	10%					

图4－17　债券估价的基本模型

提示

利用PRICE函数计算债券的价值时，PRICE函数的settlement和maturity两个参数可以任意取两个间隔年数等于债券期限的日期。例如，在计算A债券的价值时，settlement和maturity两个参数分别取值2009 － 1 － 1和2019 － 1 － 1，两个日期的间隔时间是10年；在计算B债券的价值时，settlement和maturity两个参数分别取值2009 － 1 － 1和2014 － 1 － 1，两个日期的间隔时间是5年。由于PRICE函数的功能是计算定期付息的面值100元债券的价值，所以为了计算面值为1 000元的债券的价值，需要将redemption参数的值乘以100输入，然后在PRICE函数计算结果的基础上再乘以10来计算。

（二）债券投资收益

1. 债券投资收益相关函数

（1）ACCRINT 函数

ACCRINT 函数返回定期付息证券的应计利息。

函数语法：= ACCRINT（issue，first_interest，settlement，rate，par，frequency，basis）

参数说明：

first_interest——债券的首次利息计息日；

par——债券的面值。如果省略此参数，默认为 1000；

frequency——年付息次数；

其他参数含义参照前述。

（2）ACCRINTM 函数

ACCRINTM 函数返回到期一次性付息有价证券的应计利息。

函数语法：= ACCRINTM（issue，settlement，rate，par，basis）

参数含义参照前述。

（3）RECEIVED 函数

RECEIVED 函数的功能是计算一次性付息的有价证券到期收回的金额。

函数语法：= RECEIVED（settlement，maturity，investment，discount，basis）

参数说明：

investment——有价证券的投资额；

discount——有价证券的贴现率；

其他各参数的含义如前所述。

（4）COUPNUM 函数

COUPNUM 函数的功能是返回成交日（买入日）和到期日（或卖出日）之间的利息应付次数。向上舍入到最接近的总付息次数。

函数语法：= COUPNUM（settlement，maturity，frequency，basis）

参数含义参照前述。

（5）YIELD 函数

YIELD 函数的功能是计算定期付息有价证券的收益率。如果在发行期之后购买债券，使用 YIELD 函数能够很方便地计算出所购买债券的实际收益率。

函数语法：= YIELD（settlement，maturity，rate，pr，redemption，frequency，basis）

参数说明：

pr——100 元面值债券的实际购买价格。

其他参数含义如前所述。

（6）YIELDDISC 函数

YIELDDISC 函数返回折价发行的有价债券的年收益率。

函数语法：= YIELDDISC（settlement，maturity，pr，redemption，basis）

参数含义如前所述。

（7）INTRATE 函数

INTRATE 函数的功能是计算一次性付息证券的利率。

函数语法：= INTRATE（settlement，maturity，investment，redemption，basis）

参数含义如前所述。

（8）YIELDMAT 函数

YIELDMAT 函数返回到期付息的有价证券的年收益率。

函数语法：= YIELDMAT（settlement，maturity，issue，rate，pr，basis）

参数含义如前所述。

2. 债券投资收益模型

下面举例介绍利用相关函数建立计算债券投资收益和投资收益率的模型。

例4-10 A、B、C、D这4种债券的有关资料如图4-18的"已知条件"区域所示,要求建立一个分别计算A、B债券的应计利息、C债券的到期可回收金额以及D债券应付利息次数的模型。

建立模型的具体步骤如下。

步骤1:插入新的工作表"债券投资收益计算模型",输入已知条件。

步骤2:设计模型的结构,如图4-18的"计算结果"区域所示。

步骤3:在单元格C15中输入公式"=ACCRINT(B3,B4,B5,B7,B8,2,3)"。

步骤3:在单元格C16中输入公式"=ACCRINTM(C3,C6,C7,C8,3)"。

步骤4:在单元格C17中输入公式"=RECEIVED(D3,D6,D9,D10,3)"。

步骤5:在单元格C18中输入公式"=COUPNUN(E5,E6,4,3)"。

模型的运行结果如图4-18所示。

	A	B	C	D	E
1			已知条件	单位:元	
2	债券种类	A债券	B债券	C债券	D债券
3	发行日	2008/2/15	2005/11/30	2011/5/20	
4	起息日	2008/8/15			
5	成交日	2012/9/15			2009/2/6
6	到期日		2015/11/30	2010/5/20	2018/6/10
7	票面利率	5.45%	6.25%		
8	票面价值	1000	1000		
9	投资额			20000	
10	贴现率			5.65%	
11	付息方式	每半年付息	到期一次付息	到期一次付息	每季度付息
12	计息基准	实际天数/365	实际天数/365	实际天数/365	实际天数/365
13					
14			计算结果		
15	A债券应付利息		249.8787671		
16	B债券应付利息		625.3424658		
17	C债券到期可回收金额		27880.58		
18	D债券应付利息次数		38		

图4-18　债券投资收益计算模型

例4-11 A、B、C这3种债券的有关资料如图4-19的"已知条件"区域所示。要求建立一个计算债券年投资收益率的模型。

建立模型的具体步骤如下。

步骤1:插入新的工作表"债券投资收益率计算模型",输入已知条件。

步骤2:设计模型的结构,如图4-19的"计算结果"区域所示。

	A	B	C	D
1			已知条件	
2	债券名称	债券A	债券B	债券C
3	成交日	2014/11/25	2015/3/25	2015/2/12
4	到期日	2024/10/20	2015/8/12	2015/8/12
5	票面利率	6.15%		
6	价格或投资额	98.75	97.95	96.85
7	清偿价值	100	100	100
8	计息方式	每半年计息		一次性付息
9	计息基准	实际天数/360	实际天数/360	实际天数/360
10	贴现率			
11			计算结果	
12	债券名称	债券A	债券B	债券C
13	债券收益率	6.32%	5.38%	6.47%

图 4-19　利用函数计算债券年收益率模型

步骤 3:在单元格 B14 中输入公式" = YIELD(B3,B4,B5,B6,B7,2,2)"。

步骤 4:在单元格 C14 中输入公式" = YIELDDISC(C3,C4,C6,C7,2)"。

步骤 5:在单元格 D14 中输入公式" = INTRATE(D3,D4,D6,D7,2)"。

二、股票投资分析

(一)股票估价

1. 股票估价的基本原理

股票的价值通常可以利用股息价值模型来进行估计。其基本原理是股票的价值等于未来各期的现金流量按照投资者要求的最低报酬率作为贴现率所计算的现值。根据未来各期股利变化的不同,股息价值模型主要包括以下几种情况。

(1)零增长股的估价公式

零增长股是指各期股利稳定不变、股利增长率为 0 的股票。这种类型股票的估价公式为

$$V_0 = \frac{D}{k}$$

式中,V_0 为股票的现值;D 为每期的股利;k 为投资者要求的最低投资报酬率。

(2)固定增长股的估价公式

固定增长股是指未来股利以某一固定的比率稳定增长的股票。固定增长股的估价公式为

$$V_0 = \frac{D_0(1+g)}{k-g} = \frac{D_1}{k-g}; (k > 8)$$

式中,D_0 为现在支付的股利;D_1 为预计第 1 年末支付的股利;g 为预计的股利增长率;k 为投资者要求的最低投资报酬率。

其他符号的含义如前所述。

某些情况下,股票的股利是从 n 年以后开始固定增长的,这时可首先计算固定增长股在 n 年末的价值,然后连同前 n 年的股利一起贴现到第 0 期,计算出股票的现值。

(3)变率增长股的估价公式

变率增长股是指股利在未来的不同时期按不同的比率增长,一定时期以后股利按固定

的增长率稳定增长的股票。以两期增长股为例,其估价公式可表示为

$$V_0 = \sum_{t=1}^{n} \frac{D_0(1+g_1)^t}{(1+k)^t} + \frac{D_n(1+g_2)}{k-g_2} \cdot \frac{1}{(1+k)^n}$$

式中,D_0 为现在支付的股利;k 为投资者要求的最低投资报酬率;g_1 为前 n 期的股利增长率;g_2 为正常时期稳定的股利增长率;n 为超常增长的时期数;D_n 为超常增长期结束时的股利。

按上述公式计算的结果为股票的内在价值。如果某股票的市场价格高于其内在价值,说明该股票的价格被高估,这样的股票没有投资价值;反之,如果某股票的市场价格低于其内在价值,说明该股票的价格被低估,这样的股票具有投资价值。

（4）定期持有的股票的估价公式

定期持有的股票是指投资者在一定时期内持有然后将其出售并收回资金的股票。这种情况下,股票的估价公式为

$$V_0 = \sum_{t=1}^{n} \frac{D_t}{(1+k)^t} + \frac{P_n}{(1+k)^n}$$

式中,k 为投资者要求的最低投资报酬率;D_t 为第 t 期每股股利;n 为股票的持有期;P_n 为第 n 期期末股票的出售价格。

2. 股票估价模型

例 4-12　甲和乙两种股票的有关资料如图 4-20 的"已知条件"区域所示。要求建立一个计算两种股票的价值及判断其是否具有投资价值的模型。

	A	B	C	D
1			已知条件	
2		甲股票	乙股票	
3	预计每年的股利（元/股）	1.5	目前的股利（元/股）	2
4	期望报酬率	8%	预计股利增长率	5%
5	股票的价格（元/股）	20	期望报酬率	12%
6			股票的价格（元/股）	28
7				
8			计算结果	
9	股票名称	甲股票	乙股票	
10	股票的价值（元/股）	18.75	30	
11	是否具有投资价值	无	有	
12				

图 4-20　股票估价模型

具体操作步骤如下。

步骤 1:打开工作簿"投资决策分析",插入工作簿"股票估价模型",输入已知条件。

步骤 2:设计模型的结构,如图 4-20 的计算结果区域所示。

步骤 3:在单元格 B10 中输入公式" =B3/B4"。

步骤 4:在单元格 B11 中输入公式" =IF(B5<B10,"有","无")"。

步骤 5:详见教学视频。

这里通过建立和使用自定义函数的方式来计算乙股票的价值。建立自定义函数的方法是:在"开发工具"选项卡"代码"功能组中单击 Visual

教学视频

Basic 命令,然后在系统打开的 Visual Basic 编辑器中,单击"插入"菜单中的"模块"命令,再单击"插入"菜中的"过程"命令,则系统会弹出"添加过程"对话框。在该对话框中,在"名称"中输入"固定增长股价值",在"类型"区域选择"函数"单选按钮,在"范围"区域保持默认的"公共的"不变,如图 4 – 21 所示。

单击"确定"按钮,然后在 Public Function 和 End Function 之间添加如下过程代码:

"Public Function 固定增长股价值(目前的股利,股利增长率,期望的报酬率)固定增长股价值 = 目前的股利 * (1 + 股利增长率)/(期望的报酬率 – 股利增长率)End Function"

图 4 – 21　"添加过程"对话框设置

添加过程代码以后的 Visual Basic 窗口如图 4 – 22 所示。

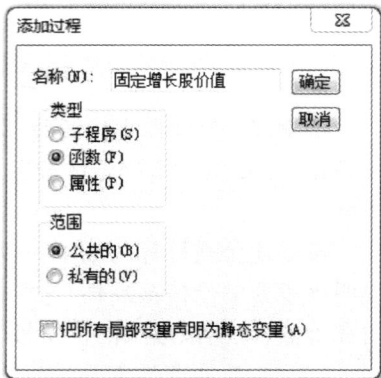

图 4 – 22　添加过程代码以后 Visual Basic 窗口

关闭 Visual Basic 窗口以后,固定增长股价值这个自定义函数就建立完成了。

步骤 6:选取单元格 C10,单击公式编辑栏左边的"插入函数"按钮,在系统弹出的"插入函数"对话框中,选择"用户定义"类别中的"固定增长股价值"自定义函数,然后单击"确定"按钮,在系统弹出的固定增长股价值函数的参数对话框中,在"目前的股利"栏中输入 D3,在"股利增长率"栏中输入 D4,在"期望的报酬率"栏中输入 D5,如图 4 – 21 所示,然后单击"确定"按钮。也可以不调用固定增长股价值函数的参数对话框,而是直接在单元格 C10 中输入公式" = 固定增长股价值(D3,D4,D5)"。

步骤 7:在单元格 C11 中输入公式" = IF(D6 < C10," 有"," 无")"。

运行结果如图 4 – 20"计算结果"区域所示。

例 4 - 13　A 和 B 两种股票的有关资料如图 4 - 23 的"已知条件"区域所示。要求建立一个计算两种股票的价值及判断其是否具有投资价值的模型。

建立模型的具体步骤如下。

步骤 1：插入工作表"股票价值计算与投资价值判断模型"，输入已知数据。

步骤 2：设计模型的结构，如图 4 - 23 所示。

步骤 3：在单元格 B13 中输入公式" = $B$3 * (1 + $B$4)^B12"，并将其复制到单元格区域 C13：F13。

步骤 4：在单元格 F14 中输入公式" = F13 * (1 + B5)/(B6 - B5)"。

步骤 5：在单元格 B15 中输入公式" = NPV(B6, B13：F13) + F14/(1 + B6)^F12"。

步骤 6：在单元格 E15 中输入公式" = IF(B7 < B15,"有","无")"。

步骤 7：在单元格 B16 中输入公式" = NPV(F8, F3：F6) + F7/(1 + F8)^E12"。

步骤 8：在单元格 E16 中输入公式" = IF(F9 < B16,"有","无")"。

模型的运行结果如图 4 - 23 所示。

	A	B	C	D	E	F
1		已知条件				
2	A股票			B股票		
3	目前的股利（元/股）	2	第1年股利（元/股）			0.50
4	未来5年的股利增长率	20%	第2年股利（元/股）			1.00
5	5年以后的股利增长率	20	第3年股利（元/股）			1.50
6	期望报酬率	15%	第4年股利（元/股）			2.00
7	目前的市价（元/股）	30	4年末出售的价格（元/股）			28
8			期望报酬率			15%
9			目前的股利（元/股）			25.00
10						
11		计算结果				
12	年份	1	2	3	4	5
13	A股票的股利（元/股）	2.40	2.88	3.46	4.15	4.98
14	固定增长股的价值（元/股）					47.05
15	A股票的价值（元/股）	34.78	A股票是否有投资价值		有	
16	B股票的价值（元/股）	19.33	B股票是否有投资价值		无	
17						
18						

图 4 - 23　股票价值计算与投资价值判断模型

（二）股票投资收益与风险衡量模型

股票投资收益一般用投资收益率来度量，股票投资风险一般用投资收益率分布的标准差和标准离差率或变差系数来衡量。在不同的情况下，股票投资收益率及其分布的标准差可按不同的方法来计算。

1. 根据历史数据计算收益率的平均值和标准差

根据历史数据计算的股票投资收益率可分为离散收益率和连续复利收益率。

单期离散收益率是指在某一期的期初投资购买股票，期末将股票出售，不考虑持有股票期间再投资机会情况下所获得的投资收益率，其计算公式为

$$R_t = \frac{P_t + D_t - P_{t-1}}{P_{t-1}}$$

式中，R_t 为第 t 期股票投资的离散收益率；P_t 为第 t 期期末股票的价格；P_{t-1} 为第 $t - 1$

期期末股票的价格;D_t 为第 t 期期末的股利。

连续复利收益率是指在某一时期投资购买股票后,可以连续不断地收回投资并反复进行再投资的假定条件下,按照连续复利的方式所计算的股票投资收益率。其计算公式为

$$R_t = \ln(\frac{P_t + D_t}{P_{t-1}})$$

式中,R_t 为第 t 期股票投资的连续复利收益率;其他符号的含义如前所述。

n 期平均收益率的计算公式为

$$\overline{R} = \frac{\sum_{t=1}^{n} R_t}{n}$$

式中,n 为样本数;R_t 为第 t 期股票投资的连续复利收益率。

n 期收益率分布的标准差 σ 的计算公式为

$$\sigma = \sqrt{\sum_{t=1}^{n} \frac{(R_t - R)^2}{n-1}}$$

若将上述公式的分母($n-1$)改成 n,则计算得到的是总体的标准差。在样本容量大的情况下,样本标准差与总体标准差近似相等。

变差系数(标准离差率)V 的计算公式为

$$V = \sigma / R$$

式中,σ 为收益率分布的标准差;R 为期望收益率。

2. 根据预计的概率计算期望收益率及其标准差

期望收益率是指在一定时期的股票投资收益率有可能出现几种不同的情况时所计算的股票收益率的概率平均期望值。有关的计算公式为

$$\overline{K} = \sum_{t=1}^{n} (P_i K_i)$$

式中,$\overline{K}$ 为期望收益率;K_i 为第 i 种情况下的投资收益率;P_i 为第 i 种情况出现的概率;n 为出现可能情况的种数。

当 K_i 为 n 期内按时间顺序排列的等间隔期的收益率时,$P_i = 1/n$,此时期望收益率等于 n 期内各期收益率的算术平均数,这种情况下可以利用 *AVERAGE* 函数来计算期望收益率。

在根据历史数据计算股票投资收益率和标准差的过程中,可以使用 AVERAGE、STDEV 或 STDEV. S、SUMPRODUCT 函数和 LN 函数。

① AVERAGE 函数的功能是返回参数的平均值,语法为 = AVERAGE(number1,number2,…)。

② STDEV 函数的功能是基于样本估计标准偏差。它反映了数据相对于平均值(mean)的离散程度。语法为 =STDEV(number1,number2,…)。

③ STDEV. S 函数的功能和 STDEV 函数的功能类似是根据指定的样本估算标准偏差。函数语法:=STDEV(number1,number2,…)

参数说明:number1,number2,…是要计算的 1~255 个参数。

④ LN 函数的功能是返回个数的自然对数。自然对数以常数项 e(2.71828182845904 为底。

函数语法：=LNG(number)

参数说明：number 是用于计算其自然对数的正实数。

⑤ SUMPRODUCT 函数的功能是返回相应的数组或区域乘积的和。

函数语法：=SUMPRODUCT(array1,array2,array3,…)

参数说明：array1,array2,array3,…为 2 到 30 个数组,其相应元素需要相乘并求和。

2. 股票投资收益率及标准差度量模型的建立

例4-14　S 股票的有关资料如图 4-24 的已知条件区域所示。要求建立一个计算该股票的收益率和标准差的模型。

建立模型的具体步骤如下。

步骤1：插入工作表"S 股票的投资收益与风险度量模型",输入已知条件。

步骤2：设计模型的结构,如图 4-24 的"计算结果"区域所示。

步骤3：在单元格 F4 中输入公式"=(B4+C4-B3)/B3"。

步骤4：在单元格 G4 中输入公式"=LN((B4+C4)/B3)"。

步骤5：选取单元格区域 F4:G4,将其复制到单元格区域 F5:G17。

步骤6：在单元格 F18 中输入公式"=AVERAGE(F4:F17)"。

步骤7：在单元格 F19 中输入公式"=STDEV(F4:F17)"。

步骤8：在单元格 F20 中输入公式"=F19/F18"。

步骤9：选取单元格区域 F18:F2,将其复制到单元格区域 G18:G20。

模型的运行结果如图 4-24 所示。

	A	B	C	D	E	F	G
1	S股票已知条件				计算结果		
2	当年最后交易日	收盘价	当年股价		年份	离散收益率	连续复利收益率
3	2006/12/31	14.46	0.1		2006		
4	2007/12/31	11.45	0.13		2007	-19.92%	-22.21%
5	2008/12/31	8.89	0.11		2008	-21.40%	-24.08%
6	2009/12/31	11.06	0.12		2009	25.76%	22.92%
7	2010/12/31	7.89	0.1		2010	-27.76%	-32.51%
8	2011/12/30	11.68	0.15		2011	49.94%	40.50%
9	2012/12/29	28.38	0.02		2012	143.15%	88.85%
10	2013/12/27	59.2	0.21		2013	109.34%	73.88%
11	2014/12/31	13.12	0.1		2014	-77.67%	-149.92%
12	2015/12/31	26.63	0.1		2015	103.73%	71.16%
13	2016/12/31	15.95	0.1		2016	-39.73%	-50.63%
14	2017/12/30	18	0.12		2017	13.61%	12.76%
15	2018/12/31	29.89	0.2		2018	67.17%	51.38%
16	2019/12/31	20.78	0.3		2019	-29.47%	-34.92%
17	2020/12/31	26.39	0.48		2020	29.31%	25.70%
18					平均值	23.29%	5.21%
19					标准差	64.71%	63.28%
20					变差系数	2.7783945	12.15506868

图 4-24　S 股票的投资收益与风险度量模型

三、证券投资组合分析

(一) 证券投资组合的收益与风险计算模型

1. 基本公式

(1) 证券投资组合的收益

证券投资组合的收益等于投资组合中个别证券的期望收益率按照各证券的投资比重作为权重系数所计算的加权平均数。计算公式为

$$R_p = \sum_{t=1}^{n} w_i \cdot \overline{R_i}$$

$$\overline{R_i} = \sum_{t=1}^{n} P_t \cdot R_{it} (i = 1, 2, \cdots, n)$$

式中，R_p 为投资组合的期望收益率；$\overline{R_i}$ 为第 i 种证券的期望收益率；w_i 为第 i 种证券的投资额在投资组合中所占的比重；n 为投资组合中证券的种数；R_{it} 为 i 证券在第 t 种情况下的预计期望收益率；m 为发生可能情况的种数；P_t 为第 t 种情况发生的概率。

(2) 证券投资组合的风险

证券投资组合的风险可用证券投资组合收益率分布的方差、标准差或标准离差率来衡量。证券投资组合的风险既与个别证券的标准差的大小有关，又与各证券之间的斜方差或相关系数有关。有关的计算公式为

$$\sigma_p^2 = \sum_{i=1}^{n} \sum_{j=1}^{n} w_i \cdot w_j \cdot \text{cov}(i,j) = \sum_{i=1}^{n} \sum_{j=1}^{n} w_i \cdot w_j \cdot \sigma_i \cdot \sigma_j \cdot r_{ij}$$

$$\text{cov}(i,j) = \sum_{i=1}^{n} P_t \cdot (R_{it} - \overline{R_i}) \cdot (R_{jt} - \overline{R_j})$$

式中，σ_p^2 为投资组合的方差；$\text{cov}(i,j)$ 为 i 证券与 j 证券的期望收益之间的协方差；r_{ij} 为 i 证券与 j 证券的期望收益之间的相关系数，$r_{ij} = \text{cov}(i,j)/\sigma_i \cdot \sigma_j$；其他符号的含义如前所述。

2. 证券投资组合的收益与风险计算模型的建立

例 4-15　A、B、C、D 这 4 种证券在 5 种不同的经济状况下的预计收益率及投资比重的有关资料如图 4-25 的"已知条件"区域所示。要求建立一个计算这 4 种证券构成的投资组合的期望收益率和标准差的模型。

建立模型的具体步骤如下。

步骤 1：设计模型的结构，如图 4-25 的"计算结果"区域所示。

步骤 2：在单元格 C13 中输入公式"= SUMPRODUCT($B$4:$B$8,C4:C8)"。

步骤 3：在单元格 C14 中输入公式"= SUMPRODUCT($B$4:$B$8,(C4:C8 - C13)^2)"

步骤 4：在单元格 C15 中输入公式"= SQRT(C14)"。

步骤 5：在单元格 C16 中输入公式"= C15/C13"。

步骤 6：选取单元格区域 C13:C16，将其复制到单元格区域 D13:F16。

步骤 7：在单元格 C18 中输入公式"= SUMPRODUCT($C$4:$C$8 - $C$13, C4:C8 - C13, $B$4:$B$8)"。

步骤 8：在单元格 C19 中输入公式"= SUMPRODUCT($D$4:$D$8 - $D$13, C4:C8 -

C13，$B$4：$B$8）”。

步骤 9：在单元格 C20 中输入公式“ = SUMPRODUCT（$E$4：$E$8 - $E$13，C4：C8 - C13，$B$4：$B$8）”。

步骤 10：在单元格 C21 中输入公式“ = SUMPRODUCT（$F$4：$F$8 - $F$13，C4：C8 - C13，$B$4：$B$8）”。

步骤 11：选取单元格区域 C18：C21，将其复制到单元格区域 D18：F21。

步骤 12：在单元格 G14 中输入公式“ = SUMPRODUCT（C13：F13，C9：F9）”。

步骤 13：在单元格 G17 中输入公式“ = SUMPRODUCT（MMULT（C9：F9，C18：F21），C9：F9）”。

步骤 14：在单元格 G20 中输入公式“ = SQRT（G17）”。

模型的运行结果如图 4 - 25 所示。

	A	B	C	D	E	F	G
1				已知条件			
2	经济状况	概率		证券收益率			
3			A	B	C	D	
4	很好	0.1	30%	35%	18%	50%	
5	较好	0.2	25%	15%	15%	35%	
6	一般	0.3	20%	7%	10%	16%	
7	较差	0.25	15%	2%	6%	8%	
8	很差	0.15	10%	-10%	3%	-25%	
9	投资的比重		15%	25%	40%	20%	
10							
11				计算结果			
12	证券种类		A	B	C	D	投资组合
13	期望收益率		19.25%	7.60%	9.75%	15.05%	期望收益
14	方差		0.36%	1.40%	0.23%	4.55%	11.70%
15	标准差		5.97%	11.85%	4.76%	21.33%	投资组合
16	标准离差率		31.03%	155.93%	48.85%	141.74%	方差
17	协方差矩阵		A	B	C	D	0.98%
18	A		0.36%	0.68%	0.28%	1.24%	投资组合
19	B		0.68%	1.40%	0.53%	2.41%	标准差
20	C		0.28%	0.53%	0.23%	0.97%	9.88%
21	D		1.24%	2.41%	0.97%	4.55%	
22							

图 4 - 25　证券投资组合的收益与风险计算模型

（二）证券投资组合的优化决策模型

例 4 - 16　A、B、C、D 这 4 种证券在 5 种不同的经济状况下的预计收益率和发生概率，以及在两种情况下的投资决策目标如图 4 - 26 的“已知条件”区域及投资决策的约束条件和目标区域所示。要求建立一个在两种情况下求解最优投资组合的模型。

建立模型的具体步骤如下。

步骤 1：建立模型的结构，如图 4 - 26 所示。

步骤 2：在单元格 C12 中输入公式“ = SUMPRODUCT（$B$4：$B$8，C4：C8）”。

步骤 3：在单元格 C13 中输入公式“ = SUMPRODUCT（$B$4：$B$8，（C4：C8 - C12）^2）”。

步骤 4：在单元格 C14 中输入公式“ = SQRT（C13）”。

步骤 5:在单元格 C15 中输入公式" = C14/C12"。

步骤 6:选取单元格区域 C12:C15,将其复制到单元格区域 D12:F15。

步骤 7:在单元格 C17 中输入公式" = SUMPRODUCT($C$4:$C$8 - $C$12,C4:C8 - C12,$B$4:$B$8)"。

	H25		▼		fx	= SUMPRODUCT($C$12:$F$12,C25:F25)		
	A	B	C	D	E	F	G	H	I

	A	B	C	D	E	F	G	H	I
1			已知条件				约束性条件和目标		
2	经济状况	概率	证券的收益率				1. 投资组合的期望收益率不低于		投资组合的风险最小
3			A	B	C	D			
4	很好	0.1	80%	50%	18%	20%			
5	较好	0.2	50%	30%	10%	15%	10%		
6	一般	0.3	10%	20%	5%	10%	2. 投资组合的标准差不高于		投资组合的收益最高
7	较差	0.25	−5%	10%	−5%	−5%			
8	很差	0.15	−30%	−20%	−10%	−15%	15%		
9									
10			计算结果						
11	证券种类		A	B	C	D			
12	期望收益率		0.153	0.165	0.0255	0.045			
13	方差		0.108	0.0363	0.00746	0.01348			
14	标准差		0.328	0.1905	0.0864	0.11608			
15	标准离差率		2.154	1.1543	3.38819	2.5796			
16	协方差矩阵		A	B	C	D			
17	A		0.108	0.0586	0.02714	0.03451			
18	B		0.059	0.0363	0.01554	0.02083			
19	C		0.027	0.0155	0.00746	0.00983			
20	D		0.035	0.0208	0.00983	0.01348			
21			规划求解结果						
22	投资决策两种情况		可变单元格区域				比重合计	投资组合	
23			A	B	C	D		期望收益率	标准差
24	比重	情况1	0%	53.41%	46.60%	0.00%	100.00%	10.00%	14.04%
25		情况2	0%	62.48%	38%	0.00%	100.00%	11.27%	15.00%

图 4 - 26 证券投资组合的优化决策模型

步骤 8:在单元格 C18 中输入公式" = SUMPRODUCT($D$4:$D$8 - $D$12,C4:C8 - C12,$B$4:$B$8)"。

步骤 9:在单元格 C19 中输入公式" = SUMPRODUCT($E$4:$E$8 - $E$12,C4:C8 - C12,$B$4:$B$8)"。

步骤 10:在单元格 C20 中输入公式" = SUMPRODUCT($F$4:$F$8 - $F$12,C4:C8 - C12,$B$4:$B$8)"。

步骤 11:选取单元格区域 C17:C20,将其复制到单元格区域 D17:F20。

步骤 12:在单元格 G24 中输入公式" = SUM(C24:F24)"。

步骤 13:在单元格 H24 中输入公式" = SUMPRODUCT($C$12:$F$12,C24:F24)"。

步骤 14:在单元格 I24 中输入公式" = SQRT(SUMPRODUCT(MMULT(C24:F24,$C$17:$F$20),C24:F24))"。

步骤 15:选取单元格区域 G24:I24,将其复制到单元格区域 G25:I25,此时单元格区线 C24E25 的初始状态为空值,未来将存放规划求解的结果。

步骤 16:在"数据"选项卡"分析"功能组中单击"规划求解"命令,如果没有在"文件"下面"选项"里添加"规划求解",打开"规划求解参数"对话框,在其中"设置目标"栏中输入"$I$24",在"到"区域选择"最小值"单选按钮,在"通过更改可变单元格"栏中输入"$C$24:$F$24",然后单击"添加"按钮,依次添加 4 个约束条件:"$C$24:$F$24 < = 1""$C$24:$F$24 > = 0""$G$24 = 1""$H$24 > = $G$5"。设置完成的"规划求解参数"对话框如图 4 – 27 所示,单击"求解"按钮后,再在系统弹出的"规划求解结果"对话框中保持默认的状态,单击"确定"按钮。

图 4 – 27 规划求解参数设置 1

步骤 17:在"数据"选项卡"分析"功能组中单击"规划求解"命令,打开"规划求解参数"对话框,在其中的"设置目标"栏中输入"$H$25",在"到"区域选择"最大值"单选按钮,在"通过更改可变单元格"栏中输入"$C$25:$F$25",然后单击"添加"按钮,依次添加 4 个约束条件:"$C$25:$F$25 < = 1""$C$25:$F$25 > = 0""$G$25 = 1""$I$25 < = $G$8"。设置完成的"规划求解参数"对话框如图 4 – 28 所示,单击"求解"按钮。

模型的运行结果如图 4 – 26 所示。由模型的运行结果可以看出,为了实现证券投资组合的收益率不低于 10% 的目标,应将全部资金的 53.40% 投资于 B 证券,46.60% 投资于 D 证券,这样的投资组合风险最低。类似的,为了实现证券投资组合的标准差不高于 15% 的目标,应将全部资金的 62% 投资于 B 证券,38% 投资于 D 证券,这样的投资组合收益率最高。

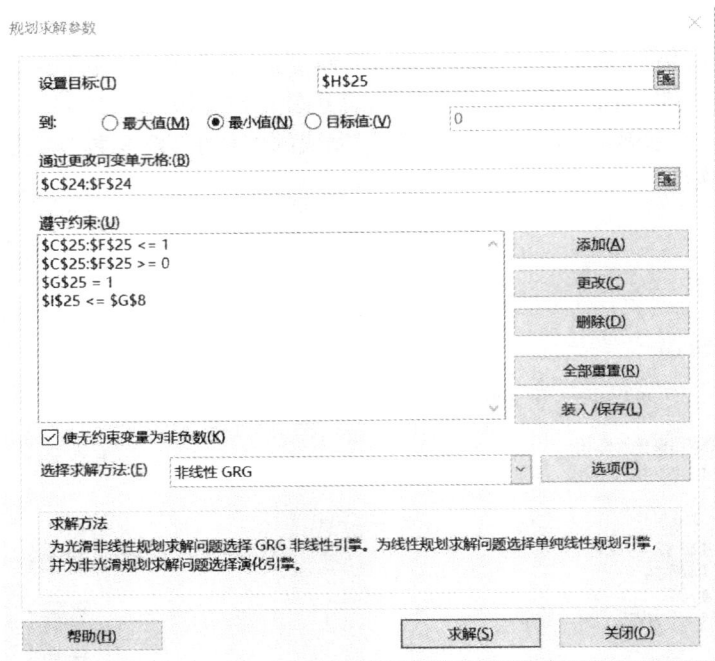

图 4 - 28　规划求解参数设置 2

项目小结

　　项目投资是企业采用自建或购置形式进行固定资产的再生产活动。项目投资具有投资次数少、回收时间长、变现性和流动性较差、实物形态与价值性态相分离等特点。投资方案中的现金流量分析是关于投资方案的成本与收益的分析。为了正确计算投资方案的现金流量，要正确判断哪些支出会引起企业总现金流量的变动，哪些支出不会引起企业总现金流量的变动。现金净流量的计算按其所涉及的现金流量的内容和时间不同，可以区分为年现金净流量的计算和累计现金净流量的计算两种情况。

　　固定资产更新决策，是对技术上或经济上不宜继续使用的旧资产，用新的资产来替换的项目投资决策。采用的主要更新决策方法包括差量分析法、净现值法、年均净现值法、年平均成本法。投资开发时机决策的基本原则是寻求净现值最大的方案。缩短投资建设期往往要增加投资额，究竟是否应该缩短投资建设期，需要在经济上进行衡量，以进行选择。如果缩短投资建设期给企业带来的净现值大，就应该选择缩短投资建设期；否则，就应该选择正常投资建设期。在资本总量受到限制时，为了使企业获得最大的利益，应投资于一组使净现值或加权平均现值指数最大的项目。

　　用风险决策方法对投资项目和投资方案进行评价和选择，是风险防范的一项比较有效的措施。常用的风险决策方法有两种一是风险调整折现率法，二是肯定当量法。两者的主要区别在于：肯定当量法是通过调整净现值公式中的分子来考虑风险因素，风险调整折现率法是通过调整净现值公式中的分母来考虑风险因素。

　　证券的种类是多种多样的，由于其性质、期限、偿还条件、各期收益等各种因素都有所不同，企业在进行证券投资时，应根据不同的投资日的，结合证券投资市场的变化情况和企业自身的资金投资和风险承受能力,进行各种证券投资组合,确保获得最佳的投资收益。

债券的投资原则包括收益性原则、安全性原则和流动性原则。债券的估价模型主要包括四种:按复利计息、固定利率、定期支付利息的债券估价模型;到期一次还本付息且按单利计算利息的债券估价模型;贴现发行债券的估价模型;永久债券的估价模型。债券投资收益的内容主要包括利息与资本损益。到期收益率是指导选购债券的标准,如果此收益率高于投资者要求的报酬率,则可买进,否则就应放弃。债券投资的风险包括违约风险、利率风险、购买力风险、变现力风险和再投资风险。

企业进行股票投资的目的主要是获取收益和获得企业控制权。股票估价的主要方法是计算其内在价值,然后和股票市价比较,视其低于、高于或等于市价,决定买入、卖出或继续持有。股票估价模型主要包括股票估价的基本模型;长期持有股票,股利稳定不变的股票估价模型;长期持有股票,股利固定增长的股票估价模型;非固定成长股票的价值。股票的投资收益主要内容包括股利、资产增值和资本损益。股票投资的收益率的具体表现形式为长期股票投资收益率、短期股票收益率和股票持有期间收益率等。

技能训练

1. 某企业有一个投资方案初始投资 1 000 万元,期限 4 年,每年年末现金流量如图 4 - 29 所示,计算该方案的投资回收期。

	A	B	C	D	E	F	G
1	投资回收期计算						
2	时期		0	1	2	3	4
3	净现金流量		−1000	500	400	300	100
4	累计净现金流量						
5							
6	投资回收期						

图 4 - 29

2. 某企业有一个投资项目,初始投资 1 500 万元,其中第 0 年和第 1 年分别投 1 000 万元和 500 万元,预计第 2～6 年每年的现金流如图 4 - 30 所示,资金成本率为 10%,问该项目是否可行?

	A	B	C	D	E	F	G	H
1	投资项目计算分析							
2	资金成本	10%						
3	时期		0	1	2	3	4	5	6
4	净现金流量		−1000	500	400	600	800	800	1000
5	净现值							
6	现值指数							
7	内涵报酬率							

图 4 - 30

3. 某企业有甲、乙两个投资方案,有关数据如图 4 - 31 所示,假定资本成本率为 15%,再投资报酬率为 10%,计算 NPV、PI、IRR,选择最优方案。

	A	B	C	D	E	F	G
1				投资决策			
2	资金成本	15%					
3	再投资报酬率	10%					
4				甲方案			乙方案
5	时间	现金流入	现金流出	净流量	现金流入	现金流出	净流量
6	0	0	10000		0	10000	
7	1	0	10000		0	5000	
8	2	10000	2000		7000	0	
9	3	10000	0		6000	0	
10	4	10000	0		8000	0	
11	5	10000	0		10000	0	
12	6	10000	0		9000	0	
13	现值						
14	NPV						
15	PI						
16	IRR						

图 4 - 31

4. 某公司考虑用一台新的、效率高的设备来代替旧设备,以减少成本,增加收益。新旧设备有关资料如图 4 - 32 所示,银行年利率为 10%。计算分析并决策。

5. 甲公司持有 A、B、C 三种股票,在由上述股票组成的证券投资组合中,各股票所占的比重分别为 50%、30%、20%,其 β 系数分别为 2.0、1.0 和 0.5。市场收益率为 15%,无风险收益率为 10%。A 股票当前每股市价为 12 元,刚收到上一年度派发每股 1.2 元的现金股利,预计股利以后每年将增长 8%。

	A	B	C
1		固定资产更新决策	
2	项目	旧设备	新设备
3	原值	44000	48000
4	已使用年限	5	0
5	预计使用年限	10	5
6	最终报废残值	4000	6000
7	变现金额	12000	48000
8	收入	50000	75000
9	年付现成本	14000	8000
10	所得税税率	33%	33%
11	折旧方法	直线法	年数总和法

图 4 - 32

要求:

(1) 计算以下指标:甲公司证券组合的 β 系数;甲公司证券组合的风险收益率(R_p);甲公司证券组合的必要投资收益率(K);投资 A 股票的必要投资收益率。

(2) 利用股票估价模型分析当前出售 A 股票是否对甲公司有利。

項目五

营运资本管理

学习目标

企业的生产经营离不开营运资本的支持,营运资本决策也是企业财务管理中很重要的决策之一。通过本项目的学习,学生在回顾企业营运资本使用方式的基础上,应能够熟练运用 Excel 提供的函数和工具,利用各种决策模型,做好现金管理决策分析、应收账款管理决策分析、存货管理决策分析。

营运资金又称营运资本,是指流动资产减去流动负债后的余额。企业营运资金的大小还可用以衡量经营风险的大小。在一般情况下,持有营运资金越多,企业违约风险就越小,举债融资能力就越强,但收益较小。持有营运资金越少,偿债风险越大,收益较大。营运资金持有量的多少需在风险与报酬之间权衡。

营运资金的特点可以从流动资产与流动负债两个方面分别理解。从流动资产的特点来看,流动资产投资又称经营性投资,与固定资产相比,有如下特点:投资回收期短、流动性强,具有并存性与波动性。从流动负债的特点来看,与长期负债相比,流动负债融资具有如下特点:速度快、弹性大、成本低、风险大。

本项目将从营运资本投资与营运资本筹资两个方面介绍营运资金管理面临的四大主要问题:现金管理决策分析、应收账款管理决策分析、存货管理决策分析、短期筹资成本分析。

任务一 现金管理决策分析

任务目标

知识目标:

1. 理解现金的持有动机。
2. 掌握最佳现金持有量的确定。

能力目标:

1. 能选择合适的方法进行最佳现金余额的预测。
2. 能熟练使用模型编制现金预算表。

任务导入

A 企业有 4 个现金持有方案,成本资料如表 5-1 所示,确定最佳现金余额。

表 5 - 1　A 企业成本资料

最佳现金持有量成本分析模型				
	方案 A	方案 B	方案 C	方案 D
现金持有量	20 000	50 000	80 000	100 000
持有成本构成				
机会成本	2 200	5 500	8 800	11 000
管理成本	4 000	4 000	4 000	4 000
短缺成本	15 000	8 000	6 000	4 000
持有总成本	21 200	17 500	18 800	19 000

通过本任务的学习,你将能够通过 Excel 表格建立最佳现金余额模型,得到该公司资金最佳持有量预测的解决办法。

一、现金预算表的编制模型

(一)现金预算表的构成

为了有计划地管好用好现金,并合理地估计未来的现金需求,企业应定期编制现金预算。通过现金预算,企业可以了解未来一定时期的现金收支状况,从而确定现金结余或短缺的数额及时间,为进一步做好投资和筹资决策提供依据。

现金预算应包括现金收入、现金支出、净现金流量和融资或投资等几个部分。

1. 现金收入

现金收入主要来源于产品销售收入和其他现金收入。产品销售收入包括本期销售产品收到的现金和以前时期销售产品在本期收回的款项。其他销售收入通常有设备租赁收入、证券投资的利息收入和股利收入等。

2. 现金支出

现金支出包括营业现金支出和其他现金支出。营业现金支出主要包括材料采购现金支出、工资支出、营业费用现金支出。其他现金支出包括固定资产投资支出、偿还债务本息支出、税款支出、股利支出等。

3. 净现金流量

一定时期现金收入与现金支出的差额即为净现金流量。

4. 投资或融资

期初现金余额加上本期现金收入,减去本期现金支出,可得预计的期末现金余额。一般情况下,企业应按一定的方法确定最佳现金余额,并按最佳现金余额持有现金。如果预计的期末现金余额低于最佳现金余额,企业当期应组织筹资;反之,如果预计的期末现金余额高于最佳现金余额,企业当期应将多余的现金进行投资。

现金预算可以按年度、季度或月度编制。

(二)现金预算表编制模型的建立

例 5 -1　某公司 2018 年实际以及 2019 年预计销售收入和各项费用等有关资

料如图 5－1 的"已知条件"区域所示。要建立一个为该公司编制现金预算表的模型。

设计模型的结构,如图 5－1 所示。

已知条件

项目	11	12	1	2	3	4	5	6	7	8	9	10	11	12
年度	2018年实际								2019年实际					
月份	11	12	1	2	3	4	5	6	7	8	9	10	11	12
销售收入（万元）	160	160	170	190	200	210	220	230	260	280	240	210	190	180
直接材料（万元）	45	51	57	60	63	66	69	78	84	72	63	57	54	81
直接人工（万元）	30	34	38	40	42	44	46	52	56	48	42	38	36	54

- 销售收入当月收现比率 50%　各月直接材料付款时间 次月　每月管理人员工资（万元）50　2019年6月预付所得税（万元）35
- 销售收入次月收现比率 30%　各月直接人工费付款时间 次月　每月租金费用（万元）20　2018年12月预付所得税（万元）45
- 销售收入第3月收现比率 20%　2015年初现金金额（万元）6　每月折旧费（万元）10　2019年3月购置固定资产（万元）200
- 目标现金金额（万元）5　每月办公费（万元）15　2019年8月购置固定资产（万元）150

2019年各月预计销售收现表（万元）

月份	1	2	3	4	5	6	7	8	9	10	11	12
回收当月收入	85	95	100	105	110	115	130	140	120	105	95	90
回收当月收入	45	51	57	60	63	66	69	78	84	72	63	57
回收1个月以前的收入	32	30	34	38	40	42	44	46	52	56	48	42
现金收入小计	162	176	191	203	213	223	243	264	256	233	206	189

月份	1	2	3	4	5	6	7	8	9	10	11	12
现金收入	162	176	191	203	213	223	243	264	256	233	206	189
现金支出												
直接材料费	51	57	60	63	66	69	78	84	72	63	57	54
直接人工费	34	38	40	42	44	46	52	56	48	42	38	36
管理人员工资	50	50	50	50	50	50	50	50	50	50	50	50
租金费用	20	20	20	20	20	20	20	20	20	20	20	20
办公费	15	15	15	15	15	15	15	15	15	15	15	15
所得税						35						45
长期投资			200					150				
现金支出小计	170	180	385	190	195	235	215	375	205	190	180	220
现金收支净额	-8	-4	-194	13	18	-12	28	-111	51	43	26	-31
期初现金余额	6	5	5	5	5	5	5	5	5	5	5	5
预计期末现金余额	-2	1	-198	18	23	-7	33	-106	56	48	31	-26
投资（+）或融资（-）	-7	-4	-194	13	18	-12	28	-111	51	43	26	-31
目标现金余额	5	5	5	5	5	5	5	5	5	5	5	5

图 5－1　现金预算表编制模型

建立模型的具体步骤如下。

步骤 1:在单元格 B14 中输入公式" ＝D4 * $B$7"。

步骤 2:在单元格 B15 中输入公式" ＝C4 * $B$8"。

步骤 3:在单元格 B16 中输入公式" ＝B4 * $B$9"。

步骤 4:在单元格 B17 中输入公式" ＝SUM（B14:B16）"。

步骤 5:选取单元格区域 B14:B17,将其复制到单元格区域 C14:M17。

步骤 6:选取单元格区域 B20:M20,输入公式" ＝B17:M17"。

步骤 7:选取单元格区域 B22:M23,输入公式" ＝C5:N6"。

步骤 8:选取单元格区域 B24:M24,输入公式" ＝J7"。

步骤 9:选取单元格区域 B25:M25,输入公式" ＝J8"。

步骤 10:选取单元格区域 B26:M26,输入公式" ＝J10"。

步骤 11:在单元格 G27 中输入公式" ＝O7"。

步骤 12:在单元格 M27 中输入公式" ＝O8"。

步骤 13:在单元格 D28 中输入公式" ＝O9"。

步骤 14:在单元格 I28 中输入公式" ＝O10"。

步骤 15:在单元格 B29 中输入公式"SUM（B22:B28）",并将其复制到单元格区域 C29:M29。

步骤 16:在单元格 B30 中输入公式"B20－B29",并将其复制到单元格区域 C30:M30。

步骤 17:在单元格 B31 中输入公式" ＝F9"。

步骤 18:在单元格 C31 中输入公式" ＝B34",并将其复制到单元格区域 D31:M31。

步骤 19:在单元格 B32 中输入公式" ＝B31＋B30"。

步骤 20：在单元格 B33 中输入公式"＝B32 － B34"。

步骤 21：选取单元格区域 B32：B33，将其复制到单元格区域 C32：M33。

步骤 22：选取单元格区域 B34：M34，输入数组公式"＝F10"，模型的运行结果见图 5 － 1。

二、最佳现金余额的确定模型

（一）最佳现金余额的确定方法

现金是企业流动性最强的资产，持有一定量的现金可以降低企业的偿债风险。但现金的营利性很低，持有过多的现金也会使企业遭受损失。因此，企业应在对风险和收益权衡考虑的基础上，采用适当的方法确定最佳现金余额。

确定最佳现金余额的方法有多种，下面介绍比较常用的两种方法：成本分析模式和存货模式。

1. 成本分析模式

成本分析模式是指通过对持有现金的有关成本进行分析，并将企业持有现金的总成本最低点对应的现金余额作为最佳现金余额的一种方法。

在利用成本分析模式确定最佳现金持有量时，一般只考虑因持有一定现金而产生的机会成本和短缺成本，而不考虑转换成本和管理费用。机会成本是指企业因持有一定量的现金而丧失的再投资收益，它与现金持有量成正比，即机会成本 = 现金持有量 × 投资收益率。短缺成本是指由于企业的现金持有量不足而又无法通过有价证券变现加以补充给企业造成的损失，包括直接损失和间接损失，它与现金持有量成反比。

2. 存货模式

存货模式又称鲍曼模型，其着眼点是确定企业持有现金的总成本最低时的现金持有量。这里持有现金的总成本包括机会成本和现金转换成本。机会成本是指由于持有现金而丧失的潜在投资收益，可用现金持有量乘以短期有价证券投资的利息率计算。现金转换成本是指短期有价证券转换成现金的变现费用，可根据一定时期证券转换成现金的次数乘以每次证券变现的费用计算。存货模式的有关计算公式为

$$C = \frac{T}{Q} \cdot F + \frac{Q}{2} \cdot K$$

$$Q_0 = \sqrt{\frac{2TF}{K}}$$

$$C_0 = \sqrt{2TFK}$$

$$N_0 = \frac{T}{Q}$$

$$D_0 = \frac{360}{N_0}$$

式中，C 为持有现金的全年相关总成本；Q 为现金持有量；T 为一个周期内的现金总需求量；F 为每次转换有价证券的固定成本；K 为有价证券的年利息率（机会成本率）；Q_0 为最佳现金余额；C_0 为全年持有现金的最低相关总成本；N_0 为全年最佳的有价证券交易次数；D_0 为全年最佳的有价证券交易间隔期。

在 Excel 工作表中利用存货模式确定最佳现金余额时，既可以利用上述公式直接计算，

也可以利用规划求解工具计算。

（二）确定最佳现金余额模型的建立

例 5 - 2　甲、乙两家公司持有现金余额的有关资料如图 5 - 2 的"已知条件"区域所示，要求建立一个确定两家公司最佳现金余额的模型。

设计模型的结构，如图 5 - 2 所示。

	A	B	C	D	E	F	G	H	I
1						已知条件			
2			甲公司					乙公司	
3	备选方案	方案A	方案B	方案C	方案D	方案E	全年现金需求量（元）	450000	
4	现金金额（元）	20000	40000	60000	80000	100000	有价证券转换成本（元/次）	900	
5	短缺成本（元）	12000	8000	4000	2000	0	有价证券年利率	10%	
6	机会成本率	12%	最佳现金余额确定法	成本分析模式	最佳现金余额确定方法			存货模式	
7									
8						计算与决策结果			
9			甲公司					乙公司	
10	备选方案	方案A	方案B	方案C	方案D	方案E	计算方法	规划求解结果	利用公式计算
11	现金金额（元）	20000	40000	60000	80000	100000	最佳现金余额（元）	90000	90000
12	短缺成本（元）	12000	8000	4000	2000	0	最低持有现金相关总成本（元）	9000	9000
13	机会成本（元）	2400	4800	7200	9600	12000	有价证券交易次数（次）	5	
14	总成本（元）	14400	12800	11200	11600	12000	有价证券交易间隔期（天）	72	
15	最优方案	方案C	最佳现金余额（元）	6000					
16									

图 5 - 2　最佳现金余额模型

建立模型的具体步骤如下。

步骤 1：选取单元格区域 B11:F12，输入数组公式" = B4:F5"。

步骤 2：选取单元格区域 B13:F13，输入数组公式" = B4:F4 * B6"。

步骤 3：选取单元格区域 B14:F14，输入数组公式" = B13:FI13 + B12:F12"。

步骤 4：在单元格 BI5 中输入公式" = INDEX（B10:FI0，MATCH（MIN（B14:F14，B14F14），B14:F14，0））"。

步骤 5：在合并单元格 EI5 中输入公式" = INDEX（B11:F11，MATCH（MIN（B14:F14），B14:F14，0））"。

步骤 6：在单元格 H12 中输入一个大于 0 的数作为初值，如输入 50。

步骤 7：在单元格 H13 中输入公式" =（H3/H12）* H4 +（H12/2）* H5"。

步骤 8：在"数据"选项卡"分析"功能组中单击"规划求解"命令，打开"规划求解参数"对话框，在其中的"设置目标"栏中输入"$H$13"，在"到"区域选择"最小值"单选按钮，在"通过更改可变单元格"栏中输入"$H$12"，然后单击"添加"按钮，在系统弹出的"添加约束"对话框中添加约束条件"SHS12 > =0"，单击"确定"按钮后，这个约束条件就被添加到了"规划求解参数"对话框的"遵守约束"列表框中，单击"求解"按钮以后，在系统弹出的"规划求解结果"对话框中再单击"确定"按钮。

步骤 9：在单元格 I12 中输入公式" = SQRT（2 * H3 * H4/H5）"。

步骤 10：在单元格 I13 中输入公式" = SQRT（2 * H3 * H4 * H5）"。

步骤 11：在合并单元格 H14 中输入公式" = H3/I12"。

步骤 12：在合并单元格 H15 中输入公式" =360/H14"。

模型的运行结果见图 5 - 2。

任务二　应收账款管理决策分析

任务目标

知识目标：

1. 了解应收账款信用政策的制定方法。

2. 掌握账龄分析表的编制方法。

能力目标：

1. 能够建立应收账款的信用标准模型并进行决策。

2. 能运用应收账款的政策模型进行决策。

任务导入

某公司目前的经营情况和信用标准如表 5 - 2 所示，企业提出两个信用标准方案，请判断应采用哪个方案。

表 5 - 2　某公司目前的经营情况和信用标准

目前经营情况及信用标准	
项　目	数　据
销售收入	150 000
变动成本率	60%
利润	30 000
销售利润率	25%
信用标准	10%
平均坏账损失率	5%
信用条件	30 天付清
平均收款期	30
应收账款的机会成本率	15%

新的信用标准方案有关数据		
项　目	方案 1	方案 2
信用标准	5%	15%
由于信用标准变化增加或减少的销售额	- 9 000	10 000
增加或减少的销售额的平均值	65	80
增加或减少的销售额的平均变化率	8%	12%

分析区域		
	方案 1	方案 2
信用标准变化对利润的影响		
信用标准变化对应收账款机会成本的影响		
信用标准变化对坏账损失的影响		
信用标准变化对利润增量的影响		
结论		

通过本任务的学习,你将能够通过 Excel 表格建立应收账款信用标准的决策模型,得到该公司不同信用标准决策方案的选择对策。

一、应收账款信用标准决策模型

(一)应收账款信用标准决策的基本原理

信用标准是指企业建立的允许客户享受企业所提供信用的最低标准。信用标准通常可用客户的预计坏账损失率来表示。预计坏账损失率低于企业所确定标准的客户可以享受企业提供的赊销政策;反之,预计坏账损失率高于企业所确定标准的客户不能享受企业的赊销政策。

严格的信用标准有助于企业降低应收账款的相关成本,但同时也可能会使企业在市场上失去竞争力,不利于企业扩大销售、增加利润。与之相反,宽松的信用标准有助于企业扩大销售、增加利润,但同时也会使应收账款的相关成本增加。

应收账款的相关成本主要包括机会成本、坏账成本、管理成本和现金折扣成本等。机会成本又称投资成本,是指应收账款上所占用资金的资金成本。坏账成本又称坏账费用,是指企业不能收回应收的账款所造成的损失。管理成本是指有关人员对应收账款进行管理、收账等活动所发生的成本。现金折扣成本是指因客户享受现金折扣而减少付款所增加的成本。

与应收账款成本有关的计算公式为

信用标准变化对利润的影响＝由于信用标准变化增加或减少的销售额×销售利润率

信用标准变化对应收账款机会成本的影响＝由于信用标准变化增加或减少的销售额÷360×增加或减少的销售额的平均收款期×变动成本率×应收账款的机会成本率

其中:　　　　　　　　　变动成本率＝变动成本÷销售额

信用标准变化对坏账损失的影响＝由于标准变化增加或减少的销售额×增加或少的销售额的坏账损失率

信用标准变化带来的增量净收益＝信用标准变化对利润的影响－信用标准变化对应收账款机会成本的影响－信用标准变化对坏账损失的影响

企业选择信用标准决策的基本原则是:改变信用标准增加的利润应大于由此而增加的成本。

(二)应收账款信用标准决策模型的建立

例 5－3　某公司目前采用的信用标准及备选的信用标准方案的有关资料如图 5－3 的"已知条件"区域所示。要求建立一个对该公司选择信用标准方案做出决策的模型。

设计模型的结构,如图 5－3 的"计算与决策结果"区域所示。(详见教学视频)

建立模型的具体步骤如下。

步骤 1:在单元格 B13 中输入公式" ＝ G5 * \$B\$6"。

步骤 2:在单元格 B14 中输入公式" ＝(G5/\$H\$9)* G6 * \$E\$9 * \$B\$9"。

	A	B	C	D	E	F	G	H	I
1				已知条件					
2	采用原来信用标准的有关数值			采用备选信用标准方案时的有关数据			甲方案	乙方案	
3	预计的坏账损失率标准	8%	预计的坏账损失率标准	备选方案	预计的坏账损失率标准		5%	10%	
4	信用期限（天）	30	年赊销额增加（万元）		年赊销额增加（万元）		-150	300	
5	年赊销收入（万元）	3500	增加销售额的平均收款期（天）		增加销售额的平均收款期（天）		40	45	
6	销售利润率	20%	增加销售额的平均坏账损失率		增加销售额的平均坏账损失率		6%	11%	
7	平均实际发生坏账损失率	9%	增加销售额引起的管理费用增加（万元）		增加销售额引起的管理费用增加（万元）		-2	3	
8	平均收款期（天）	40%	变动成本率		55%	一年的计算天数	360		
9	应收账款的机会成本率	8%							
10									
11		计算与决策结果（单位：万元）							
12	信用标准变化的影响	甲方案	乙方案						
13	对销售利润的影响	-30	60						
14	对机会成本的影响	-0.73	1.63						
15	对坏账成本的影响	-9	33						
16	对管理费用的影响	-2	3						
17	对净收益的综合影响	-18.27	22.35						
18	决策结论：	采用乙方案							

图 5-3 应收账款信用标准决策模型

步骤 3：在单元格 B15 中输入公式" = G5 * G7"。

步骤 4：在单元格 B16 中输入公式" = G8"。

步骤 5：在单元格 B17 中输入公式" = B13 - SUM(B14:B16)"。

步骤 6：选取单元格区域 B13:B17,将其复制到单元格区域 C13:C17。

步骤 7：在单元格 BI8 中输入公式" = IF(MAX(B17:C17) < = 0,"采用原来的信用标准",IF(B17 = C17,"甲乙方案都可以",IF(C17 > B17,"采用乙方案","采用甲方案")))"。模型的运行结果见图 5-3。

二、应收账款信用条件决策模型

（一）应收账款信用条件决策的基本原理

信用条件是指企业同意客户支付赊销款项的具体条件,包括信用期限、折扣期限和现金折扣比率。例如,(2/30,n/60)这一信用条件的含义是:30 天内付款的客户可以受 2% 的现金折扣,全部款项应在 60 天内付清,其中 60 为信用期限,30 为折扣期限,2 为现金折扣的百分率。

在进行信用条件决策时,一般要利用下面的各公式,即

信用条件变化对利润的影响=由于信用条件变化增加或减少的销售额×销售利润率

信用条件变化对应收账款机会成本的影响=[目前条件下的销售额÷360×(新方案的平均收款期-目前的平均收款期)+由于信用条件变化增加或减少的销售额÷360×新方案的平均收款期]×变动成本率×应收账款的机会成本率

信用条件变化对现金折扣成本的影响=(目前条件下的销售额+由于信用条件变化增加或减少的销售额)×需付现金折扣的销售额占总销售额的百分比×现金折扣率

信用条件变化对坏账损失的影响=由于信用条件变化增加或减少的销售额×增加或减少的销售额的坏账损失率

信用条件变化带来的增量净收益=信用条件变化对利润的影响-信用条件变化对应收账款机会成本的影响-信用条件变化对现金折扣成本的影响-信用条件变化对坏账损失的影响

在各种不同的信用条件方案中,企业应选择能带来最大净收益的方案作为最优方案。

（二）应收账款信用条件决策模型的建立

例 5 – 4　某公司两个备选的信用条件方案的有关资料如图 5 – 4 的"已知条件"区域所示。要求建立一个对该公司选择信用条件方案做出决策的模型。

	A	B	C	D	E	F	G
1			已知条件				
2	基本参数		备选方案		方案A	方案B	
3	销售单价（元/件）	120	信用期限（天）		30	45	
4	单位变动成本（元/件）	72	预计销售量（件）		60000	70000	
5	应收账款机会成本率	12%	预计坏账损失率		2%	3%	
6	一年的计算天数（天）	360	预计收账费用（元）		3000	3000	
7							
8		计算决策与结果（单位：元）					
9	备选方案	方案A	方案B				
10	边际贡献	2880000	3360000				
11	应收账款机会成本	43200	75600				
12	坏账损失	144000	252000				
13	收账费用	3000	5000				
14	净收益	22689800	3027400				
15	决策结论		采用B方案				
16							
17							

图 5 – 4　应收账款信用条件决策模型

设计模型的结构,如图 5 – 4 的"计算决策与结果"区域所示。

建立模型的具体步骤如下。

步骤 1:在单元格 B10 中输入公式" = E4 * (\$B\$3 – \$B\$4)"。

步骤 2:在单元格 B11 中输入公式" = (E4 * \$B\$3/\$B\$6) * E3 * (\$B\$4/\$B\$3) * \$B\$5"。

步骤 3:在单元格 B12 中输入公式" = E4 * \$B\$3 * E5"。

步骤 4:在单元格 B13 中输入公式" = E6"。

步骤 5:在单元格 B14 中输入公式" = B10 – SUM(B11:B13)"。

步骤 6:选取单元格区域 B10:B14,将其复制到单元格区域 C10:C14。

步骤 7:在单元格 B15 中输入公式" = IF(MAX(B14:C14) < =0,"两个方案都不可行",IF(B14 = C14,"两个方案都可以",IF(B14 > C14,"采用 A 方案","采用 B 方案"))))"。

模型的运行结果见图 5 – 4。

例 5 – 5　某公司 3 个备选的信用条件方案的有关资料如图 5 – 5 的"已知条件"区域所示。要求建立一个对该公司选择信用条件方案做出决策的模型。

设计模型的结构,如图 5 – 5 的"计算与决策结果"区域所示。

建立模型的具体步骤如下。

步骤 1:在单元格 G3 中输入公式" = B10"。

步骤 2:在单元格 G4 中输入公式" = B10 * (B6 * B5 + B9 * B8)"。

步骤 3:在单元格 G5 中输入公式" = B10/\$B\$16 * B11 * \$B\$14 * \$B\$15"。

步骤 4:在单元格 G6 中输入公式" = B10 * B12"。

步骤 5:在单元格 G7 中输入公式" = B13"。

	A	B	C	D	E	F	G	H	I
1		已知条件					计算与决策结果（单位：万元）		
2	备选方案	方案A	方案B	方案C		备选方案	方案A	方案B	方案C
3	信用期限（天）	30	60	90		年赊销额	1000	1200	1500
4	第一档折扣期限（天）	10	30	30		现金折扣成本	24	16.8	18.75
5	第一档现金折扣率	3%	2%	2%		应收账款机会成本	14	29.47	49.83
6	取得第一档现金折扣率的销售额比例	80%	70%	45%		坏账损失	20.00	36.00	75.00
7	第二档折扣期限（天）	0	0	60		收账费用	80.00	100.00	150.00
8	第二档现金折扣率	0	0	1%		净收益	861.56	1017.73	1206.42
9	取得第二档现金折扣率的销售额比例	0	0	35%		最优方案：		方案C	
10	年赊销额	1000	1200	1500%					
11	应收账款平均收款天数（天）	40	68	92%					
12	坏账损失率	2%	3%	5%					
13	年收账费用（万元）	80	100	150%					
14	变动成本率		65%						
15	资金成本率		20%						
16	一年的计算天数		360						
17									

图5-5　3个信用条件方案决策模型

步骤6：在单元格 G8 中输入公式"= G3 - SUM(G4:G7)"。

步骤7：选取单元格区域 G3:G8，将其复制到单元格区域 H3:I18。

步骤8：在合并单元格 G9 中输入公式"= IF(MAX(G8:I8) - 0,"三个方案都不可行", INDEX(G2:I2,MATCH(MAX(G8:I8),G8:I8,0)))"。

模型的运行结果见图5-5。

三、应收账款收账政策决策模型

企业收回应收的账款往往要花费一定的费用。一般而言，收账越努力，花费的收账费用越多，收回账款的可能性越大。但是，收账费用花费到一定的程度，继续增加收账费用可能会得不偿失，因此需要对花费多少收账费用去收回账款做出决策。

例5-6　某公司目前的收账政策和备选的收账政策的有关资料如图5-6的"已知条件"区域所示。要求建立一个对该公司选择收账政策方案做出决策的模型。

	A	B	C	D	E	F	G
1		已知条件				计算与决策结果（单位：万元）	
2	收账政策方案	目前政策	备选政策		收账政策方案	目前政策	备选政策
3	年收账费用（万元）	10	20		应收账款平均余额	70	40
4	平均收账天数（天）	60	30		应收账款的追加成本	42	24
5	坏账损失率	3%	2%		应收账款的机会成本	6.3	3.6
6	赊销额（万元）	420	480		坏账损失	12.6	9.6
7	变动成本率	60%	60%		年收账费用	10	20
8	资金成本率	15%	15%		总成本	28.9	33.2
9	一年计算天数	360	360		决策结论：	维持目前的收账政策	
10							

图5-6　应收账款收账政策决策模型

设计模型的结构，如图5-6的"计算与决策结果"区域所示。

建立模型的具体步骤如下。

步骤1：在单元格 F3 中输入公式"= B6/B9 * B4"。

步骤2：在单元格 F4 中输入公式"= F3 * B7"。

步骤3：在单元格 F5 中输入公式"= F4 * B8"。

步骤4：在单元格 F6 中输入公式"= B6 * B5"。

步骤5:在单元格F7中输入公式"=B3"。

步骤6:在单元格F8中输入公式"=SUM(F5:F7)"。

步骤7:选取单元格区域F3:F8,将其复制到单元格区域G3:G8。

步骤8:在合并单元格F9中输入公式"=IF(G8>=F8,"维持目前的收账政策","采用备选的收账政策")"。

模型的运行结果见图5-6。

四、应收账款信用政策方案的净现值计算与决策模型

以上所述的应收账款信用决策运用的是静态分析方法,即没有考虑资金的时间价值。为了使应收账款决策做得更为科学合理,也可以采用动态的分析方法,即充分考虑资金的时间价值因素,通过计算不同信用政策方案的净现值来进行决策。

(一)单期信用政策方案的净现值计算与决策模型

当企业仅在某一期实施一项信用政策方案时,净现值的计算公式为

$$NPV = \frac{S(1-D)}{1+(K/N)\cdot P} - S\cdot B$$

式中,NPV为信用期收款额的净现值;S为个信用期的赊销额;D为现金折扣率;K为年资金成本率;N为年的日历天数;P为客户实际的付款期;B为变动成本率。

例5-7　某公司A、B两个信用政策方案的有关资料如图5-7的"已知条件"区域所示。要求建立一个计算该公司两个信用政策方案的净现值并选择最优方案的模型。

	A	B	C	D	E	F	G
1		已知条件				计算与决策结果（单位:万元）	
2	信用政策方案	A方案	B方案		信用政策方案	A方案	B方案
3	信用条件（天）	45	45		净现值（万元）	81.44	89.28
4	折扣期限（天）	0	30		决策结论:		采用B方案
5	现金折扣率	0	2%				
6	每个信用期的赊销额（万	210	240				
7	全部客户的付款时间（天	45	30				
8	变动成本率	60%	60%				
9	年资金成本率	10%	10%				
10	一年计算天数（天）	365	365				
11							

图5-7　单期信用政策方案的净现值计算与决策模型

设计模型的结构,如图5-7的"计算与决策结果"区域所示。

建立模型的具体步骤如下。

步骤1:在单元格F3中输入公式"=B6*(1-B5)/(1+B7*B9/B10)-B6*B8",并将其复制到单元格G3。

步骤2:在合并单元格F4中输入公式"=IF(MAX(F3:G3)<=0,"两个方案都不可行",IF(F3=G3,"两个方案都一样",IF(F3>G3,"采用A方案","采用B方案")))"。

模型的运行结果见图5-7。

(二)永久信用政策方案的净现值计算与决策模型

在企业永久实施某种信用政策方案的情况下,净现值的计算公式为

$$NPV = \frac{[S \cdot (1-B) - S \cdot L - S \cdot R \cdot D] \cdot (1-T)}{K} - (\frac{S}{N} \cdot Q \cdot B + W)$$

式中，NPV 为永久信用政策方案的净现值；L 为坏账损失率；R 为取得折扣的销售额占全部销售额的比率；Q 为平均收款期；W 为追加的除应收账款以外的其他流动资产投资；T 为所得税税率；其他符号的含义如前所述。

例 5 - 8 某公司甲、乙两个信用政策方案的有关资料如图 5 - 8 的"已知条件"区域所示。要求建立一个计算该公司两个信用政策方案的净现值并选择最优方案的模型。

	A	B	C	D	E	F	G
1		已知条件				计算与决策结果（单位：万元）	
2	信用政策方案	A方案	B方案		信用政策方案	A方案	B方案
3	信用条件（天）	30	60		边际贡献	32	34
4	折扣期限（天）	10	15		坏账损失	0.8	1.7
5	现金折扣率	3%	2%		折扣成本	1.92	1.19
6	年赊销额（万元）	80	85		每年税后净现金流	21.96	23.33
7	平均收款期（天）	20	30		初始现金流量	2.67	9.19
8	取得折扣的销售额比例	80%	70%		净现值	216.93	224.13
9	坏账损失率	1%	2%		决策结论：		采用乙方案
10	追加存货投资（万元）	0	5				
11	资金成本率	10%					
12	所得税税率	25%					
13	变动成本率	60%					
14	一年的计算天数（天）	365					
15							

图 5 - 8　永久信用政策方案的净现值计算与决策模型

设计模型的结构，如图 5 - 8 的"计算与决策结果"区域所示。

建立模型的具体步骤如下。

步骤 1：在单元格 F3 中输入公式" = B6 * (I - $B$13)"。

步骤 2：在单元格 F4 中输入公式" = B6 * B9"。

步骤 3：在单元格 F5 中输入公式" = B6 * B8 * B5"。

步骤 4：在单元格 F6 中输入公式" = (F3 - F4 - F5) * (1 - $B$12)"。

步骤 5：在单元格 F7 中输入公式" = B6/$B$14 * B7 * $B$13 + B10"。

步骤 6：在单元格 F8 中输入公式" = F6/$B$11 - F7"。

步骤 7：选取单元格区域 F3：F8，将其复制到单元格区域 G3：G8。

步骤 8：在合并单元格 F9 中输入公式" = IF(MAX(F8：G8) < 0,"两个方案都不可行", IF(F8 = G8,"两个方案都一样",IF(F8 > G8,"采用甲方案","采用乙方案")))"。

模型的运行结果见图 5 - 8。

五、应收账款日常管理模型

（一）应收账款日常管理工作的主要内容及相关函数介绍

为了做好应收账款的日常管理，企业应建立应收账款台账，随时反映各客户的欠款情况。在此基础上，还可以对应收账款按一定的顺序进行排序或按照某种要求进行分类汇总分析，并进一步编制应收账款账龄分析表。

在建立应收账款日常管理模型的过程中，可以使用 IF、TODAY、HLOOKUP 和 SUMIF

SUMIF、SUMIFS 函数。IF 函数的功能已在项目二介绍过,下面介绍其他 4 个函数的功能。

1. TODAY 函数

TODAY 函数的功能是返回当前日期的序列号。序列号是 Microsoft Excel 日期和时间计算使用的日期－时间代码。如果在输入函数前,单元格的格式为"常规",则结果将设为日期格式。其语法为

= TODAY( )

该函数不需要参数。Microsoft Excel 可将日期存储为可用于计算的序列号。默认情况下,1900 年 1 月 1 日的序列号是 1,而 2008 年 1 月 1 日的序列号是 39448,这是因为它距 1900 年 1 月 1 日有 39 448 天。

2. HLOOKUP 函数

HLOOKUP 函数的功能是在数据表的首行查找指定的数值,并返回数据表中指定行的数值。其语法为

= HLOOKUP(lookup_value , table_array , row_index_num , range_lookup)

参数说明:

lookup_valule——要查找的值,它可以是数值、引用或文本字;

table_aray——需要在其中查找数据的数据表;

Row_index_num——table_aray 中待返回的匹配值的行序号;

Range_lookup————逻辑值,指明函数 HLOOKUP 查找时是精确匹配,还是近似匹配。如果为 TURE 或者 1,则返回近似匹配值。也就是说,如果找不到精确匹配值,返回小于 lookup_value 的最大数值。如果 range_lookup 为 FALSE 或 0,函数 HLOOKUP 将查找精确匹配值,如果找不到,则返回错误值#N/A。如果 range_lookup 省略,则默认为近似匹配。

HLOOKUP 是按行查找的横向查找函数。

3. SUMIF 函数

SUMIF 函数的功能是根据指定条件对若干单元格求和。其语法为

= SUMIF(range , criteria , sum_range)

参数说明:

range——用于条件判断的单元格区域;

criteria——确定哪些单元格将被相加求和的条件,其形式可以为数字、表达式或文本;

sum_range——需要求和的实际单元格。

值得注意的是,该函数只有在区域中相应的单元格符合条件的情况下,sum_range 中的单元格才求和。如果忽略了 sum_range,则对区域中的单元格求和。

4. SUMIFS 函数

SUMIFS 函数的功能是根据指定的多个条件对若干单元格求和。其语法为

= SUMIFS(sum_range , criteria_rangel , criterial , [criteria_range2 , criteria2] , …)

参数说明:

sum_range——一个或多个拟求和的单元格,包括数字或包含数字的名称、区域或单元格引用,空值和文本值将被忽略;

criteria_rangel——计算关联条件的第一个区域;

criterial——需要满足的第一个条件,可以为数字、表达式、单元格引用或文本;

criteria_range2——计算关联条件的第二个区域；

criteria2——需要满足的第二个条件，以此类推。

（二）建立应收账款台账

例5-9 甲公司共有 A、B、C、D、E、F、G 这 7 个客户，向这些客户赊销产品的信用期限如图 5-9 的"授予客户的信用期限"区域所示。要求为该公司建立一个应收账款台账模型，以便随时反映各客户欠款金额和欠款日期等信息。

	A	B	C	D	E	F	G	H	I
1				授予各客户的信用期限					
2	客户名称	客户A	客户B	客户C	客户D	客户E	客户F	客户G	
3	信用期限（天）	30	60	45	30	30	60	45	
4									
5				甲公司应收账款台账（金额单位：万元）					
6	统计日期	2020/3/31				应收账款合计（万元）			
7									
8	客户名称	应收账款	票据编号	开票日期	已欠款天数	信用期限	是否超过信用期	超过信用期天数	

图5-9 模型的结构设计

在名为"台账"的工作表中设计模型的结构，如图 5-9 所示。

具体操作步骤如下。

步骤 1：在单元格 B6 中输入需要对应收账款进行统计分析和制作账龄分析表的具体日期，如果希望对应收账款的统计分析和制作的账龄分析表总是以打开该文件的日期为基准来进行，那么可以在 B6 单元格中输入公式" =TODAY( )"，这里在单元格 B6 中输入固定的日期"2020-3-31"。

步骤 2：在单元格区域 A9:D9 中输入已知的第一笔记录的基本信息，这里在单元格 A9 中输入"客户 A"，在单元格 B9 中输入"15"，在单元格 C9 中输入"1041"，在单元格 D9 中输入"2013/11/25"。

步骤 3：在单元格 E9 中输入公式" =$B$6-D9"。

步骤 4：在单元格 F9 中输入公式" =HLOOKUP(A9,$A$2:$H$3,2,0)"。

步骤 5：在单元格 G9 中输入公式" =IF(E9<=F9,"否","是")"。

步骤 6：在单元格 H9 中输入公式" =IF(G9="否"," -",E9-F9)"。

到这里为止，第一条记录的基本信息和需要反映的已欠款天数等有关信息就已经得到了，模型的运行结果如图 5-10 所示。

	A	B	C	D	E	F	G	H
1				授予各客户的信用期限				
2	客户名称	客户A	客户B	客户C	客户D	客户E	客户F	客户G
3	信用期限（天）	30	60	45	30	30	60	45
4								
5				甲公司应收账款台账（金额单位：万元）				
6	统计日期	2020/3/31				应收账款合计（万元）		
7								
8	客户名称	应收账款	票据编号	开票日期	已欠款天数	信用期限	是否超过信用期	超过信用期天数
9	客户A	15	1041	2013/11/25	401	30	是	371

图5-10 第一条记录输入完成后模型的运行结果

步骤 7：在"文件"菜单中执行"选项"命令，则系统会弹出"Excel 选项"对话框，在其中单击打开"快速访问工具栏"选项卡,在其中的"从下列位置选择命令"下拉列表中选择"所有命令",并在下面所对应的列表框中选择"记录单"命令,如图 5 – 11 所示;单击"添加"按钮,则"记录单"命令就会被添加到右边的列表框中,如图 5 – 12 所示。

图 5 – 11　选择"记录单"命令

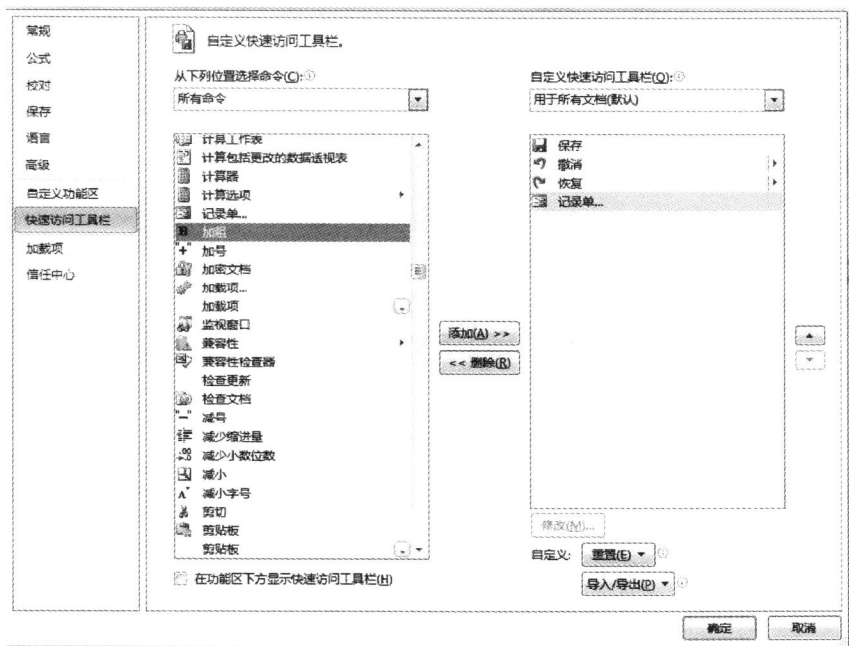

图 5 – 12　添加"记录单"命令

步骤 8:单击"确定"按钮后,在"快速访问工具栏"中就可以找到"记录单"按钮了。在 A9:H9 单元格区域中任选一个单元格,单击"快速访问工具栏"中的"记录单"按钮,则系统会打开显示已输入的第一条数据的记录单,如图 5-13 所示。

步骤 9:单击"新建"按钮后,系统会打开一个新记录单,在其中输入第二条记录的前 4 项数据,如图 5-14 所示。

图 5-13　显示第一条数据的记录单

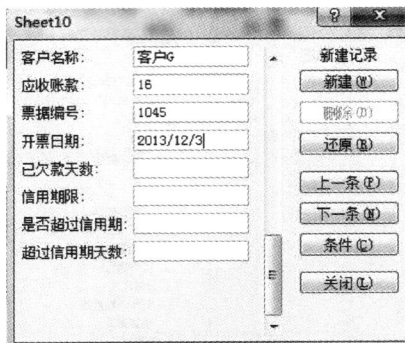

图 5-14　输入第二条数据的记录单

步骤 10:在单击"新建"按钮以后,第二条记录的信息就输入到了单元格区域 A10:D10,同时在单元格区域 E10:H10 中自动得到了公式的计算结果,如图 5-15 所示,这样就省去了复制公式的麻烦。

	A	B	C	D	E	F	G	H
1	授予各客户的信用期限							
2	客户名称	客户A	客户B	客户C	客户D	客户E	客户F	客户G
3	信用期限（天）	30	60	45	30	30	60	45
4								
5	甲公司应收账款台账（金额单位：万元）							
6	统计日期	2020/3/31			应收账款合计（万元）			
7								
8	客户名称	应收账款	票据编号	开票日期	已欠款天数	信用期限	是否超过信用期	超过信用期天数
9	客户A	15	1041	2013/11/25	401	30	是	371
10	客户G	16	1045	2013/12/3	393	45	是	348

图 5-15　通过记录单输入第二条记录后模型的运行结果

步骤 11:按照与上述过程同样的步骤逐步操作,将其余各条记录的基本信息逐条输入,再在 H6 单元格中输入公式"=SUM(B9:B77)"。数据输入完成以后模型的运行结果如图 5-16 所示。这里共输入了 69 条数据,并且在第 11 行下方插入了拆分条,以方便显示数据清单的最后几行数据。

	客户名称	应收账款	票据编号	开票日期	已欠款天数	信用期限	是否超过信用期	超过信用期天数
8								
9	客户A	15	1041	2013/11/25	401	30	是	371
10	客户G	16	1045	2013/12/3	393	45	是	348
11	客户G	16	1046	2013/12/3	393	45	是	348
12								
75	客户B	29	1162	2014/12/17	14	60	否	
76	客户F	23	1165	2014/12/22	9	60	否	
77	客户E	65	1167	2014/12/24	7	30	否	

图 5-16　通过记录单输入全部记录后模型的运行结果

步骤 12:建立台账数据表之后,如果需要查询或编辑数据,也可以通过记录单来操作。

例如,若要查询客户 D 的记录,可选择 A9 单元格,单击"快速访问工具栏"中的"记录单"按钮,系统会打开如图 5 – 17 所示的对话框,单击其中的"条件"按钮,系会打开一个空白的查询用的记录单,在其中的"客户名称"栏中输入"客户 D",如图 5 – 18 所示。

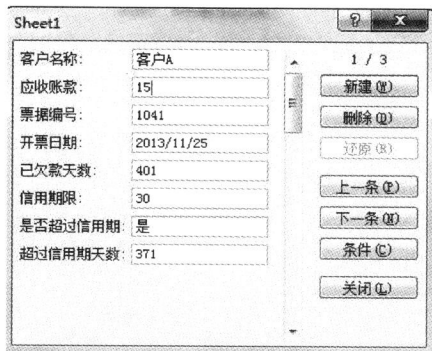

图 5 – 17　打开记录单

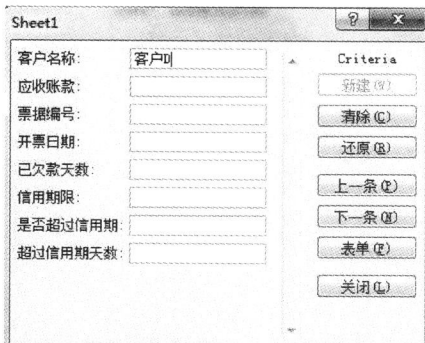

图 5 – 18　输入查询条件

步骤 13:单击"下一条"按钮,则客户 D 的第一条数据就会在记录单中显示出来。按照类似的方法,可以逐步找到客户 D 的各条记录。若有需要修改的数据,可在所找到的那条数据的记录单对话框中直接修改;若需要删除某项数据,可通过记录单找到拟删除的数据后,单击记录单对话框中的"删除"按钮。

（三）应收账款的排序分析

例 5 – 10　以例 5 – 9 中的甲公司为例,根据已经建立的应收账款台账,以客户名称和超过信用期的天数分别作为主要和次要关键字对该公司的应收账款记录进行排序。

具体操作步骤如下所述。

步骤 1:在台账数据清单中任选一个非空单元格,然后在"数据"选项卡"排序和筛选"功能组中单击"排序"命令,则系统会弹出"排序"对话框,在该对话框的"主要关键字"栏的下拉列表中选择"客户名称",在中间对应的"排序依据"栏中保持默认的"数值"不变,在右边对应的"次序"栏中保持默认的"升序"不变,对主要关键字设置排序规则后的"排序"对话框如图 5 – 19 所示。

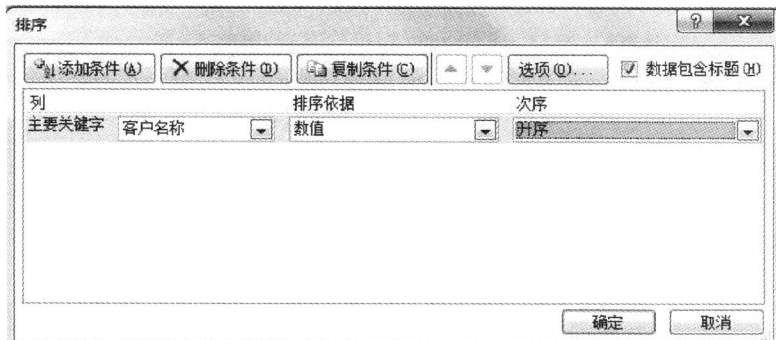

图 5 – 19　设置关键字规则后的"排序"对话框

步骤 2:单击"添加条件"按钮,再在系统展开的"次要关键字"栏的下拉列表中选择"已欠款天数",在中间对应的"排序依据"栏中保持默认的"数值"不变,在右边对应的"次序"栏中选择"降序",两个关键字的排序规则都设置完成后的"排序"对话框如图 5－20 所示。

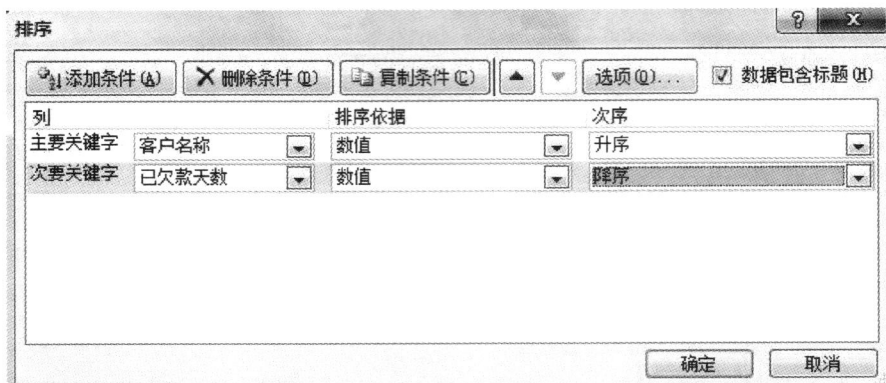

图 5－20 设置完成的"排序"对话框

步骤 3:单击"确定"按钮,即可得到对应收账款台账记录表中的数据按指定关键字进行排序的结果,如图 5－21 所示。

	甲公司应收账款台账(金额单位:万元)						
统计日期	2020/3/31			应收账款合计(万元)			
客户名称	应收账款	票据编号	开票日期	已欠款天数	信用期限	是否超过信用期	超过信用期天数
客户A	15	1041	2013/11/25	401	30	是	371
客户C	12	1068	2013/12/26	370	30	是	340
客户C	32	1075	2014/1/13	352	30	是	322
客户B	16	1192	2014/9/22	100	45	是	55
客户F	25	1145	2014/11/10	51	45	是	6
客户E	16	1155	2014/12/3	28	45	否	

图 5－21 排序后的应收账款台账数据表

步骤 4:由于原始的应收账款台账是按照开票日期逐笔登记的,所以在对数据表按照某种排序以后,若想重新回到原始数据清单的状态,可在数据表的"开票日期"一列中任选一个单元格,然后在"数据"选项卡"排序和筛选"功能组中单击升序排序按钮。

注意

在只需要按一个关键字对数据表进行排序的情况下,可以通过单击"数据"选项卡"排序和筛选"功能组中的升序排序按钮或降序排序按钮来实现。若需按多个关键字多数据表进行排序,则必须打开"排序"对话框进行设置。

(四)应收账款的筛选分析

例5－11 以例 5－9 中的甲公司为例,根据已经建立的应收账款台账,对该公司的应收账款进行筛选分析。具体要求包括:①筛选出客户 D 的欠款记录;②筛选出客户 D 超过信用期限的天数大于 180 天的记录。

具体操作步骤如下。

步骤1：在台账数据清单中任选一个非空单元格，然后在"数据"选项卡"排序和筛选"功能组中单击"筛选"命令，则在数据表各列标题的右边会出现下拉按钮。在A8单元格处单击列标题右边的下拉按钮，在展开的下拉列表中单击取消"全选"复选框中的√，再单击选中"客户D"，使其对应的复选框中出现√，如图5-22所示。

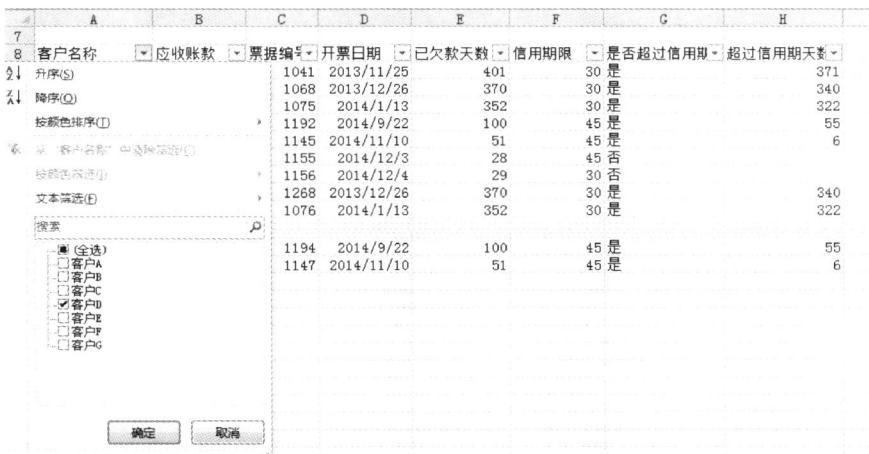

图5-22　在下拉列表中只选择"客户D"

步骤2：单击"确定"按钮后，客户D的记录就会被自动筛选出来，如图5-23所示。

	客户名称	应收账款	票据编号	开票日期	已欠款天数	信用期限	是否超过信用期	超过信用期天数
18	客户D	36	1076	2014/1/19	346	30	是	316
32	客户D	21	1112	2014/5/12	233	30	是	203
36	客户D	13	1120	2014/6/10	204	30	是	174
43	客户D	34	1150	2014/7/14	170	30	是	140
45	客户D	18	1155	2014/7/30	154	30	是	124
54	客户D	17	1187	2014/9/11	111	30	是	81
59	客户D	56	1123	2014/10/6	86	30	是	56
63	客户D	42	1132	2014/10/26	66	30	是	36
65	客户D	55	1139	2014/11/2	59	30	是	29
70	客户D	28	1150	2014/11/26	35	30	是	5
74	客户D	58	1159	2014/12/11	20	30	否	—
75								

图5-23　自动筛选出的客户D的记录

步骤3：为了进一步筛选出客户D超过信用期限的天数大于180天的记录，可在如图5-23所示的数据表中单击H8单元格列标题右边的下拉按钮，并在展开的下拉列表中单击取消"全选"复选框中的√，再单击选中大于180的数字使其对应的复选框中出现√，如图5-24所示，然后单击"确定"按钮；或者在展开的下拉列表中单击"数字筛选"子菜单中的"大于"命令，如图5-25所示，则系统会打开"自定义自动筛选方式"对话框，其中"超过信用期天数"条件已被自动设置为"大于"，在右边对应的列表框中输入180，如图5-26所示。

步骤4：单击"确定"按钮后，满足条件的记录也会被筛选出来，如图5-27所示。

步骤5：在得到如图5-27所示的数据表后，如果希望回到显示客户D的全部记录的状态，可在如图5-24所示的下拉列表中单击选中"全选"复选框，再单击"确定"按钮；若进一步希望回到显示全部数据清单的状态，可在如图5-22所示的下拉列表中单击选中"全选"复选框，再单击"确定"按钮。若希望彻底清除筛选状态，可在如图5-27所示的数据表中任选一个单元格，然后在"数据"选项卡"排序和筛选"功能组中再次单击"筛选"命令。则得到同时满足两个条件的记录。

图 5 – 24　只选择大于 180 的数据

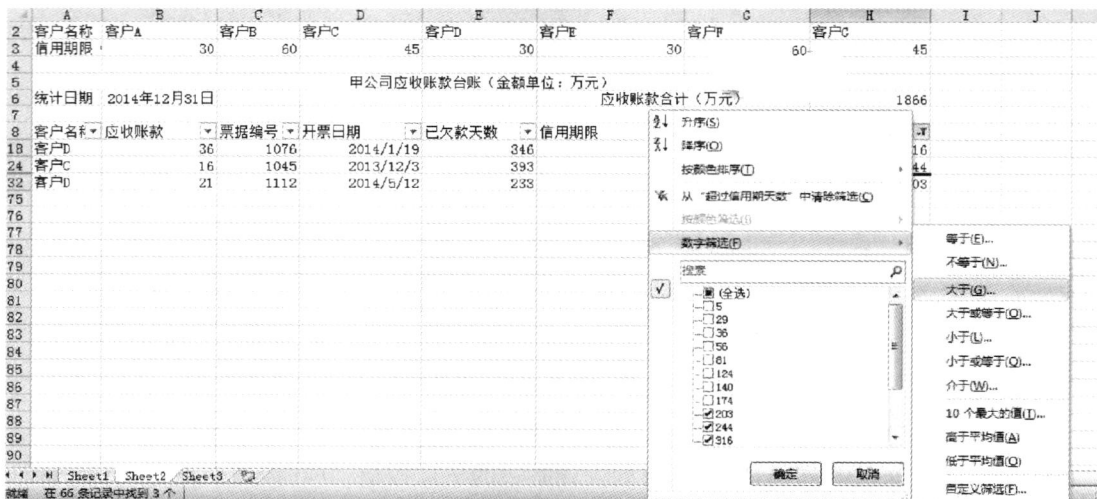

图 5 – 25　执行"数字筛选"之"大于"命令

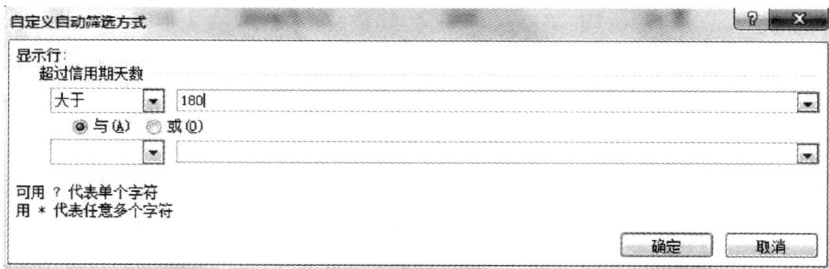

图 5 – 26　"自定义自动筛选方式"对话框

	A	B	C	D	E	F	G	H
7								
8	客户名称	应收账款	票据编号	开票日期	已欠款天数	信用期限	是否超过信用期	超过信用期天数
18	客户D	36	1076	2014/1/19	346	30	是	316
27	客户D	8	1094	2014/4/1	274	30	是	244
32	客户D	21	1112	2014/5/12	233	30	是	203

图5-27　客户D超过信用期限的天数大于180天的记录

（五）应收账款的分类汇总分析

例5-12　以例5-9中的甲公司为例,根据已经建立的应收账款台账,对该公司的应收账款按客户类别进行分类汇总分析。

具体操作步骤如下。

步骤1:在数据表的A列即客户名称列中任选一个单元格,然后在"数据"选项卡"排序和筛选"功能组中单击升序排序按钮,得到如图5-21所示的按客户名称进行升序排列后的数据表。

注意

为了按某个字段进行分类汇总,首先需要对数据清单按该字段进行排序。由于只选择按个关键字进行排序,所以可以直接通过单击升序排序按钮或降序排序按钮来实现。

步骤2:在排序后的数据清单中任选一个单元格,然后在"数据"选项卡"分级显示"功能组中单击"分类汇总"命令,则系统会弹出"分类汇总"对话框,在其中的"分类字段"栏中选择"客户名称",在"汇总方式"栏中保持默认选择的"求和"不变,在"选定汇总项"栏中只选择"应收账款"复选框,并保持默认的"替换当前分类汇总"和"汇总结果显示在数据下方"两个复选框处于被选中的状态不变,如图5-28所示。

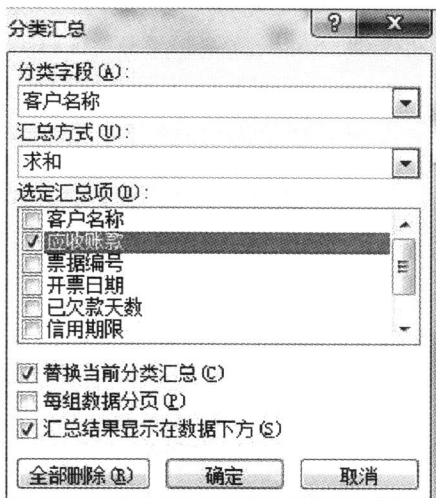

图5-28　"分类汇总"对话框的设置

步骤 3：单击"确定"按钮以后，即可得到按客户名称进行分类汇总的结果，如图 5 - 29 所示。

	A	B	C	D	E	F	G	H	I
8	客户名称	应收账款	票据编号	开票日期	已欠款天数	信用期限	是否超过信用期	超过信用期天数	
9	客户A	15	1041	2013/11/25	401	30	是	371	
10	客户A	12	1068	2013/12/26	370	30	是	340	
11	客户A	32	1075	2014/1/13	352	30	是	322	
12	客户A	8	1080	2014/2/4	330	30	是	300	
13	客户A	36	1089	2014/2/27	307	30	是	277	
14	客户A	19	1152	2014/7/17	167	30	是	137	
15	客户A	21	1160	2014/8/11	142	30	是	112	
16	客户A	15	1172	2014/8/24	129	30	是	99	
17	客户A汇总	158							
18	客户B	20	1046	2013/12/10	386	30	是	326	
19	客户B	27	1072	2014/1/6	359	30	是	299	
20	客户B	45	1093	2014/3/24	282	30	是	222	
81	客户G	16	1192	2014/9/22	100	45	是	55	
82	客户G	25	1145	2014/11/10	51	45	是	6	
83	客户G	16	1155	2014/12/3	28	45	否		
84	客户G汇总	203							
85	总计	1866							

图 5 - 29　按客户名称分类汇总的结果

步骤 4：在如图 5 - 29 所示的工作表的左上角有 3 个分级显示按钮，分别单击 3 个按钮，可得到对应的一级、二级和三级显示结果。图 5 - 29 显示的是三级分类汇总显示结果；若单击二级显示按钮，所得到的二级分类汇总显示结果如图 5 - 30 所示。

	A	B	C	D	E	F	G	H
8	客户名称	应收账款	票据编号	开票日期	已欠款天数	信用期限	是否超过信用期	超过信用期天数
9	客户A汇总	158						
10	客户B汇总	355						
11	客户C汇总	361						
12	客户D汇总	386						
13	客户E汇总	310						
14	客户F汇总	93						
15	客户G汇总	203						
16	总计	1866						

图 5 - 30　二级分类汇总显示结果

步骤 5：如果希望进一步将二级分类汇总的结果复制粘贴到另外一个目标单元格区域，应首先在如图 5 - 31 所示的数据表中选择单元格区域 A8:B85，然后再在"开始"选项卡"编辑"功能组中单击"查找和筛选"命令，并在展开的下拉列表中执行"定位条件"对话框，在其中选择"可见单元格"单选按钮，如图 5 - 31 所示。

步骤 6：单击"确定"按钮后，所选择的单元格区域中的可见单元格即被选中了，而被隐藏起来的单元格不会被选中。按 Ctrl + C 组合键执行复制命令，然后选择某个单元格作为目标单元格，再按 Ctrl + V 组合键执行粘贴命令，则二级分类汇总结果就被粘贴到目标单元格区域了。如果在选择二级分类汇总结果后，不首先定位可见单元格再复制和粘贴，而是直接执行复制和粘贴命令，那么不仅二级分类汇总结果而且被隐藏起来的明细数据也会同时被粘贴过去。

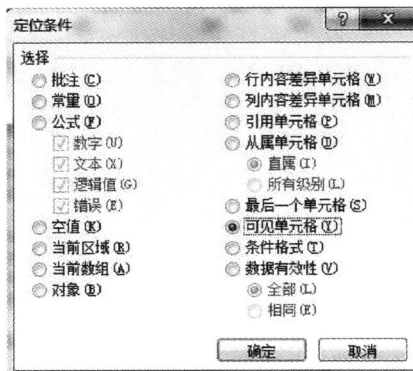

图 5 - 31　"定位条件"对话框的设置

步骤7:在得到分类汇总表后,如果不再需要分类汇总结果,应再次打开如图5-28所示的"分类汇总"对话框,在其中单击"全部删除"按钮即可。

(六)编制应收账款账龄分析表

企业为了随时了解各客户的欠款情况,可以编制应收账款的账龄分析表。账龄分析表的主要作用在于反映不同客户欠款的分布情况以及不同欠款时间的分布情况,这些信息有助于财务管理人员制定合理的收账政策以便及时收回债权。

例5-13 以例5-9中的甲公司的数据为例,假定表中记录的应收账款数据均为2020年3月31日的余额,要求为该公司建立一个编制两个应收账款账龄分析表的模型,其中一个账龄分析表不分客户类别只按账龄反映,另外一个账龄分析表需要分客户类别并按账龄反映,假定各笔应收账款的账龄均按已欠款天数计算。

建立模型的具体操作步骤如下。

步骤1:在如图5-16所示的"台账"工作表中选择A8:H77单元格区域,在"公式"选项卡"定义的名称"功能组中单击"根据所选内容创建"命令,则系统会弹出"以选定区域创建名称"对话框,在该对话框中选择"首行"复选框,如图5-32所示,单击"确定"按钮后,数据表的每一列数据就分别以所在列的列标题的标签文字定义名称了。

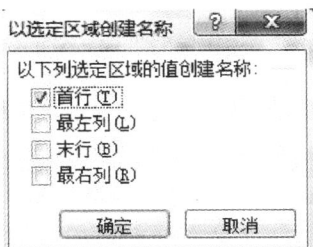

图5-32 "以选定区域创建名称"对话框

步骤2:选择N9单元格,在"公式"选项卡"定义的名称"功能组中单击"用于公式"命令,再在其下拉列表中选择"粘贴名称"命令,则系统会弹出"粘贴名称"对话框。

步骤3:单击"粘贴列表"按钮,则可在N9:O16单元格区域得到所定义的名称列表,再在单元格区域J8:L16和单元格区域J18:R29设计两个账龄分析表的结构,如图5-33所示。

账龄区间	金额(万元)	百分比	名称列表
	账龄分析表		超过信用期的天数
1-30天	266	14.26%	开票日期
31-60天	291	15.59%	客户名称
61-90天	246	13.18%	票据编号
91-180天	384	20.58%	是否超过信用期
181-360天	560	30.01%	信用期限
360天以上	119	6.38%	已欠款天数
合计	1866	100.00%	应收账款

账龄分析表2(金额单位:万元)

账龄区间	1-30天	31-60天	61-90天	91-180天	181-360天	360天以上	合计金额	百分比
客户A	0	0		55	76	27	158	8.47%
客户B	29	17	92	61	136	20	355	19.02%
客户C	75	47	36	89	88	26	361	19.35%
客户D	58	83	98	69	78	0	386	20.69%
客户E	65	119	20	41	51	14	310	16.61%
客户F	23	0		18	52	0	93	4.98%
客户G	16	25	0	51	79	32	203	10.88%
合计金额	266	291	246	348	560	119	1866	100.00%
百分比	14.26%	15.59%	13.18%	20.58%	6.38%	6.38%	100.00%	
应收账款平均账龄(天)			149.97					

图5-33 名称列表与账龄分析表的结构设计

步骤4:在单元格区域K10:K15中分别输入下列公式。

在单元格 K10 中输入公式:" = SUMIFS(应收账款,已欠款天数," > = 1",已欠款天数," < =30"")"。

在单元格 K11 中输入公式:" = SUMIFS(应收账款,已欠款天数," > = 31",已欠款天数," < =60")"。

在单元格 K12 中输入公式:" = SUMIFS(应收账款,已欠款天数," > = 61",已欠款天数," < =90")"。

在单元格 K13 中输入公式:" = SUMIFS(应收账款,已欠款天数," > = 91",已欠款天数," < =180")"。

在单元格 K14 中输入公式:" = SUMIFS(应收账款,已欠款天数" > = 181",已欠款天数," < =360")"。

在单元格 K15 中输入公式:" = SUMIF(已欠款天数" >360",应收账款)"。

技巧

这里,只有在单元格 K15 中使用的是单条件求和函数 SUMIF,其余单元格的公式中均使用了多条件求和函数 SUMIFS。公式中所引用的单元格区域的名称可以采用 3 种方法输入。例如,为了在公式中输入"应收账款",一种方法是用鼠标拾取"应收账款"这个名称所对应的单元格区域,即"台账"工作表中的 $B$9:$B$77 单元格区域;第二种方法是直接在公式中输入汉字"应收账款";第三种方法是在"公式"选项卡"定义的名称"功能组中单击"用于公式"命令,再在其下拉列表中选择"应收账款"这个已定义的名称。

为了简化输入公式的过程,在 K10 单元格输入公式以后,也可以选择该单元格并将其复制粘贴到单元格区域 K11:K14,再对单元格区域 K11:K14 中每个单元格的公式进行相应的修改,这样可以快速地在这些单元格中得到所需要的公式。

步骤 5:选择单元格 K16,单击"开始"选项卡"编辑"功能组中的"自动求和"命令,并按回车键确认自动求和公式,或直接在单元格 K16 中输入公式" = SUM(K10:K15)"。

步骤 6:选择单元格区域 L10:L16,输入数组公式" = K10:K16/K16"。

步骤 7:在单元格区域 K20:P20 中分别输入下列公式。

在单元格 K20 中输入公式:" = SUMIFS(应收账款,客户名称,$J20,已欠款天数," > = 1",已欠款天数," < =30")"。

在单元格 L20 中输入公式:" = SUMIFS(应收账款,客户名称,$J20,已欠款天数," > 31",已欠款天数" < =60")"。

在单元格 M20 中输入公式:" = SUMIIFS(应收账款,客户名称,$J20,已欠款天数," > 61",已欠款天数" < =90")"。

在单元格 N20 中输入公式:" = SUMIFS(应收账款,客户名称,$J20,已欠款天数," > 91",已欠款天数 . " < =180")"。

在单元格 O20 中输入公式:" = SUMIFS(应收账款,客户名称,$J20,已欠款天数," > 181",已欠款天数" < =360")"。

在单元格 P20 中输入公式:" = SUMIFS(应收账款,客户名称,$J20,已欠款天数," > 360")"。

步骤 8：在单元格 K27 中输入公式"= SUM（K20:K26）"，并将其复制粘贴到单元格区域 L27:P27。

步骤 9：在单元格 Q20 中输入公式"= SUM（K20:P20）"，并将其复制粘贴到单元格区域 Q21:Q27。

步骤 10：选择单元格区域 K28:Q28，输入数组公式"= K27:Q27/Q27"。

步骤 11：选择单元格区域 R20:R27，输入数组公式"= Q20:Q27/Q27"。

步骤 12：在单元格 M29 中输入公式"= SUMPRODUCT（应收账款/Q27，已欠款天数）"，这里在计算应收账款平均账龄时，采用的是利用 SUMPRODUCT 函数对已欠款天数计算加权平均数的方法，其中的权重系数等于各笔应收账款占全部应收账款合计数的比重。

如果希望以各笔应收账款"超过信用期的天数"为基础制作账龄分析表，那么应增加一个"信用期内"的账龄区间，并且各计算公式中的"已欠款天数"应改为"超过信用期的天数"，这里不再对此做详细介绍。

任务三 存货管理决策分析

任务目标

知识目标：

1. 理解存货经济订货批量模型的建立方法。

2. 掌握存货 ABC 分类的方法。

能力目标：

1. 能自主建立经济订货批量模型。

2. 能熟练运用存货 ABC 分类模型法进行存货管理。

任务导入

某企业年需要某种材料 6 000 千克，每次订货费用 300 元，单位储存成本为 20 元/（年·千克），单价 10 元/千克。如果缺货，每缺货 1 千克材料的损失为 9 元，已知数据如表 5 - 3 所示。

表 5 - 3 企业已知资料

每年需求量（千克）	6 000
每次订货费用（元/次）	300
单件储存成本（元/件/年）	20
单价（元/千克）	10
单位缺货成本（元/千克）	9
经济订货批量（千克）	
年经济订货次数（次）	
年最低存货总成本（元）	

求材料的经济订货批量、全年最佳订货次数和最低存货总成本。

通过本任务的学习,你将能够通过 Excel 表格建立经济订货批量模型,得到该公司最佳经济订货量。

存货是企业的一项重要资产,它是指企业在生产经营过程中为销售或耗费而储备的各种物资,包括商品、材料、燃料、低值易耗品、包装物、在产品、半成品、产成品等。持有存货能够减少企业停工待料的损失,降低进货成本,维持企业的均衡生产,是企业正常生产经营的基础,也是企业实现收益的保障。企业的存货一般在流动资产中占有较大的比重,存货管理水平的高低会对企业的财务状况和经营成果产生很大的影响,因此,加强存货管理具有重要的意义。

一、基本的经济订货批量模型

(一)基本的经济订货批量模型的基本原理

存货的功能是满足生产经营的需要,而储存存货必然会发生相应的成本。经济订货批量是指使存货的相关总成本最低的一次订货批量。经济订货批量应根据不同的实际情况分别不同的公式来确定。

基本的经济订货批量模型建立在以下的假定条件之上:①企业能够及时补充存货,即需要订货时便可立即取得存货;②集中到货,而不是陆续到货;③不允许缺货,即无缺货成本,因为良好的存货管理本身就不应该出现缺货成本;④需求量稳定,并且能预测;⑤存货的价格稳定,且不考虑商业折扣;⑥企业现金充足,不会因现金短缺而影响进货。

在上述假定条件之下,存货的相关成本包括订货成本和储存成本两项。

1. 订货成本

订货成本是指为组织进货所发生的各种费用,包括采购人员的差旅费、通讯费、运输费、检验费等。订货成本一般与订货的次数有关。在存货的全年需求量一定的情况下,一次订货量越多,全年的订货次数越少,订货成本越低;反之亦然。

2. 储存成本

储存成本是指企业为持有存货而发生的费用,包括存货资金占用费或机会成本、仓储费用、存货保险费用等。储存成本一般与平均存货水平的高低成正比。在存货的全年需求量一定的情况下,一次订货量越多,全年的平均存货水平越高,储存成本越高;反之亦然。

由于存货的经济订货量基本模型假设不允许缺货,即缺货成本为零,则持有存货的总成本就由订货成本和储存成本两部分构成。以此,总成本的计算公式为

$$总成本(TC) = 订货成本 + 储存成本$$
$$= 进货次数 + 平均库存$$

即

$$TC = \frac{A}{Q} \times B + \frac{Q}{2} \times C \tag{5-1}$$

式中,TC 为持有存货总成本;Q 为每次订货量;A 为一定时期内存货的总需求量;B 为每次进货费用;C 为单位储存成本。

经济订货量就是使存货持有成本最低时的订货量,即求方程(5-1)中 TC 为最小值时的 Q。对方程(5-1)求导数,一阶导数为 0 的点就是方程的极值点,从而求得经济订货量 Q^*。具体计算公式为

$$Q^* = \sqrt[2]{\frac{2AB}{C}}$$

$$经济订货量下的总成本 = \sqrt{2ABC}$$

$$最佳订货次数 N^* = \frac{A}{n^*}$$

（二）基本的经济订货批量模型及其敏感性分析模型的建立

例 5 - 14 某企业以生产 A 产品为主营业务,每年需耗用甲材料 90 000 千克,单位成本为 50 元,单位年储存成本 4 元,单位进货费用为 200 元。

① 分别计算每次订货批量为 800 千克、1 200 千克、1 600 千克、2 000 千克、2 400 千克、2 800 千克和 3 200 千克的时进货成本、储存成本和总成本。

② 计算该材料的经济订货量、持有存货的最低相关总成本和年订货次数。

③ 根据上面的计算结果绘制订货量和各项成本之间的折线图。

在 Excel 中的实现步骤如下。

步骤 1:新建工作表"经济订货量模型",将有关数据整理到该工作表中,如 5 - 34 所示。

	A	B	C	D	E	F	G	H
1	基本参数							
2	全年需要量（千克）	90000						
3	一次订货费用（元/次）	200						
4	单位储存成本（元/千克）	4						
5	订货量与成本之间的关系							
6	以此订货量（千克）	800	1200	1600	2000	2400	2800	3200
7	年进货成本（元）							
8	年储存成本（元）							
9	年总成本（元）							
10	经济批量计算							
11	经济订货量（千克）							
12	最低相关总成本（元）							
13	订货次数（次）							

图 5 - 34 经济订货量资料

步骤 2:在 B7 单元格中输入公式" = $B2/B6 * $B3"计算年进货成本。在 B8 单元格中输入公式" = B6/2 * $B4"计算年储存成本,在 B9 单元格中输入公式" = B7 + B8"计算年总成本。

步骤 3:采用相同的计算方法,计算其他批量下的相关成本。

步骤 4:在 B11 单元格中输入公式" = SQRT(2 * B2 * B3/B4)"计算经济订货量,在 B12 单元格中输入公式" = SQRT(2 * B2 * B3 * B4)"计算最低相关总成本,在 B13 单元格中输入公式" = B2/B11"计算订货次数。

计算结果如图 5 - 35 所示。

步骤 5:选中单元格区域 A6:H9,选择"插入"选项卡,单击"折线图"按钮,选择"二维折线图"中的"带数据标记的折线图"。

步骤 6:右击生成图表的任意一处,选择"选择数据",打开"选择数据源"对话框,如图 5 - 36 所示。在"图例项"文本框中选择"一次订货量",单击"删除"按钮,在"水平（分类）轴标签"文本框中单击"编辑"按钮,在弹出的"轴标签"对话框中的"轴标签区域"中输入" = 经济订货量模型! $A$6:$H$9",依次单击"确定"按钮,结果如图 5 - 37 所示。

	A	B	C	D	E	F	G	H
1	基本数据							
2	全年需要量（千克）	90000						
3	一次订货费用（元/次）	200						
4	单位储存成本（元/千克）	4						
5	订货量与成本之间的关系							
6	一次订货量（千克）	800	1200	1600	2000	2400	2800	3200
7	年进货成本（元）	22500	15000	11250	9000	7500	6428.571	5625
8	年储存成本（元）	1600	2400	3200	4000	4800	5600	6400
9	年总成本（元）	24100	17400	14450	13000	12300	12028.57	12025
10	经济批量计算							
11	经济订货量（千克）	3000						
12	最低相关总成本（元）	12000						
13	订货次数（次）	30						

图 5-35　经济订货量模型计算结果

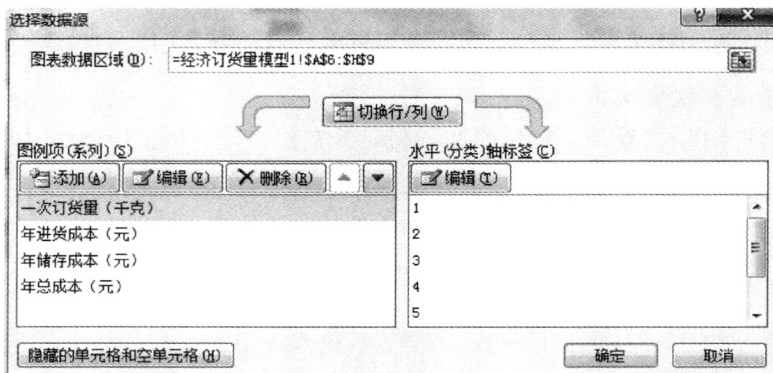

图 5-36　"选择数据源"对话框

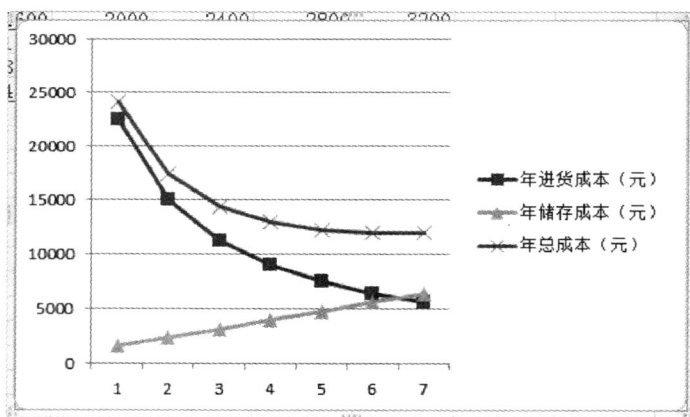

图 5-37　订货量与成本关系图

由计算结果可知,当年订货费用与年储存成本相等时,总成本最低,这种情景下对应的订货量为经济订货量。

二、存货的 ABC 分类模型

(一)存货 ABC 分类的基本原理及相关函数介绍

存货的 ABC 分类法是一种根据各种存货项目金额的大小将全部存货划分成 A、B、C 三类的分类方法,在此基础上可以分别对 3 类存货进行重点管理、次重点管理和一般管理。存货 ABC 分类的标准主要有两个:一是金额标准,二是品种数量标准。其中金额标准是最基本的,品种数量标准仅作为参考。常见的分类标准如下。

A 类存货:品种数约占 10%~15%,存货金额约占 80%。

B 类存货:品种数约占 20%~30%,存货金额约占 15%。

C 类存货:品种数约占 55%~80%,存货金额约占 5%。

A 类存货的特点是金额巨大,但品种数量较少,应进行重点管理;B 类存货金额一般,品种数量相对较多,应进行次重点管理;C 类存货品种数量繁多,但价值却很低,应进行一般管理。

对存货进行 ABC 分类的具体步骤如下:

① 根据每类存货单价和数量计算该种存货的资金占用额。

② 将存货按照金额的大小由高到低进行排序。

③ 按照排序顺序,依次计算每类存货金额占全部存货金额的百分比及累计百分比。

④ 按确定的标准将存货划分为 A、B、C 三类。

(二)存货 ABC 分类模型的建立

例 5-15　某企业共有 18 种材料,总金额为 100 000 元,具体资料如图 5-38 所示。将该材料用 ABC 分类管理法进行分类。

具体操作步骤如下。(详见教学视频)

步骤 1:新建工作表"存货 ABC 分类管理",将"材料基本数据"工作表中的所有数据复制过来。

步骤 2:在单元格 D2 中输入公式" = B2 * C2",计算 M01 型号材料的金额,拖动鼠标向下复制公式 D19,计算出各型号材料的金额。然后在单元格 D20 中输入公式" = SUM(D2:D19)",计算所有材料的总金额。

步骤 3:在单元格 E2 中输入公式" = D2/$D$20",计算 M01 型号材料的金额比重,然后拖动鼠标复制公式至 E19,计算出各类型材料的金额比重,结果如图 5-39 所示。

	A	B	C
1	材料型号	单价	数量
2	M01	10.00	1000
3	M02	3.00	2000
4	M03	4.00	350
5	M04	15.00	150
6	M05	2900.00	350
7	M06	200.00	440
8	M07	50.00	2500
9	M08	70.00	200
10	M09	2.30	1000
11	M10	14.80	1800
12	M11	6.00	3500
13	M12	400.00	640
14	M13	160.00	400
15	M14	130.00	100
16	M15	1.00	4500
17	M16	38.00	230
18	M17	350.00	230
19	M18	730.00	700
20	合计		20090

图 5-38　"选择数据源"对话框

	A	B	C	D	E
1	材料型号	单价	数量	金额	金额比重
2	M01	10.00	1000	10000	0.44%
3	M02	3.00	2000	6000	0.27%
4	M03	4.00	350	1400	0.06%
5	M04	15.00	150	2250	0.10%
6	M05	2900.00	350	1015000	45.12%
7	M06	200.00	440	88000	3.91%
8	M07	50.00	2500	125000	5.56%
9	M08	70.00	200	14000	0.62%
10	M09	2.30	1000	2300	0.10%
11	M10	14.80	1800	26640	1.18%
12	M11	6.00	3500	21000	0.93%
13	M12	400.00	640	256000	11.38%
14	M13	160.00	400	64000	2.85%
15	M14	130.00	100	13000	0.58%
16	M15	1.00	4500	4500	0.20%
17	M16	38.00	230	8740	0.39%
18	M17	350.00	230	80500	3.58%
19	M18	730.00	700	511000	22.72%
20	合计		20090	2249330	100.00%

图 5-39　材料 ABC 分类资料

步骤4：单击有数据的任意单元格，单击"排序"按钮，弹出"排序"对话框，在打开的对话框中将"主要关键字""排序依据"和"次序"分别设置为"金额""数值"和"降序"，对材料按照金额的大小由高到低排序。

步骤5：在单元格 F2 中输入公式" = E2"、F3 中输入公式" = F2 + E3"，单击单元格 F3，拖动鼠标向下复制公式至 F19。计算出所有材料的金额累计比重。

步骤6：单击单元格 G2，按照 ABC 分类方法设定的金额比重，输入公式" = IF(F2 < = 70%," A",(IF(F2 < = 90%," B"," C"))))"，单击单元格 G2，拖动鼠标复制公式至 G19，得到各类材料的 ABC 分类，结果如图 5 - 40 所示。

	A	B	C	D	E	F	G
1	材料型号	单价	数量	金额	金额比重	金额累计比重	类别
2	M05	2900	350	1015000	45.12%	45.12%	A
3	M18	730	700	511000	22.72%	67.84%	A
4	M12	400	640	256000	11.38%	79.22%	B
5	M07	50	2500	125000	5.56%	84.78%	B
6	M06	200	440	88000	3.91%	88.69%	B
7	M17	350	230	80500	3.58%	92.27%	C
8	M13	160	400	64000	2.85%	95.12%	C
9	M10	14.8	1800	26640	1.18%	96.30%	C
10	M11	6	3500	21000	0.93%	97.24%	C
11	M08	70	200	14000	0.62%	97.86%	C
12	M14	130	100	13000	0.58%	98.44%	C
13	M01	10	1000	10000	0.44%	98.88%	C
14	M16	38	230	8740	0.39%	99.27%	C
15	M02	3	2000	6000	0.27%	99.54%	C
16	M15	1	4500	4500	0.20%	99.74%	C
17	M09	2.3	1000	2300	0.10%	99.84%	C
18	M04	15	150	2250	0.10%	99.94%	C
19	M03	4	350	1400	0.06%	100.00%	C
20	合计		20090	2249330	100.00%		

图 5 - 40　材料 ABC 分类结果

步骤7：在 H、I、J 三列中分析材料的 ABC 分类情况，设置相关项目。单击单元格 I3，输入公式" = SUMIF($G$2:$G$19,H3,$E$2:$E$19)"，计算出 A 类存货的金额比重，向下拖动鼠标复制公式至 I5，计算出 B 类和 C 类材料的金额比重；然后选中单元格 I3:I5，单击"开始"选项卡中的"自动求和"按钮，计算出累计金额比重。

步骤8：单击单元格 J3，输入公式" = COUNTIF($G$2:$G$19,H3)/COUNT($E$2:$E$19)"，计算出 A 类存货的品种数量比重，向下拖动鼠标复制公式至 J5，计算出 B 类和 C 类材料的品种数量比重；然后选中单元格 J3:J5，单击"自动求和"按钮，计算出累计品种数量比重，结果如图 5 - 41 所示。

	A	B	C	D	E	F	G	H	I	J
1	材料型号	单价	数量	金额	金额比重	金额累计比重	类别		材料ABC分类情况	
2	M05	2900	350	1015000	45.12%	45.12%	A	类别	金额比重	品种数量比重
3	M18	730	700	511000	22.72%	67.84%	A	A	67.84%	11.11%
4	M12	400	640	256000	11.38%	79.22%	B	B	20.85%	16.67%
5	M07	50	2500	125000	5.56%	84.78%	B	C	11.31%	72.22%
6	M06	200	440	88000	3.91%	88.69%	B	合计	100.00%	100.00%
7	M17	350	230	80500	3.58%	92.27%	C			
8	M13	160	400	64000	2.85%	95.12%	C			
9	M10	14.8	1800	26640	1.18%	96.30%	C			
10	M11	6	3500	21000	0.93%	97.24%	C			
11	M08	70	200	14000	0.62%	97.86%	C			
12	M14	130	100	13000	0.58%	98.44%	C			
13	M01	10	1000	10000	0.44%	98.88%	C			
14	M16	38	230	8740	0.39%	99.27%	C			
15	M02	3	2000	6000	0.27%	99.54%	C			
16	M15	1	4500	4500	0.20%	99.74%	C			
17	M09	2.3	1000	2300	0.10%	99.84%	C			
18	M04	15	150	2250	0.10%	99.94%	C			
19	M03	4	350	1400	0.06%	100.00%	C			
20	合计		20090	2249330	100.00%					

图 5-41　材料 ABC 分类结果

三、存货查询模型

企业为了满足生产经营的需要,经常会持有大量的各种存货。如果企业的存货种类繁多,那么建立一个专门的存货查询区域并根据某种存货的代码来查询其相关的信息就会很有必要。下面通过例题说明建立存货查询模型的方法。

例 5-16　某公司某日的存货数据存放在如图 5-42 所示的单元格区域 A4: F23。要求建立一个模型从而可以在单元格区域 A2:F2 根据指定的存货代码查询相应的存货信息。

	A	B	C	D	E	F
1	查询代码	存货名称	进货单价	销货单价	库存量	计量单位
2						
3						
4	存货代码	存货名称	进货单价	销货单价	库存量	计量单位
5	A158	毛巾	10.50	15.70	50	条
6	A161	牙膏	8.00	12.20	80	盒
7	A164	香皂	7.50	11.50	150	块
8	A167	肥皂	6.80	9.50	175	块
9	A170	洗衣粉	9.50	14.30	180	袋
10	A173	洗发液	15.00	24.00	52	瓶
11	B176	面包	7.00	10.80	21	包
12	B179	蛋糕	8.00	12.00	15	包
13	B182	牛奶	3.00	5.00	30	袋
14	B185	酸奶	6.50	10.10	25	盒
15	B188	冰淇淋	4.50	6.00	36	桶
16	B191	饼干	8.00	12.20	75	包
17	C194	大米	20.00	31.00	40	袋
18	C197	面粉	25.00	38.00	50	袋
19	C200	精盐	2.20	3.50	68	包
20	C203	白糖	8.00	12.20	75	包
21	C206	酱油	2.10	3.20	50	瓶
22	C209	米醋	2.30	3.50	38	瓶
23	C212	香油	15.00	19.00	26	瓶

图 5-42　存货数据表

具体操作步骤如下。

步骤 1:选取单元格 A2,在"数据"选项卡"数据工具"功能组中单击"数据有效性"命令,在系统弹出的"数据有效性"对话框的"设置"选项卡中,在"允许"下拉列表中选择"序列",在"来源"栏中输入" =$A$5:$A$23",如图 5 - 43 所示。

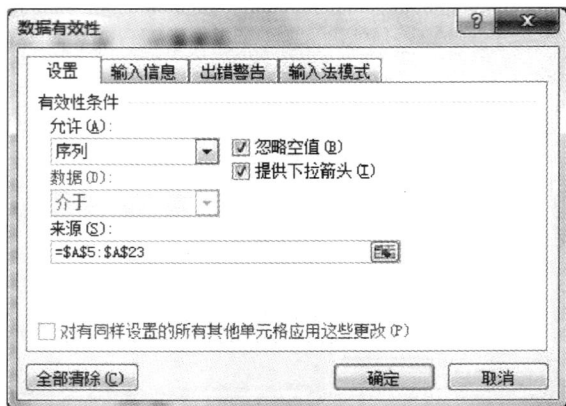

图 5 - 43 "数据有效性"对话框的设置

步骤 2:单击"确定"按钮,就完成了对单元格 A2 的数据有效性设置。这意味着在单元格 A2 中输入的数据必须满足一个条件,即与所指定的序列中的某个数据一样,不满足这个条件的数据无法输入到 A2 单元格中。设置完数据有效性之后,再选取单元格 A2,其右边就会出现一个倒三角形。单击这个倒三角形可展开一个下拉菜单,从中可以选择某种存货的代码,这里选择的存货代码是 B191,如图 5 - 44 所示,以这种方式输入数据可以省去输入存货代码的麻烦,也能避免输入代码有误的情况出现。

	A	B	C	D	E	F
1	查询代码	存货名称	进货单价	销货单价	库存量	计量单位
2						
3	B176					
4	B179 B182	货名称	进货单价	销货单价	库存量	计量单位
5	B185 B188	巾	10.50	15.70	50	条
6	B191	育	8.00	12.20	80	盒
7	C194 C197	皂	7.50	11.50	150	块
8	A167	肥皂	6.80	9.50	175	块
9	A170	洗衣粉	9.50	14.30	180	袋
10	A173	洗发液	15.00	24.00	52	瓶
11	B176	面包	7.00	10.80	21	包
12	B179	蛋糕	8.00	12.00	15	包
13	B182	牛奶	3.00	5.00	30	袋
14	B185	酸奶	6.50	10.10	25	盒
15	B188	冰淇淋	4.50	6.00	36	桶
16	B191	饼干	8.00	12.20	75	包
17	C194	大米	20.00	31.00	40	袋
18	C197	面粉	25.00	38.00	50	袋
19	C200	精盐	2.20	3.50	68	包
20	C203	白糖	8.00	12.20	75	包
21	C206	酱油	2.10	3.20	50	瓶
22	C209	米醋	2.30	3.50	38	瓶
23	C212	香油	15.00	19.00	26	瓶
24						

图 5 - 44 在下拉菜单中选择存货代码

步骤3:在单元格 B2 中输入公式"= VLOOKUP($A$2,$A$5:$F$23,COLUMN( ),0)",并将其复制到单元格区域 C2:F2。

注意

这里,使用 VLOOKUP 函数的作用是在给定的存货数据表的首列查找指定的 A2 单元格的数据,然后返回指定列处的数据,而指定的列用嵌套的 COLUMN( )来返回。COLUMN( )的功能是返回公式所在列的列标,即在 B2 单元格的公式中 COLUMN( )函数返回的结果是2,在 C2 单元格的公式中 COLUMN( )函数返回的结果是3,以此类推。通过使用 COLUMN( )函数可以省去在第2行其他各列单元格中逐个修改公式或重新设置公式的麻烦。VLOOKUP 函数的最后一个参数设置为0,其含义是这里需要进行精确查找,如果找不到要查找的数据将返回错误值。

本例中查询到的 B191 存货的信息如图5-45所示。

	A	B	C	D	E	F	G
1	查询代码	存货名称	进货单价	销货单价	库存量	计量单位	
2	B191	饼干	8.00	12.20	75	包	
3							
4							
5							
6							
7							
8							
9							

图5-45　存货查询的结果

任务四　短期筹资成本分析

任务目标

知识目标:

1. 了解短期筹资决策的基础知识。

2. 掌握短期筹资方式的资金成本分析。

能力目标:

能够建立信用借款、短期抵押借款的筹资分析模型。

任务导入

　　南京蓝天构架股份有限公司(简称蓝天公司),随着公司的不断扩大,公司目前面临的主要问题是缺乏短期营运资金进行周转,对于如何筹措资金不知从何处入手。公司现有生产线一条,各种厂房1 000余平方米,面对这种筹资困难的境况,蓝天公司向某金融咨询公司咨询,咨询公司给出如下建议:

　　短期资金的筹措包括短期借款筹资、商业信用筹资以及短期融资券筹资等。针对蓝天公司主要集中在两个方面。

① 商业信用筹资：商业信用是指企业在商品购销活动中因延期付款或预收货款而形成的阶段关系，它是有商品交易中货物与金钱在时间和空间上的分离而形成的企业间的直接信用行为。

② 短期抵押借款：指以应收账款或存货等流动资产作为抵押品所取得的短期借款。以应收账款做抵押时，一般会评估应收账款的质量和风险，一般按应收账款的 50%~80% 提供贷款。

思考：蓝天公司如何对两种短期筹资方案进行比较分析核算其筹资成本呢？

通过本任务的学习，你将能够通过 Excel 模型对公司的两种短期筹资方案的筹资成本进行比较分析，为企业的筹资决策提供科学的决策方法。

短期资金是指企业为满足临时性流动资金需求而进行的筹资活动。短期资金一般是通过流动负债的方式取得，如短期借款筹资、商业信用筹资以及短期融资券筹资等。各种来源具有不同的获取速度、灵活性成本和风险。

一、商业信用筹资

商业信用是指企业在商品购销活动中因延期付款或预收货款而形成的阶段关系。它是由商品交易中货物与金钱在时间和空间上的分离而形成的企业间的直接信用行为。

（一）商业信用的资金成本

商业信用随着正常的商品交易自然产生，一般不需要支付任何代价。在下列两种情况下，商业信用没有资金成本：①卖方没有给予现金折扣；②卖方给予现金折扣，买方在折扣期内付款，享受了现金折扣。但是，如果卖方给予了现金折扣，买方没有在现金折扣期付款，放弃了现金折扣的条件下，商业信用筹资是有资金成本的。在这种情况下，商业信用的资金成本率计算公式如下：

$$商业信用的资金成本率 = \frac{现金折扣率 \times 360}{(1-现金折扣率) \times (信用期-折扣期)} \times 100\%$$

例 5-17　某企业购入一批材料，价款总数为 100 万元，付款约定的信用条件为 (1/10,n/30)。试计算企业分别在第 10 天、第 25 天，第 30 天和第 40 天付款的实际付款金额和年资金成本率。

付款金额和年资金成本率的计算如图 5-46 所示。具体操作步骤如下。

	A	B	C	D
1		**已知条件**		
2	价款合计（元）	1000000	折扣期限（天）	10
3	信用期限（天）	30	现金折扣率	1%
4		**商业信用资金成本率的计算**		
5	付款日期（天）	付款金额	年资金成本率	
6	10	990000	0.00%	
7	25	1000000	24.58%	
8	30	1000000	18.43%	
9	40	1000000	12.29%	

图 5-46　商业信用资金成本率的计算

步骤1:在单元格B6中输入公式"=IF(A6:A9<=$D$2,$B$2*(1-$D$3),$B$2)",并拖拽鼠标复制到B9,计算各个期间的付款金额。

步骤2:在单元格C6中输入公式"=IF(A6:A9<=$D$2,0,$D$3/(1-$D$3)*365/(A6:A9-$D$2))",并拖拽鼠标复制到C9,计算各个期间的年资金成本率。

通过计算,我们可以看出,企业超过现金折扣期限进行付款要承担很高的资金成本,而一旦放弃现金折扣,付款期越晚,资金成本越低。但是若超过30天信用期仍未付款,尽管可以降低资金成本,但是却会有损企业信誉。因此,当企业放弃现金折扣后,最明智的做法是在信用期的最后一天付款,既降低了资金成本,又不会影响企业的信誉。

(二)商业信用筹资决策分析

在附有现金折扣的情况下,因为获得不同信用要获得不同的代价,因此买方在做信用决策时,一般应从以下方面进行考虑:

如果能以低于放弃现金折扣机会成本率的利率借入资金,便应在现金折扣期进行付款,享受现金折扣。反之,企业应放弃现金折扣。

如果在折扣期内将应付账款投资于短期投资,所得的投资收益高于放弃现金折扣的机会成本率,则应放弃现金折扣而追求更高的投资收益。当然,当决策放弃现金折扣时,也应将付款日推迟至信用期的最后一天,以降低放弃现金折扣的机会成本。

如果面对两家以上不同信用条件的卖方,我们应通过权衡放弃现金折扣成本的大小,选择信用成本最小(或所获利益最大)的一家。

例5-18　某企业拟采购一批价值为300 000元的商品,供应商提供的报价如下:

① 立即付款,价格为293 000元;

② 30天内付款,价格为295 000元;

③ 31至第60天付款,价格为298 500元

④ 61至第90天付款,价格为300 000元。

假设企业放弃哪个区间的现金折扣都会在信用期的最后一天付款,并且企业可以按10%的利率从银行取得短期贷款,试计算该企业放弃现金折扣的成本,并且确定企业最有利的付款日期和价格。

企业最有利的付款日期和价格计算如图5-47所示。具体操作步骤如下:

步骤1:在单元格D7中输入公式"=($C$10-C7)/$C$10",并将单元格D7向下复制到D10,计算各个区间的现金折扣率。

步骤2:在单元格E7中输入公式"=D7/(1-D7)*365/($B$10-B7)",并将单元格E7向下复制到E10,计算各个区间的资金成本率。

步骤3:在单元格F7中输入公式"=IF(E7>$C$4,"不放弃","放弃")",并将单元格F7向下复制到F9,对是否应放弃现金折扣做出评价。

步骤4:在单元格C11中输入公式"=INDEX(B7:B10,MATCH(MAX(E7:E10),E7:E10))",选择最有利的付款日期。

	A	B	C	D	E	F
1			已知条件			
2	付款时间	立即付款	1至30天	31至60天	61至90天	
3	付款价格（元）	290000	295000	298500	300000	
4	银行借贷利率		10%			
5			商业信用筹资决策			
6	折扣起始天数	折扣终止天数	付款价格（元	现金折扣率	资金成本	评价
7	0	0	293000	2.33%	9.69%	放弃
8	1	30	295000	1.67%	10.31%	不放弃
9	31	60	298500	0.50%	6.11%	放弃
10	61	90	300000	0.00%	—	
11	最有利的付款日期（天）		30	最有利的付款价格（元）		295000
12						

图 5 - 47　商业信用筹资决策

步骤 5：在单元格 F11 中输入公式" = VLOOKUP(C11,B7:C10,2)"，选择最有利的付款价格。

由此可见，企业首先应放弃 60 天的现金折扣，在立即付款和享受 30 天现金折扣两个方案中，由于放弃 30 天现金折扣的机会成本最高，所以享受 30 天的现金折扣所得到的机会收益就越多。所以，该企业应选择在第 30 天付款，付款价格为 29 500 元。

二、短期抵押贷款筹资

短期抵押借款是指以应收账款或存货等流动资产作为抵押品所取得的短期借款。以应收账款做抵押时，一般会评估应收账款的质量和风险，一般按应收账款的 50%～80% 提供贷款。以存货做抵押时，贷款人会根据存货的流动性、易腐烂性、市价稳定性以及相关费用确定愿意给予贷款的比例。短期抵押贷款可能会因为抵押品的保管等而发生相应的费用，所以，在短期筹资中必须考虑这些方面的因素。

例 5 - 19　某公司由于季节性因素需要增加存货投资 60 万元，需要筹集 60 万元的短期流动资金，使用期限为 6 个月。现有如下几种方案可供选择：

① 从银行取得短期借款。银行按存货价值的 80% 提供贷款，年利率为 10%。6 个月的仓储成本为 5 000 元，其余资金通过商业信用筹资，企业面临的信用条件为(2/15,n/40)。

② 从一家金融公司取得存货抵押贷款，年利率为 8%，贷款金额为存货价值的 75%，6 个月中转仓的储存成本为 8 000 元。剩余资金按方案 1 的放弃现金折扣来筹资。

③ 从另一家金融公司取得存货抵押贷款 60 万元，年利率为 15%。

试问：采用哪一个方案存货的融资成本最低？

融资成本计算如图 5 - 48 所示。具体操作步骤如下。

① 方案 1 的有关单元格的输入公式为：

步骤 1：在单元格 B14 中输入公式" = B2 * B5"。

步骤 2：在单元格 C14 中输入公式" = B2 * (1 - B5)"。

步骤 3：在单元格 B15 中输入公式" = B2 * (1 - B5)"。

步骤 4：在单元格 C15 中输入公式" = B15 * (C10/(1 - C10)) * (365/(C8 - C9)) * B3/12"。

	A	B	C	D	E
1			已知条件		
2	存货资金需求(元)	600000			
3	资金使用期限(月)	6			
4	贷款方式	贷款比率	年利率	6个月的仓储成本(元)	
5	方案1	80%	10%	5000	
6	方案2	75%	8%	8000	
7	方案3	100%	15%	0	
8		信用期限(天)	40		
9	商业信用的条件	折扣期限(天)	15		
10		现金折扣率	2%		
11					
12			方案1半年的融资成本(元)		
13		贷款金额	6个月的利息	6个月的仓储成本	合计
14	短期借款	480000	24000	5000	46877.55
15	商业信用筹资	120000	17877.55		
16			方案2半年的融资成本(元)		
17		贷款金额	6个月的利息	6个月的仓储成本	合计
18	存货抵押贷款	450000	18000	8000	48346.94
19	商业信用筹资	150000	22346.94		
20			方案3半年的融资成本(元)		45000
21					
22	最优筹资方案	方案3			

图 5 - 48　存货抵押融资决策

步骤 5:在单元格 E14 中输入公式" = C14 + D14 + C15"。

步骤 6:在得到方案 1 半年的融资成本为 46 877. 55 元。

② 方案 2 的有关单元格的输入公式为:

步骤 1:在单元格 B18 中输入公式" = B2 * B6"。

步骤 2:在单元格 C18 中输入公式" = B18 * C6 * B3/12"。

步骤 3:在单元格 D18 中输入公式" = D6"。

步骤 4:在单元格 B19 中输入公式" = B2 * (1 - B6)"。

步骤 5:在单元格 C19 中输入公式" = B19 * (C10/(1 - C10)) * (365/(C8 - C9)) * B3/12"。

步骤 6:在单元格 E18 中输入公式" = C18 + D18 + C19"。

得到方案 2 半年的融资成本为 48 346. 94 元。

③ 方案 3 的有关单元格的输入公式为:

步骤 1:在单元格 E20 中输入公式" = B2 * B7 * C7 * B3/12",得到方案 3 半年的融资成本为 45 000 元。

步骤 2:在单元格 B22 中输入公式" = IF(MIN(E14,E18,E20) = E14,"以选择最优筹资方案,方案 1",IF(MIN(E14,E18,E20) = E18,"方案 2","方案 3"))"。可见该公司选择方案 3,该存货融资成本最低。

项目小结

营运资金常常被喻为企业的"血液",它的流动反映在企业生产经营中的各个环节,广义的营运资金是指企业全部的流动资产,包括现金、存货(材料、在制品及成品)、应收账款有价证券、预付款等项目。狭义的营运资金为流动资产扣除流动负债后的余额,即净营运资金。营运资金的占用状况和周转率既反映了营运资金的利用效率,又反映着企业生产经营管理水平。营运资金不足往往会导致财务危机,影响企业的正常经营,但营运资金过剩又会降低企业资金的收益率。因此,如何对营运资金进行管理就成为企业日常管理的重要内容。本项目对营运资金中的三大模块即现金管理、应收账款管理以及存货管理在 Excel 中的应用进行了详细说明。

技能训练

1. 甲企业现金收支情况平稳,预计全年(按 360 天计算)现金需要量为 250 000 元,现金与有价证券的转换成本为每次 500 元,有价证券年利率为 10%。

要求:利用 Excel 计算最佳现金持有量;计算最佳现金持有量下的全年有价证券交易次数和有价证券交易间隔期。

2. 某企业预测的 2020 年赊销额为 6 400 万元,其信用条件为:n/30,变动成本率为 60%,资金成本率为 10%。该企业拟改变信用条件,备选方案如下:①信用条件为 n/90;②信用条件为(2/10,1/20,n/60),估计约有 60% 的客户(按赊销额计算)将享有 2% 的折扣,15% 的客户将享有 1% 的折扣。各方案的相关资料如表 5 - 4 所示。

表 5 - 4　信用条件备选方案资料

项　　目	现行方案	A 方案	B 方案
	n/30	n/90	2/10,1/20,n/60
年赊销额(万元)	6 400	9 600	8 200
应收账款平均收账天数(天)	35	75	24
坏账损失率(%)	2	5	1.8
管理成本(万元)	60	88	52

要求:利用 Excel 决策是否需要改变现行方案,应该选择哪种方案。

3. 某企业均衡生产某产品,每年需要耗用 L1 型材料 6 000 千克,该材料单价为 200 元/千克,年度单位储存成本为 16 元/千克,平均每次进货费用为 20 元。

要求:利用 Excel 确定经济订货量,在经济订货量下的最低相关总成本和最佳订货次数。

4. 洪峰实业公司共有 20 种材料,总金额为 200 000 元,相关资料如表 5 - 5 所示。

要求:利用 Excel 对 20 种材料进行 ABC 分类。

表 5 - 5　材料资料

材料型号	单价(元)	数量(千克)
L1	40	6 200
L2	34	1 600
L3	15	5 200
L4	67	2 000
L5	5	3 000
L6	2000	1 600
L7	1200	2 900

材料型号	单价（元）	数量（千克）
L8	1	1 000
L9	8	10 000
L10	10	1 300
L11	30	9 000
L12	120	4 500
L13	3	6 000
L14	9	3 000
L15	180	7 500
L16	40	500
L17	12	4 000
L18	60	6 000
L19	3.1	40
L20	0.3	1 000

5. 某公司由于业务需要增加采购投资 160 万元,需要筹集 160 万元的短期流动资金,使用期限为 12 个月。现有如下两种方案可供选择:

（1）银行短期借款。银行按采购投资的 80% 提供贷款,年利率为 10%。12 个月的仓储成本为 5 000 元,其余资金通过商业信用筹资,企业面临的信用条件为（2/15,n/40）。

（2）金融机构短期筹资,年利率为 8%,贷款金额为采购投资的 75%,12 个月中转仓的存储成本为 8 000 元。剩余资金按方案 1 的进行。

试问:采用哪一个方案存货的融资成本最低?

项目六

收益与分配管理

学习目标

本项目主要介绍企业的收益及分配管理的有关问题。通过本项目的学习,学生应能熟练运用 Excel 提供的函数和工具,掌握销售预测函数模型的建立,将其运用到企业实际业务工作中去。收入管理包括销售收入预测和销售定价预测两部分。要求学生不仅要掌握数据分析工具移动平均、加权平均、指数平滑法、回归分析工具等在销售预测中的应用;还要掌握加成定价法、保本定价法、目标利润定价法、变动成本定价法等在销售价格预测中的应用。分配管理包括利润分析和利润管理两个部分。学生应能理解资本收益分配决策原理;掌握利润规划的 Excel 建模;熟练运用 Excel 对企业资本收益分配进行分析并做出决策。

任务一　销售预测

任务目标

知识目标:

1. 理解并掌握销售预测函数。

2. 掌握数据分析工具。

能力目标:

1. 创建销售预测模型,能选择合理的方法进行销售预测。

2. 掌握简单移动平均法、加权平均法、指数平滑法、回归分析法在销售收入预测中的应用。

3. 掌握加成定价法、保本定价法、目标利润定价法、变动成本定价法在销售定价预测中的应用。

任务导入

德胜公司生产、销售某种零件,2020 年 1—6 月份该零件的销量数据如表 6 - 1 所示。

表6-1 德胜公司1—6月份销量数据 单位:件

月 份	销 量
1	24 621
2	24 339
3	23 902
4	23 657
5	22 819
6	22 101

要求:根据这个数据预测2020年7—12月份该零件的销量数据。

通过本任务的学习,你将能够通过Excel函数来实现对下一阶段销售情况进行的预测。

在市场经济"以需定销,以销定产"的条件下,销售预测显得非常重要。利用Excel常用函数,分别采用加权平均法、指数平滑法、回归直线法和多元线性回归法创建销售预测模型,对管理会计人员销售预测有一定的借鉴意义。

一、销售预测方法

销售预测方法有定性分析法和定量分析法。定性分析法主要凭借管理者的主观判断和经验去判定销售量;定量分析法运用现代数学方法进行数据处理,据以建立能够反映有关变量之间规律性联系的各类预测模型方法体系。它适用于具备完整的历史资料或有关变量之间具有明显的数量关系等条件下的预测。

二、销售预测中数据分析工具的应用

销售预测是在对市场进行充分调查的基础上,根据市场供需情况的发展趋势,结合本企业的销售状况和生产能力等实际情况,对该项商品在计划期间的销售量或销售额所做的预计和推测。

最常用的定量预测分析方法有:算术平均法、移动平均法、加权平均法、指数平滑法、线性回归法。

(一)算术平均工具的应用

算术平均法是以过去若干期的销售量或销售额的算术平均值作为计划期间的销售预测值。其计算公式为

$$\bar{x} = \frac{\sum x_i}{n}$$

式中,x为计划期间的销售预测值;x_i为各期的销售量或销售额;n为时期数。

这种预测方法在Excel中直接运用公式就可以得到。

(二)移动平均工具的应用(详见教学视频)

根据预测时使用的各元素的权重不同,可以分为简单移动平均和加权移动平均。

1. 简单移动平均

简单移动平均,就是从时间数列的第一项数值开始,按一定项数求序

教学视频

时平均数,而后逐项移动,求出移动平均数。这些移动平均数构成了一个新的时间序列。这个新的时间序列把原数列的不规则变动加以修均,变动趋于平滑,使长期趋势更为明显,并把其平均值直接作为下一期的预测值。

移动平均有一个很重要的概念就是"间隔",移动平均数的计算是限定在间隔数之内的。以简单移动平均数的计算为例,假设间隔为 3,则每个移动平均数都是前 3 个原始数据的平均值。注意,跨度越大,预测序列就越平滑。

例 6-1 某纺织品公司近几个月棉布销量如表 6-2 所示,请用简单移动平均法根据前 3 个月的销量预测第 4 个月的销量。

表 6-2　某纺织品公司每月棉布销售量　　　单位:万件

销售量	移动平均数
10	—
15	—
23	
31	
21	

运用简单移动平均法预测就是根据上述资料的原始数据,从第一项数值开始,计算每 3 项的移动平均数。

在 Excel 表中的操作步骤如下。

步骤 1:创建"简单移动平均分析"工作簿,插入"简单移动平均计算公式"工作表,输入已知数据。

步骤 2:输入文字和已知资料;设置字体字号,对齐方式,调整行高列宽等。

步骤 3:根据表 6-2 前 3 项的原始数据,计算 A2、A3、A4 单元格的平均值,得到 C4。再计算 A3、A4、A5 单元格的平均值得到 C5,以此类推。在 C4 单元格输入平均数计算公式" = AVERAGE(A2:A4)"。

步骤 4:在 C5 单元格输入平均数计算公式" = AVERAGE(A3:A5)"。

步骤 5:在 C6 单元格输入平均数计算公式" = AVERAGE(A4:A6)"。

通过这种移动方式的平均值计算可以有效消除数值波动影响。例如,图 6-1 中移动平均数最大值与最小值的差是 9(= 25 - 16),而原始数据中最大值与最小值的差是 21(= 31 - 10)。

	A	B	C
1	原始数据	简单移动平均公式	移动平均数
2	10		
3	15		
4	23	=AVERAGE(A2:A4)	16
5	31	=AVERAGE(A3:A5)	23
6	21	=AVERAGE(A4:A6)	25

图 6-1　简单移动平均数的计算示例

2. 加权移动平均

加权移动平均法是对距离预测期较近的若干期间的实际销售量(额)进行加权平均计算,以其平均值作为销售预测值的一种预测方法。它是根据各时期的实际值与预测值的影响程度对其分别规定不同的权数,进行加权平均计算,以求得预测值的一种方法。其计算公式如下：

$$计划期销售预测值（X）=各期销售量（额）分别乘以其权数之和=\sum x_i w_i$$

式中，X 为销售预测值；x_i 为第 i 期销售量（额）；w_i 为第 i 期权数。

加权移动平均只不过是为期内每个数据分配了不同的权重，而不是简单地计算平均数。

例 6-2　承例 6-1 的资料，根据前 3 个月的观测值，按照移动加权平均法预测第 4 个月的销量。

运用加权移动平均法预测就是根据上述资料的原始数据，按照加权移动平均法计算每 3 项的移动平均数。

操作步骤如下。

步骤 1：创建"加权移动平均分析"工作簿，插入"加权移动平均计算公式"工作表，输入已知数据。

步骤 2：输入文字和已知资料；设置字体字号，对齐方式，调整行高列宽等，如图 6-2 所示。

	A	B	C
1	原始数据	加权移动平均公式	移动平均数
2	10		
3	15		
4	23	=A2*0.35+A3*0.3+A4*0.35	16.05
5	31	=A3*0.35+A4*0.3+A5*0.35	23
6	21	=A4*0.35+A5*0.3+A6*0.35	24.7
7			

图 6-2　加权移动平均数的计算示例

步骤 3：根据图 6-2 的原始数据可以看出，C4 单元格中，间隔仍旧为 3，第一个数据的权重为 35%，第二个为 30%，第三个为 35%。注意，权重相加必须等于 1。

步骤 4：在 C4 单元格输入加权平均计算公式"= A2 * 0.35 + A3 * 0.3 + A4 * 0.35"。

步骤 5：在 C5 单元格输入加权平均计算公式"= A3 * 0.35 + A4 * 0.3 + A5 * 0.35"。

步骤 6：在 C6 单元格输入加权平均计算公式"= A4 * 0.35 + A5 * 0.3 + A6 * 0.35"。

对比图 6-1 和图 6-2 中的数据，可以看出加权移动平均与简单移动平均的差异。

在运用加权移动平均时，权重的选择是一个应该注意的问题。一般而言，最近期的数据最能预示未来的情况，因而权重应大些。例如，根据前一个月的销售情况比根据前几个月的销售情况能更好地估测下个月的销售情况。但是，如果数据是季节性的，则权重也应是季节性的，如不能以 1 月份手机的销量预测春季的销量。

技巧

绘制简单移动平均可以使用 Excel 提供的数据分析工具。

接下来以简单移动平均为例，在 Excel 中运用数据分析工具进行预测。

单击图 6-3"数据"选项卡中的"数据分析"按钮，在打开的对话框中选择图 6-4"移动平均"并单击"确定"按钮,将打开如图 6-5 所示的"移动平均"对话框。

图 6-3　数据选项卡

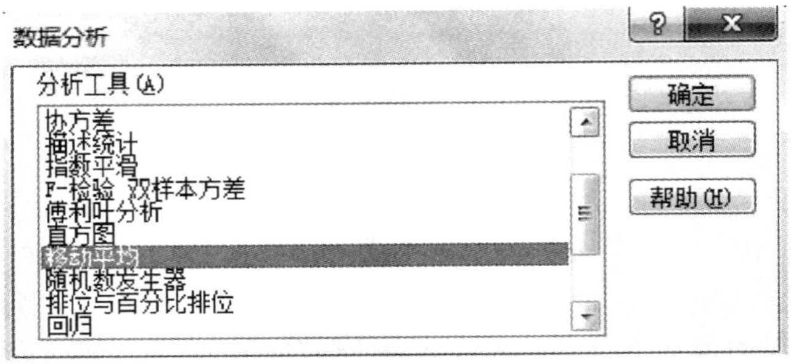

图 6-4　"数据分析"对话框

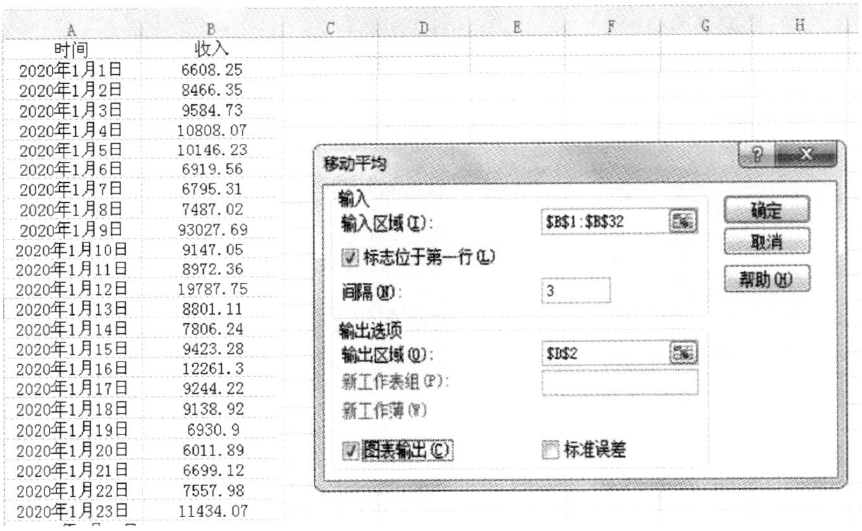

图 6-5　"移动平均"对话框

在"输入区域"选择原始数据区域 B1:B32,由于 B1 是标题,因此选中"标志位于第一行"复选框。间隔选择 3。"输出区域"用于指定移动平均数的放置位置,选择一个起始单元格即可。选中"图表输出"复选框,将同时绘制折线图。

单击"确定"按钮,即可看到移动平均计算结果和绘制的图表,如图 6-6 所示。

图中的"预测值"数据系列即是使用移动平均数绘制的折线图,可以看出比实际值平滑了许多,更易于进行趋势的判断。由于间隔为 3,所以 C2、C3 的值为#N/A。

绘制加权移动平均可以使用 Excel 图表功能。在每日实际销售数据后面增加加权移动平均数列,同时定义权重,本例中间隔仍旧为 3,第一个数据的权重为 35%,第二个为 30%,第三个为 35%。

6608.25	#N/A
8466.35	#N/A
9584.73	8219.78
10808.07	9619.72
10146.23	3382.08
6919.56	9291.29
6795.31	7953.70
7487.02	7067.30
93027.69	7861.70
9147.05	8645.61
8972.36	9140.72
19787.75	6595.91
8801.11	2933.70
7806.24	2602.08
9423.28	8676.88
12261.3	9830.27
9344.22	3081.41
9138.92	3046.31
6930.9	8438.01
6011.89	7360.57
6699.12	6547.40
7557.98	6756.32
11434.07	3811.36

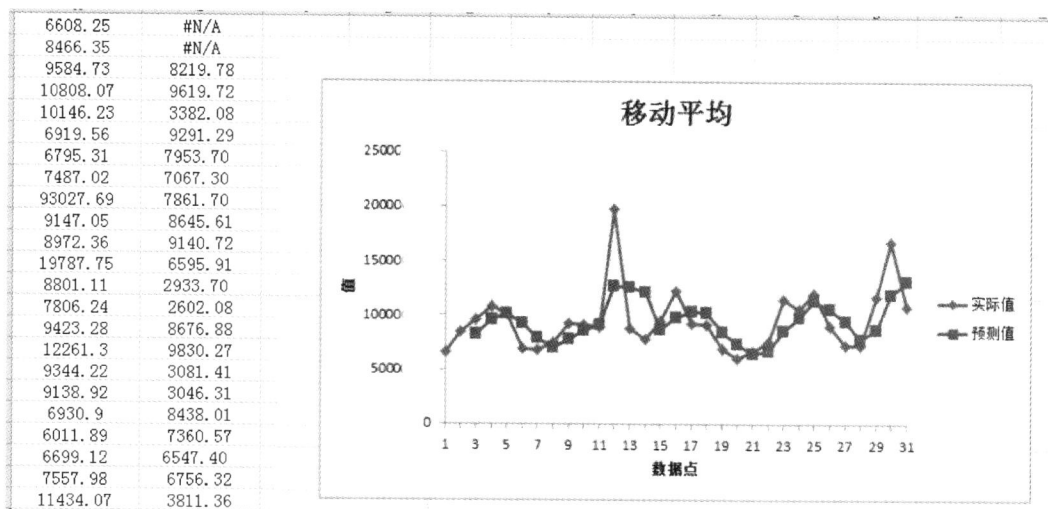

图6-6 移动平均计算结果和绘制的图表

加权平均 = B2 * \$G\$1 + B3 * \$H\$1 + B4 * \$I\$1,即为最近3日的平均数。

移动平均分析需要有大量的历史数据才可以进行,因此,当时间序列存在比较明显的季节性趋势和发展趋势时,不适合使用移动平均法进行分析。

(三)指数平滑工具的应用

平滑分析也称指数平滑法,是生产预测中常用的一种方法,被称为时间序列分析预测法,即通过计算指数平滑值,配合一定的时间序列预测模型对现象的未来进行预测。

例6-3 图6-7的Excel表中,有一张表是"某厂近21年的钢产量",要求利用Excel平滑分析来预测第22年的钢产量。

操作步骤如下。

步骤1:数据→数据分析→指数平滑。

步骤2:输入区域(一定要是单行或者单列)。

步骤3:输入阻尼系数,阻尼系数分4种情况。

① 当时间序列不长,且波动幅度很小,应选较小的 α 值,一般可在 0.05~0.20 之间取值;

② 当时间序列不长且有波动,可选稍大的 α 值,常在 0.1~0.4 之间取值;

③ 当时间序列较长,有波动但仍呈现明显迅速上升或下降趋势,α 应在 0.6~0.8 间选值;

④ 当时间序列数据无波动,而是呈现明显的上升或下降趋势时,α 应取 0.6~1 之间。

步骤4:判断"标志"是否需要选中,即观察选中区域有没有标题。

步骤5:选择输出区域。

步骤6:根据需要选中"图表输出"和"标准误差"。

步骤7:根据第一次平滑分析的结果(见图6-7),代入一次平滑分析的预测公式来求第22年的钢产量。

	A	B	C
1	年份	钢产量	
2	2000	676	#N/A
3	2001	825	676
4	2002	774	780.3
5	2003	716	775.89
6	2004	940	733.967
7	2005	1159	878.1901
8	2006	1384	1074.757
9	2007	1524	1291.227
10	2008	1668	1454.168
11	2009	1668	1603.85
12	2010	1958	1662.755
13	2011	2031	1869.427
14	2012	2234	1982.528
15	2013	2566	2158.558
16	2014	2820	2443.768
17	2015	3006	2707.13
18	2016	3093	2916.339
19	2017	3277	3040.002
20	2018	3514	3205.901
21	2019	3770	3421.57
22	2020	4107	3665.471

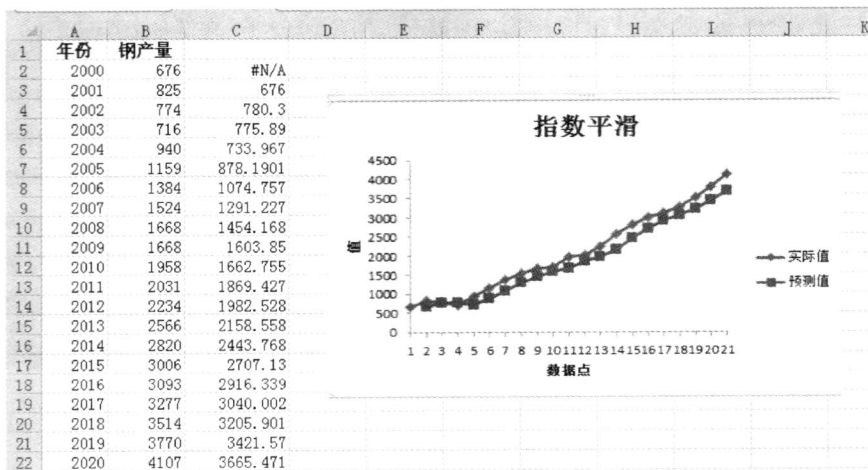

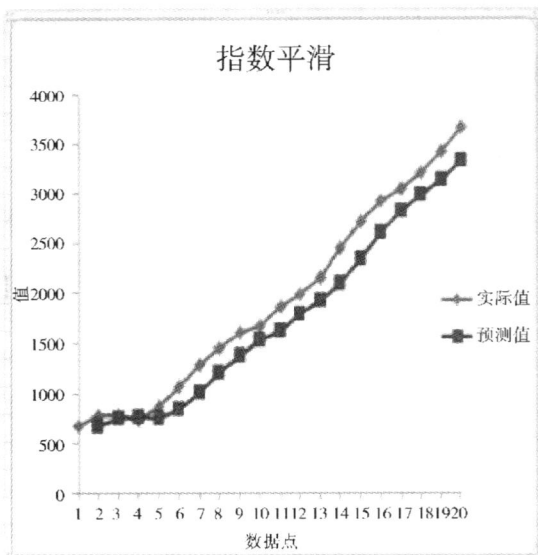

图 6-7　一次平滑分析计算结果和绘制的图表

一次平滑的预测公式：y = 最后一年的预测值 + a × 最后一年产值和预测值的差额。

在这里，$y = 3\,665.47 + 0.3 \times (4\,107 - 3\,665.471) = 3\,797.93$。

根据经验判定，该值不太合理（注意，最后一年产值减去预测值可正可负）。

步骤8：以 C3:C22 为输入区域，重复上面 7 个步骤，做第二次平滑分析，结果如图 6-8 所示。

	A	B	C
1	年份	钢产量	
2	2000	676	#N/A
3	2001	825	676
4	2002	774	780.3
5	2003	716	775.89
6	2004	940	733.967
7	2005	1159	878.1901
8	2006	1384	1074.757
9	2007	1524	1291.227
10	2008	1668	1454.168
11	2009	1688	1603.85
12	2010	1958	1662.755
13	2011	2031	1869.427
14	2012	2234	1982.528
15	2013	2566	2158.558
16	2014	2820	2443.768
17	2015	3006	2707.13
18	2016	3093	2916.339
19	2017	3277	3040.002
20	2018	3514	3205.901
21	2019	3770	3421.57
22	2020	4107	3665.471

图 6-8　二次平滑分析计算结果和绘制的图表

步骤9：二次平滑分析后代入二次平滑分析的公式，来求解预测值。

$$y = (2 \times 最后一年1次测值 - 最后一年2次测值) + \frac{a}{1-a} \times (最后一年1次的预测值 - 最后一年2次的预测值)$$

$$y = (2 \times 3\,665.471 - 3\,336.006) + \frac{3}{7} \times (3\,665.471 - 3\,336.006) = 4\,136.1$$

该值比较合理,符合大致规律。

(四)回归分析工具的应用

回归分析法是指在掌握大量观测数据的基础上,利用数理统计方法建立因变量与自变量之间的回归关系函数表达式并据此进行预测的方法。回归分析包括一元回归分析和多元回归分析以及线性回归分析和非线性回归分析这几种不同的情况。通常线性回归分析法是最基本的分析方法,遇到非线性回归问题时可以借助数学手段将其转化为线性回归问题进行处理。

1. 利用回归工具进行线性回归分析

线性回归分析法也称为一元回归分析法,如果影响销售量的因素只有一个,可以令直线方程 $Y = a + bX$,运用数学上的最小二乘法来确定一条误差最小并能正确反映自变量 X 和因变量 Y 之间关系的直线。

例6-4 某公司2019年各月实际洗衣机销售额和2020年1月预计的总人口及每户总收入的有关数据如图6-9的"已知条件"区域所示。要求建立一个利用回归分析法预测2020年1月份洗衣机销售额的模型。

建立模型的具体步骤如下。

步骤1:设计模型的结构,如图6-9的"计算结果"区域所示。

	A	B	C	D	E F G	H
			已知条件			
2	月份	人口数(X1,千人)	每户总收入 (X2, 元)	洗衣机销售额 (Y, 千元)	销售收入变动趋势	
3	1	274	2450	162	线性趋势:y=m1X1+m2X2+b	
4	2	180	3254	120	预测期	
5	3	375	3802	223	2020年1月	
6	4	205	2838	131	预测期的人口数(千人)	
7	5	86	2347	67	157	
8	6	195	2137	116	预测期的每户总收入(元)	
9	7	53	2560	55	2088	
10	8	430	4020	252		
11	9	372	4427	232		
12	10	236	2660	144		
13	11	265	3782	169		
14	12	98	3008	81		
15						
16		计算结果				
17	预计的洗衣机销售额(千元)		98.81			
18						

图6-9 基于回归分析法的销售预测模型(线性回归分析)

步骤2:单击"数据"选项卡"分析"功能组中的"数据分析"命令,在系统打开的"数据分析"对话框的"分析工具"列表框中选择"回归"命令,如图6-10所示。

步骤3:单击"确定"按钮以后,在系统打开的"回归"对话框中,在"Y值输入区域"栏中输入"$D$3:$D$14",在"X值输入区域"栏中输入"$B$3:$C$14",在"输出区域"栏中输入"$A$18"。

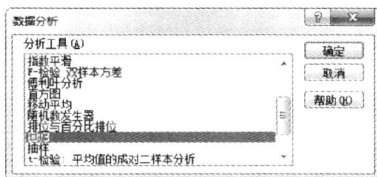

图6-10 "分析工具"列表框

步骤 4：单击"确定"按钮以后，即可在单元格 A18 的下方得到回归分析的有关参数。

步骤 5：在单元格 C17 中输入公式"＝B34＋B35＊E7＋B36＊E9"，即可得到所需要的预测结果。

2. 利用回归工具进行非线性回归分析

例6－5 某公司 2010—2019 年各年实际洗衣机销售额如图 6－11 所示，2020 年 1 月预计的总人口及每户总收入等有关数据如图 6－11 的"已知条件"区域所示。要求建立一个利用回归分析法预测 2020 年洗衣机销售额的模型。

建立模型的具体步骤如下。

步骤 1：设计模型的结构，如图 6－12 的"预测过程与结果"区域所示。

	已知条件		
年份	净收入Y(千万元)	研究经费X1(千万元)	研究人员X2(万人)
2010	235	252	154
2011	238	257	164
2012	256	291	162
2013	264	298	171
2014	271	307	179
2015	274	314	182
2016	289	319	191
2017	302	331	196
2018	314	338	201
2019	326	349	212

图 6－11 已知条件

已知条件（金额单位，万元）				预测过程与结果			
2008-2019年数据				数据变换：lnY=lna+blnX1+clnX2			
年份	净收入Y	研究经费X1	广告支出X2	年份	lnY	lnX1	lnX2
2008	3536	163	30	2008	8.1708	5.0938	3.4012
2009	4028	144	20	2009	8.3010	4.9698	2.9957
2010	3053	275	11	2010	8.0239	5.6168	2.3979
2011	2558	274	11	2011	7.8470	5.6131	2.3979
2012	3618	264	23	2012	8.1937	5.5759	3.1355
2013	4106	114	29	2013	8.3202	4.7362	3.3673
2014	3799	155	16	2014	8.2425	5.0434	2.7726
2015	3810	100	27	2015	8.2454	4.6052	3.2958
2016	3985	135	18	2016	8.2903	4.9053	2.8904
2017	3860	160	11	2017	8.2584	5.0752	2.3979
2018	3950	180	15	2018	8.2815	5.1930	2.7081
2019	4010	170	20	2019	8.2965	5.1358	2.9957
销售额变动趋势：$Y= a*X_1^b X_2^c$				估计的参数		预测期销售收入（万元）	
预测期			2020年	lna=	9.46	lnX1	5.16
预测期的研究经费（X1，万元）			175	b=	-0.27	lnX2	2.89
预测期的广告支出（X2，万元）			18	c=	0.05	lnY	8.20
						Y=	3627.02

图 6－12 基于回归分析法的销售预测模型（非线性回归分析）

步骤 2：选取单元格区域 G4:I15，输入数组公式"＝LN(B4:D15)"。

步骤 3：单击"数据"选项卡"分析"功能组中的"数据分析"命令，在系统打开的"数据分析"对话框的"分析工具"列表框中选择"回归"命令，如图 6－13 所示。

步骤 4：单击"确定"按钮以后，在系统打开的"回归"对话框中，在"Y 值输入区域"栏中输入"$G$4:$G$15"，在"X 值输入区域"栏中输入"$H$4:$I$15"，在"输出区域"栏中输入"$A$22"。

步骤 5：单击"确定"按钮以后，即可在单元格 A22 的下方得到回归分析的有关参数。

步骤 6：选取单元格区域 G17:G19，输入数组公式"＝B38:B40"。

步骤 7：选取单元格区域 I17:I18，输入数组公式"＝LN(D18:D19)"。

步骤 8：在单元格 I19 中输入公式"＝G17＋G18＊I17＋G19＊I18"。

步骤 9：在单元格 I20 中输入公式"＝EXP(I9)"。

模型运算的数据结果如图 6－13 所示。

	A	B	C	D	E	F	G	H	I
21	回归分析参数								
22	SUMMARY OUTPUT								
23									
24		回归统计							
25	Multiple R	0.738334638							
26	R Square	0.545138038							
27	Adjusted R Square	0.444057602							
28	标准误差	0.103550017							
29	观测值	12							
30									
31	方差分析								
32		df	SS	MS	F	Significance F			
33	回归分析	2	0.11565641	0.057828207	5.39311126	0.028870765			
34	残差	9	0.09650345	0.010722606					
35	总计	11	0.21215987						
36									
37		Coefficients	标准误差	t Stat	P-value	Lower 95%	Upper 95%	下限 95.0%	上限 95.0%
38	Intercept	9.460635297	0.80956297	11.68610188	9.64723E-07	7.629276635	11.291994	7.629276635	11.29199396
39	X Variable 1	-0.273919203	0.11645337	-2.352179185	0.043150759	-0.537355037	-0.010483	-0.53735504	-0.01048337
40	X Variable 2	0.051988324	0.10347658	0.502416315	0.627437216	-0.182091972	0.2860686	-0.18209197	0.28606862

图 6-13　回归分析的有关参数

注意

运用销售预测模型预测销售的方法很多,具体使用哪种方法取决于预测的对象、目的、时间及精确程度,预测时应综合考虑有关因素,基于 Excel 工作表的实验平台,选择适当的方法进行预测。

三、销售定价预测中数据分析工具的应用

在市场经济中,价格机制是市场机制的核心和主要表现形式。企业的一切生产经营活动,都会直接或间接受到销售价格的影响。一般来说,企业产品的销售价格直接影响着产品销售量、单位销售成本和销售利润。因此,企业管理当局必须做出合理的定价决策,以保证企业的长远利益和最佳经济效益的实现。

下面介绍几种常用的销售定价方法以及如何用 Excel 进行决策分析。

(一)成本加成定价法

成本加成定价法是按产品单位成本加上一定比例的利润制定产品价格的方法。也就是在产品成本上增加一部分盈利的方法。大多数企业是按成本利润率来确定所加利润的大小的。即

销售价格 = 单位成本 + 单位成本 × 成本利润率 = 单位成本 × (1 + 成本利润率)

即

$$P = c(1 + r)$$

成本加成定价法是企业较常用的定价方法。

(二)目标利润定价法

目标利润定价法是指运用盈本利分析原理,在保证目标利润的条件下确定产品出厂价格的方法。根据企业总成本和预期销售量,确定一个目标利润率,并以此作为定价的标准。其计算公式为:

单位商品价格 = 总成本 × (1 + 目标利润率) ÷ 预计销量

其中，

$$总成本 = 固定成本 + 总变动成本$$
$$目标利润 = 投资额 \times 投资收益率$$

例 6-6 某企业生产一种产品 A，已知 A 产品固定成本为 60 万元，单位变动成本为 6 元，成本利润率为 20%，投资额为 300 万元，预期投资收益率为 12%，预计 2020 年销售 A 产品 15 万件。要求分别用加成定价法和目标利润定价法分析 A 产品的销售单价。

分别用成本加成定价法和目标利润定价法预测销售单价的步骤如下。

步骤 1：在单元格 G3 中输入公式"=（A3÷F3＋B3）×（1＋C3）"。

步骤 2：为了实现预期投资收益，单位产品必须达到的价格，可以在单元格 H3 中输入公式"=（A3＋B3×F3＋D3×E3）÷F3"。

所得到的两种定价法下 A 产品的销售单价如图 6-14 所示。

	A	B	C	D	E	F	G	H
1	固定成本（万元）	单位变动成本（万元）	成本利润率	投资额（万元）	投资收益率	销售量（万件）	销售价格（万元/件）	
2							成本加成定价	目标利润定价
3	60	6	20%	300	12%	15	12	12.4

图 6-14　成本加成定价法和目标利润定价法的比较

（三）保本定价法

保本定价法也叫盈亏平衡定价法，或收支平衡定价法，是指在销量既定的条件下，企业产品的价格必须达到一定的水平才能做到盈亏平衡、收支相抵。企业试图找到一种价格，使用这种价格时，企业的收入与成本相抵，或者能达到期望中的利润目标。它考虑到一旦销售额发生变化，成本也会发生变化，因此，这种方法是运用损益平衡原理实行的一种保本定价法。它的重点是确定盈亏平衡点，即企业收支相抵、利润为 0 时的状态。基本原理就是根据产品销售量计划数和一定时期的成本水平、适用税率来确定产品的销售价格。

其计算公式为

$$利润 = 0$$
$$价格 \times （1 - 税率）= 单位成本 = 单位固定成本 + 单位变动成本$$
$$单位产品价格 = 单位固定成本 + 单位变动成本 \div （1 - 适用税率）$$
$$= 单位完全成本 \div （1 - 适用税率）$$

例 6-7 某公司生产某种产品的年生产能力可达 10 万件，单位产品的成本是 500 元，其中单位变动成本占 60%。该公司预计该产品在 2020 年的销售量可达 8 万件，要求运用保本定价法计算保本价格。

由题意可计算出单位变动成本 = 500×60% = 300（万元），那么单位固定成本 = 500 - 300 = 200（万元）。

用保本定价法预测销售单价的步骤如下：

在单元格 E2 中输入公式"=（A2×C2＋B2×D2）/D2"。

所得到的预测价格如图 6 – 15 所示。

由于按照该价格销售产品利润为 0，所以该价格为最低价格。

	A	B	C	D	E
1	单位固定成本	单位变动成本	生产能力（万件）	预计销量（万件）	预计销售价格
2	200	300	10	8	550

图 6 – 15　保本定价法预测销售价格

（四）变动成本定价法

变动成本定价法也叫边际贡献定价法，就是以边际成本为基础，不计算固定成本，按变动成本加预期的边际贡献来确定价格的定价方法。其中，边际成本 C 是指每增加一个单位产品生产，企业总成本的增加额；而单位边际贡献 X 是指每增加一个单位产品的销售给企业带来的总利润的增加额，它等于这个单位产品的收入减去其变动成本。

由此可以形成单位产品价格 = 单位变动成本 + 边际贡献，即 $P = C + X$。

例 6 – 8　某企业的年固定成本是 18 万元，每件产品的单位变动成本是 50 元，计划边际贡献是 15 万元，当销售量预计为 6 000 件时，其价格应是多少？

首先将 C2 单元格的销售数量 6 000 件转换为 0.6 万件，再代入以下步骤：

在单元格 D2 中输入公式" = A2 + B2/C2"。

所得到的预测价格如图 6 – 16 所示。

	A	B	C	D
1	单位变动成本（元）	边际贡献（万元）	预计销售量（件）	预计销售价格（元/件）
2	50	15	6000	75

图 6 – 16　变动成本定价法预测销售价格

任务二　利润分析

任务目标

知识目标：

1. 计算利润额、利润率和超额/未完成额。

2. 利用函数进行利润、利润率的分析。

3. 在掌握资本收益分配决策原理的基础上，利用 Excel 创建与运用资本收益分配模型，掌握资本收益分配的顺序、经济效果。

4. 掌握股利分配的概念、理论与政策。

5. 了解股利支付方式。

能力目标：

1. 掌握利润规划的 Excel 建模。

2. 建立目标利润分析系统。

3. 利用 Excel 创建与运用资本收益分配模型，并将其运用于财务决策。

任务导入

假设 A 公司生产和销售一种产品。该公司要实现的目标利润为 100 000 元，在此目标利润下，销售单价为 12.5 元，销售数量为 60 000 件，固定成本为 200 000 元，单位变动成本为 7.5 元。由以上数据设置基本数据表格，如图 6 – 17 所示。

图 6-17 目标利润分析模型基本数据

你能否在计算机环境中,运用 Excel 中的图形接口工具(滚动条、微调按钮等)来改变单元格数据,直观地进行多因素变动分析呢?

通过本任务的学习,能够利用目标利润分析系统对企业利润进行分析。

利润是企业经营的目的,目标利润分析系统的建立有利于企业从定量上衡量经营业绩。通过 Excel 的函数、控件等功能,说明建立目标利润分析系统的操作、目标利润分析系统使用。

一、销售与利润分析

利润是指企业销售产品的收入扣除成本和税金后的余额。它是公司生存的根本保证,没有足够的利润,公司就不能发展壮大,而销售利润一直是公司经济活动追求的目标,也是公司管理人员最关心的问题,例如,如何提高产品的销售量,以求利润最大化。接下来将介绍使用 Excel 进行销售与利润的分析操作。

(一)创建销售利润分析表(详见教学视频)

销售与利润分析的内容包括产品销售的分析和产品销售利润的分析。对产品销售的分析可以通过创建产品销售登记表来进行。

教学视频

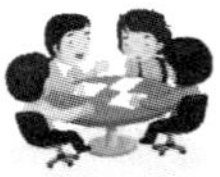

例 6-9 某公司全年各地区的产品销售情况如图 6-18 所示,要求创建销售登记表并设置格式。

季度	地区	预计销售额	实际销售额	销售成本
第一季度	华南	475	500.5	431.2
	华北	468	445.7	420.7
	华东	500	540.2	468.5
第二季度	华南	480	492.3	422.3
	华北	510	532.1	477.2
	华东	500	497.4	450.1
第三季度	华南	510	529.8	490.8
	华北	520	514.9	458.4
	华东	525	519.7	469.3
第四季度	华南	515	530.1	487.5
	华北	528	541.6	465.2
	华东	520	534.9	460.9

图 6-18 公司全年的产品销售情况表

创建销售登记表并对销售登记表设置格式，如图 6－19 所示。

	A	B	C	D	E	F	G	H	I
1		产品销售登记表							
2									单位：万元
3		季度	地区	预计销售额	实际销售额	销售成本	利润额	利润率	超额/未完成额
4		第一季度	华南	475	500.5	431.2			
5			华北	468	445.7	420.7			
6			华东	500	540.2	468.5			
7		第二季度	华南	480	492.3	422.3			
8			华北	510	532.1	477.2			
9			华东	500	497.4	450.1			
10		第三季度	华南	510	529.8	490.8			
11			华北	520	514.9	458.4			
12			华东	525	519.7	469.3			
13		第四季度	华南	515	530.1	487.5			
14			华北	528	541.6	465.2			
15			华东	520	534.9	460.9			

图 6－19　产品销售登记表

利用 Excel 基本公式计算表中的数据，在如图 6－20 所示的产品销售登记表中计算相关数据。

利用数组公式计算两个数据区域的差（见图 6－21）。

VLOOKUP　=(E4:E15)-(F4:F15)

	A	B	C	D	E	F	G	H
1		产品销售登记表						
2								
3		季度	地区	预计销售额	实际销售额	销售成本	利润额	利润率
4		第一季度	华南	475	500.5	=(E4:E15)-(F4:F15)		
5			华北	468	445.7	420.7		
6			华东	500	540.2	468.5		
7		第二季度	华南	480	492.3	422.3		
8			华北	510	532.1	477.2		
9			华东	500	497.4	450.1		
10		第三季度	华南	510	529.8	490.8		
11			华北	520	514.9	458.4		
12			华东	525	519.7	469.3		
13		第四季度	华南	515	530.1	487.5		
14			华北	528	541.6	465.2		
15			华东	520	534.9	460.9		

图 6－20　产品销售登记表利润额的计算

销售成本	利润额
431.2	69.3
420.7	25
468.5	71.7
422.3	70
477.2	54.9
450.1	47.3
490.8	39
458.4	56.5
469.3	50.4
487.5	42.6
465.2	76.4
460.9	74

图 6－21　两个数据区域的差

选中 H4：H15 单元格区域，然后输入公式“＝(G4：G15)/(F4：F15)＊100%”，按 Ctrl＋Shift＋Enter 组合键，计算出所有产品的利润率，将该区域的小数位数设置为 2，并设置其数字格式为百分比。选中 I4：I15 单元格区域，然后输入公式“＝(E4：E15)－(D4：D15)”，按 Ctrl＋Shift＋Enter 组合键得到计算结果，如图 6－22 所示。正数表示超额完成值，负数表示未完成值。

I
单位：万元
超额/未完成额
￥ 25.50
￥ -22.30
￥ 40.20
￥ 12.30
￥ 22.10
￥ -2.60
￥ 19.80
￥ -5.10
￥ -5.30
￥ 15.10
￥ 13.60
￥ 14.90

图 6－22　所有产品的利润率

（二）销售额和利润额分析

1. 使用图表分析预计和实际销售额

图表以图形化方式表示工作表中的内容，是直观显示工作表内容的方式。图表具有较好的视觉效果，方便用户查看数据的差异和预测趋势。下面我们为各季度的预计销售额和实际销售额创建一个柱形图并进行编辑。

假设各季度的预计销售额如图 6 – 23 所示,选中 B3:D15 单元格区域,选择插入柱形图。如图 6 – 24 所示,从下拉菜单选择插入三维簇状柱形图,最终所形成的柱形图如图 6 – 25 所示。为柱形图加上标题,可以直接选择插入图表标题如图 6 – 26 所示,并选择插入在图表上方,形成的柱形图如图 6 – 27 所示。

图 6 – 23　各季度的预计销售额

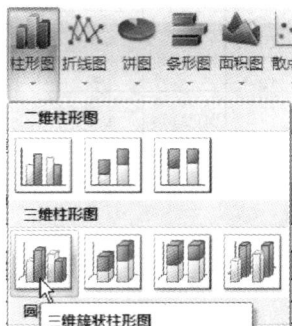

图 6 – 24　柱形图选项

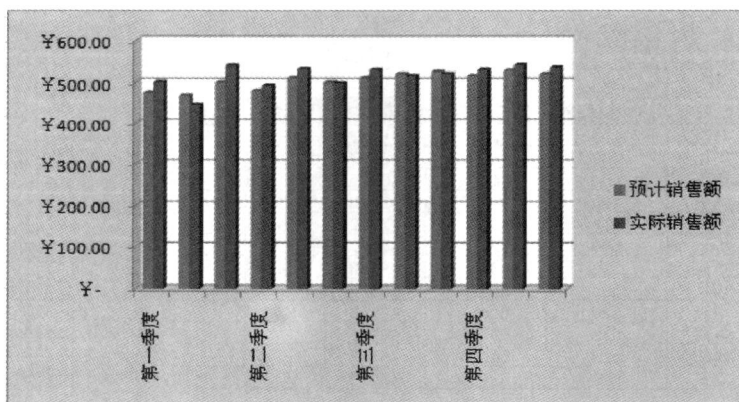

图 6 – 25　柱形图

图 6 – 26　图表标题选项

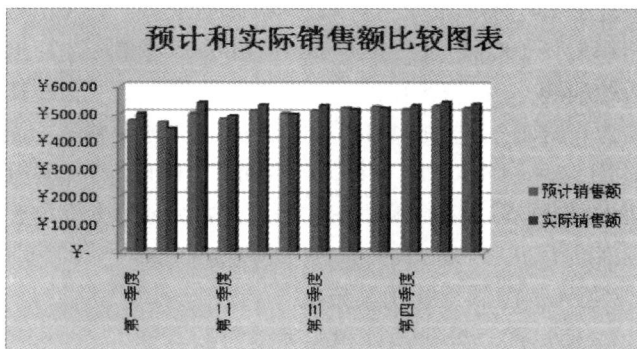

图 6 – 27　预计和实际销售额比较

2. 计算各季度利润总和并创建图表

承接例6-9，利用该公司全年各地区的产品销售情况创建利润图表。首先创建各季度利润表框架，如图6-28所示。利用Sheet1"产品销售登记表"计算各季度的利润额。如图6-29所示，在C3单元格中输入公式"=Sheet1!\$G4\$4+Sheet1\$G\$5+Sheet1!\$G\$6"，可以计算出第一季度的利润为166万元。

图6-28　各季度利润表框架

图6-29　利润额的计算

复制公式，然后分别修改公式中的单元格地址，即把4、5、6分别修改成7、8、9、10、11、12和13、14、15，即可得到其他季度的利润合计，如图6-30所示。

如图6-31所示，选中单元格区域G4:G15，单击"插入"→"饼图"→"二维饼图"命令，插入饼状图。在图表工具的"设计"选项卡中选择"布局2"选项，形成的饼状图如图6-32所示。

图6-30　各季度利润表结果

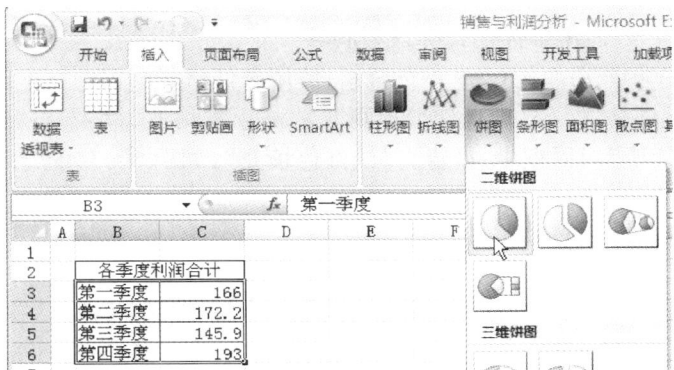

图6-31　制作饼状图

图 6-32　各季度利润饼状图

（三）利润和利润率分析

如果要查看利润额高于平均值的记录和利润率大于 12% 的记录，可以使用 Excel 的条件格式；若要分析利润率的显著性，可以使用函数。

1. 使用条件格式标识利润额

仍然沿用例 6-9 中的资料，使用条件格式标识利润率。如图 6-33 所示，单击"插入"→"条件格式"→"项目选取规则"→"高于平均值"命令，打开"高于平均值"对话框。在"高于平均值"对话框中，设置为"浅红色填充"，如图 6-34 所示。高于平均值的利润额显示如图 6-35 所示。

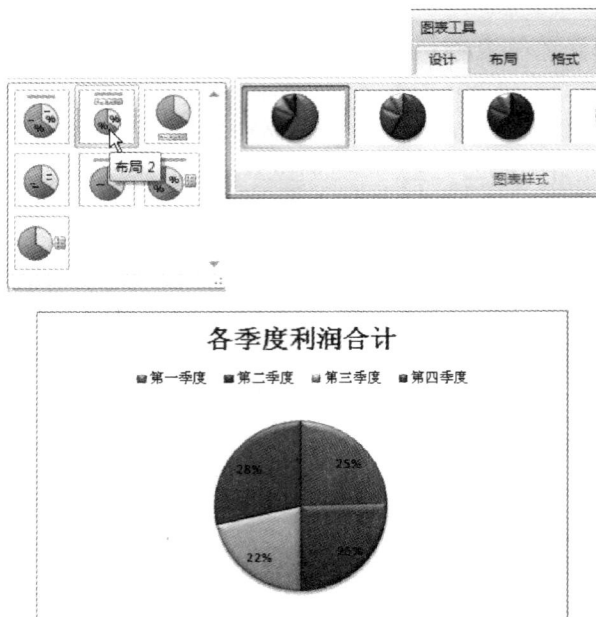

图 6-33　产品销售登记表

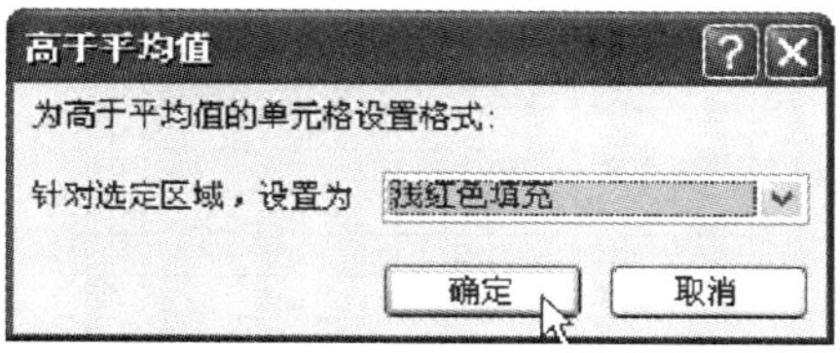

图 6－34　设置标识利润额选项

利润额
￥ 69.30
￥ 25.00
￥ 71.70
￥ 70.00
￥ 54.90
￥ 47.30
￥ 39.00
￥ 56.50
￥ 50.40
￥ 42.60
￥ 76.40
￥ 74.00

图 6－35　高于平均值的利润额显示

2. 使用条件格式标识利润率

选中单元格区域 H4:H15，如图 6－36 所示，单击"插入"→"条件格式"→"大于"命令，打开"大于"对话框。在"大于"对话框中将大于 12% 设置为"绿填充色深绿色文本"，如图 6－37 所示。

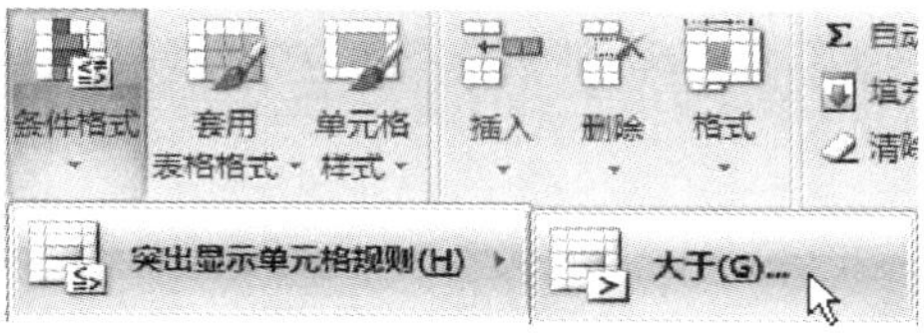

图 6－36　条件格式选项

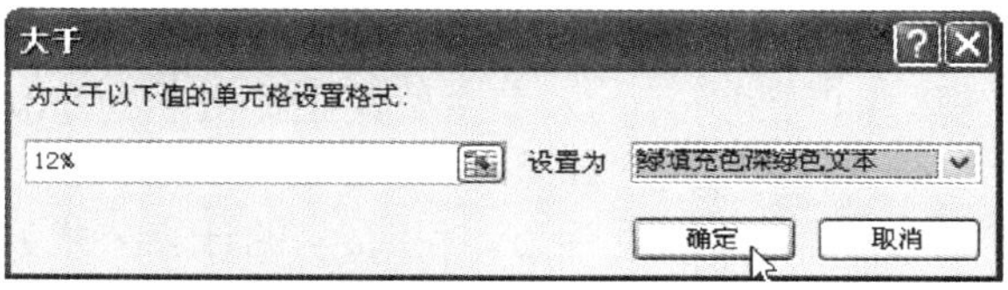

图 6－37　设置条件格式

3. 使用函数分析利润率显著性

下面我们来分析利润率的显著性，假设利润率大于 10% 的为显著利润，大于 8% 的为较好利润，否则为一般利润。

仍然沿用例 6－9 中的资料，如图 6－38 所示，根据表中利润额、利润率的结果，首先截取各季度利润率，结果如图 6－39 所示。接着，利用利润率计算公式分析利润率显著性，如图 6－40 所示。最后形成的利润率结果如图 6－41 所示。

利润额	利润率
￥ 69.30	16.07%
￥ 25.00	5.94%
￥ 71.70	15.30%
￥ 70.00	16.58%
￥ 54.90	11.50%
￥ 47.30	10.51%
￥ 39.00	7.95%
￥ 56.50	12.33%
￥ 50.40	10.74%
￥ 42.60	8.74%
￥ 76.40	16.42%
￥ 74.00	16.06%

图 6－38　利润额、利润率表

季度	地区	利润率	结论
第一季度	华南	16.07%	
	华北	5.94%	
	华东	15.30%	
第二季度	华南	16.58%	
	华北	11.50%	
	华东	10.51%	
第三季度	华南	7.95%	
	华北	12.33%	
	华东	10.74%	
第四季度	华南	8.74%	
	华北	16.42%	
	华东	16.06%	

图 6－39　各季度利润率

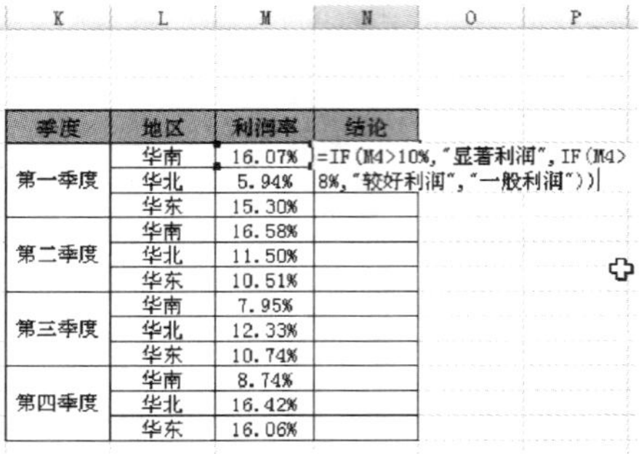

图6-40　利润率计算公式

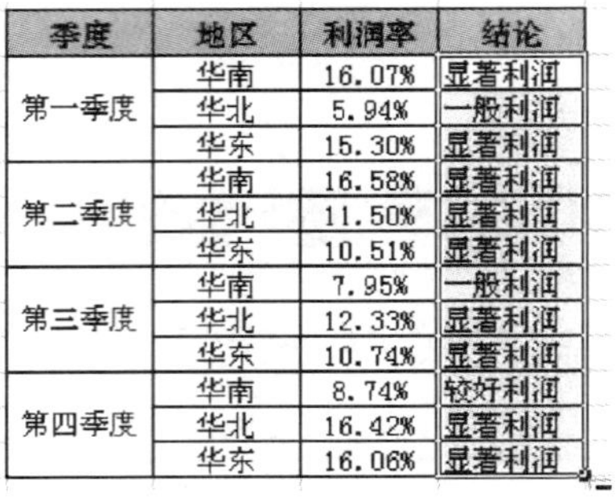

图6-41　利润率结论

二、利润分配

利润分配,是将企业实现的净利润,按照国家财务制度规定的分配形式和分配顺序,在国家、企业和投资者之间进行的分配。利润分配的过程与结果,是关系到所有者的合法权益能否得到保护,企业能否长期、稳定发展的重要问题,为此,企业必须加强利润分配的管理和核算。而利润分配的对象主要是企业实现的净利润。

(一)净利润的计算

净利润,也称税后会计利润,它的计算公式如下:

$$净利润 = 利润总额 - 所得税费用$$

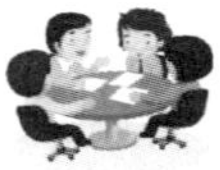

例6-10　某公司2020年有关损益类科目的年末余额如表6-3所示(该企业采用表结法年末一次结转损益类科目,所得税税率为25%)。

表6-3　某公司损益类科目的年末余额　　　　　　　　　　　　　　单位:万元

科目名称	借或贷	结账前余额
主营业务收入	贷	600
其他业务收入	贷	70
公允价值变动损益	贷	15
投资收益	贷	100
营业外收入	贷	5
主营业务成本	借	400
其他业务成本	借	40
税金及附加	借	8
销售费用	借	50
管理费用	借	77
财务费用	借	20
资产减值损失	借	10
营业外支出	借	25

假设该公司 2020 年度不存在所得税纳税调整因素,要求计算该公司的净利润。

步骤 1:将各损益类科目年末余额结转入"本年利润"科目。

① 结转各项收入、利得类科目。

借:主营业务收入	6 000 000
其他业务收入	700 000
公允价值变动损益	150 000
投资收益	1 000 000
营业外收入	50 000
贷:本年利润	7 900 000

② 结转各项费用、损失类科目。

借:本年利润	6 300 000
贷:主营业务成本	4 000 000
其他业务成本	400 000
税金及附加	80 000
销售费用	500 000
管理费用	770 000
财务费用	200 000
资产减值损失	100 000
营业外支出	250 000

计算本年利润的具体步骤如下。

① 在单元格 D3 中输入公式" = SUM(C8:C15)"。

② 在单元格 E3 中输入公式" = SUM(C3:C7)"。

③ 在单元格 E6 中输入公式" = E3 – D3"。

经过上述结转后,"本年利润"科目的贷方发生额合计 790 万元减去借方发生额合计 630 万元即为税前会计利润 160 万元。

税前会计利润的结果如图 6 – 42 所示。

	A	B	C	D	E
1	科目名称	借或贷	结账前余额	本年利润（万元）	
2				借方合计	贷方合计
3	主营业务收入	贷	600	630	790
4	其他业务收入	贷	70		
5	公允价值变动损益	贷	15		
6	投资收益	贷	100	税前会计利润	160
7	营业外收入	贷	5		
8	主营业务成本	借	400		
9	其他业务成本	借	40		
10	税金及附加	借	8		
11	销售费用	借	50		
12	管理费用	借	77		
13	财务费用	借	20		
14	资产减值损失	借	10		
15	营业外支出	借	25		
16					

图 6 – 42　税前会计利润

步骤2:由于该公司2020年度不存在所得税纳税调整因素。应交所得税 = 160 × 25% = 40(万元)。

在单元格 E8 中输入公式" = E6 - E6 * 25% "。税后利润的运行结果如图 6 - 43 所示。

	A	B	C	D	E
1	科目名称	借或贷	结账前余额	本年利润（万元）	
2				借方合计	贷方合计
3	主营业务收入	贷	600	630	790
4	其他业务收入	贷	70		
5	公允价值变动损益	贷	15		
6	投资收益	贷	100	税前会计利润	160
7	营业外收入	贷	5		
8	主营业务成本	借	400	税后利润	120
9	其他业务成本	借	40		
10	税金及附加	借	8		
11	销售费用	借	50		
12	管理费用	借	77		
13	财务费用	借	20		
14	资产减值损失	借	10		
15	营业外支出	借	25		

图 6 - 43　税后利润

（二）利润分配

利润分配就是对企业所实现的经营成果在各方面之间进行分配。作为分配基础的企业利润可以有两个层次的含义:一是企业的利润总额,即税前利润;二是净利润,即企业缴纳所得税后的利润。现在财务管理上的利润分配基础指的是企业净利润。

利润分配历来是企业财务管理的重要内容,它关系到与企业有经济利益关系的各种利益相关者,包括政府、投资者、经营者、债权人和企业员工的切身利益,分配不当会影响企业的生存和发展。按照我国《公司法》的有关规定,股份有限公司取得的税后净利润应当按照下列基本顺序进行分配。

1. 弥补企业亏损

根据现行法律法规的规定,公司发生年度亏损,可以用下一年度的税前利润弥补,下一年度税前利润不足弥补时,可以在 5 年内延续弥补,5 年内仍然不能弥补的亏损,可用税后利润弥补。

2. 提取法定公积金

公司在分配当年税后利润时,应当按税后利润的 10% 提取法定公积金,但当法定公积金累积到公司注册资本的 50% 时,可以不再提取。

3. 提取任意公积金

公司从税后利润中提取法定公积金后,经股东大会决议,还可以从税后利润中提取任意公积金。

法定公积金和任意公积金都是公司从税后利润中提取的积累资本,是公司用于防范和抵御风险、提高经营能力的重要资本来源。公积金属于公司的留存收益,从性质上看属于股东权益。公积金可以用于弥补亏损、扩大生产经营或者转增公司股本,但转增公司股本后,所留存的法定公积金不得低于转增前公司注册资金的 25%。

4. 向股东分配股利

公司在按照以上程序弥补亏损、提取公积金后,所余当年利润与以前年度的未分配利润构成可供分配的利润,公司可根据股利政策向股东分配股利。

按照现行制度规定,股份有限公司依法回购后暂未转让或者注销的股份,不得参与利润分配;公司弥补以前年度亏损和提取公积金后,当年没有可供分配的利润时,一般不得向股东分配利润。

（三）股利分配

股利分配是公司向股东分派股利,是企业利润分配的一部分,而且股利属于公司税后净利润分配。股利分配涉及的方面很多,如股利支付程序中各日期的确定、股利支付比率的确定、股利支付形式的确定、支付现金股利所需资金的筹集方式的确定等。其中最主要的是确定股利的支付比率,即用多少盈余发放股利,将多少盈余为公司所留用(称为内部筹资),因为这可能会对公司股票的价格产生影响。

1. 剩余股利政策

剩余股利政策是指公司在有良好的投资机会时,根据目标资本结构,测算出投资所需的股权资本额,先从盈余中留用,然后将剩余的盈余作为股利来分配,即净利润首先满足公司的股权资金需求,如果还有剩余,就派发股利;如果没有,则不派发股利。

实行剩余股利政策,一般应按以下步骤来确定股利的分配额:

① 根据选定的最佳投资方案,测算确定投资所需要的资本金额;

② 按照公司的目标资本结构,测算所需要增加的股东权益资本的数额;

③ 税后净利润首先用于满足投资所需要增加的股东权益资本的数额;

④ 将满足投资需要后的剩余利润向股东分配股利。

例 6－11　某公司 2019 年税后净利润 1 000 万元,2020 年的投资计划需要资金 1 200 万元,公司的目标资本结构为权益资本占 60%,债务资本占 40%。要求计算该公司 2019 年可以发放的股利。

实行剩余股利政策对发放股利分析的具体步骤如下。

步骤 1:确定投资所需要的资本金额为 1 200 万元,并在 Excel 工作表中设计结构,如图 6－44 所示。

	A	B	C	D
1	税后净利润（万元）	投资需要资金（万元）	股东权益资本占比	可分派的股利（万元）
2	1000	1200	60%	280

图 6－44　实行剩余股利政策股利的发放分析

步骤 2:按照目标资本结构,公司投资方案所需的权益资本数额为:B2 * C2。

步骤 3:税后净利润首先用于满足投资所需要增加的股东权益资本的数额 B2 * C2。

步骤 4:将满足投资需要后的剩余利润向股东分配股利。在单元格 D2 中输入公式" = A2 - B2 * C2"。

可以得出 2019 年可以发放的股利为 280 万元,如图 6－44 所示。

2. 固定股利政策

固定股利政策是指公司在较长时期内每股支付固定股利额的股利政策。公司每年发放的每股股利固定在某待定水平上,并在一段时间内保持不变。只有公司认为未来利润的增长足以使它能够将股利维持在一个更高的水平时,公司才会提高每股股利的发放额。

实施固定股利政策的理由如下:

① 可以向投资者传递公司经营状况稳定的信息。如果公司支付的股利稳定,则说明该公司的经营业绩比较稳定,经营风险较小,这样可使投资者要求的必要报酬率降低,有利于股价上升。如果公司的股利政策不稳定,股利忽高忽低,则会给投资者传递公司经营不稳定的信息,从而导致投资者对风险的担心,会使投资者要求的必要报酬率提高,使股票价格下降。

② 有利于投资者有规律地安排股利收入和支出,特别是那些希望每期能有固定收入的投资者更喜欢这种股利政策,忽高忽低的股利政策可能会降低他们对这种股票的需求,从而使股价下降。

注意

尽管这种股利政策有股利稳定的特点,但是它有时也会给公司造成较大的财务压力,尤其是公司净利润下降或现金紧缺时,公司为了保证股利的正常支付,容易导致资金短缺。因此,这种股利政策一般适合于比较稳定的公司采用。

3. 稳定增长股利政策

稳定增长股利政策是指在一定的时期内保持公司的每股股利额稳定增长的股利政策。公司制定一个稳定的股利增长率,实际上是给投资者传递该公司经营业绩稳定增长的信息,可以降低投资者对该公司风险的担心,从而有利于股票价格的上升。稳定增长股利政策适合于处于成长或成熟阶段的公司。行业特点和公司经营风险也是影响公司是否采用稳定增长股利政策的重要因素。

4. 固定股利支付率股利政策

固定股利支付率股利政策是一种变动的股利政策,公司每年从净利润中按固定的股利支付率发放现金股利。这种股利政策使公司的股利支付与盈利状况密切相关:盈利状况好,则每股股利额增加;盈利状况差,则每股股利额下降。这种股利政策不会给公司造成很大的财务负担,但是,其股利变动可能较大、忽高忽低,容易使股票价格产生较大波动,不利于树立良好的公司形象。

5. 低正常股利加额外股利政策

低正常股利加额外股利政策是一种介于固定股利政策与变动股利政策之间的折中的股利政策。这种股利政策具有较大的灵活性。如果公司盈利较少或投资需要较多的资金时,公司可以只支付较低的正常股利,这样既不会给公司带来较大的财务压力,又能保证股东定期得到一笔固定的股利收入,如果公司盈利较多并且不需要较多投资资金时,公司可以再根据实际情况发放额外股利。这种股利政策既可以维持股利的稳定性,又有利于使公司的资本结构达到日标资本结构,使稳定性与灵活性较好地结合,因而被许多公司采用。

例 6 −12 某公司 2020 年拟投资 4 000 万元购置一台生产设备以扩大生产能

力,该公司目标资本结构负债与权益资金各占 50%。该公司 2019 年度税前利润为 4 000 万元,所得税税率为 25%。

要求:

① 计算 2019 年度的净利润。

② 按照剩余股利政策计算企业分配的现金股利为多少?

③ 如果该企业采用固定股利支付率政策,固定的股利支付率是 40%。在目标资本结构下,计算 2020 年度该公司为购置该设备需要从外部筹集自有资金的数额。

④ 如果该企业采用的是固定或稳定增长的股利政策,稳定增长率为 5%,2016 年支付的股利为 1 200 万元。在目标资本结构下,计算 2020 年度该公司为购置该设备需要从外部筹集自有资金的数额。

⑤ 如果该企业采用的是低正常股利加额外股利政策,低正常股利为 1 000 万元,额外股利为净利润超过 2 000 万元的部分的 10%,在目标资本结构下,计算 2020 年度该公司为购置该设备需要从外部筹集自有资金的数额。

根据该公司股利分配的政策建立分析模型的具体步骤如下。

步骤 1:计算 2019 年度的净利润 = 税前利润 × (1 − 税率) = 4 000 × (1 − 25%) = 3 000(万元),单元格 B2 = B3 = B4 = B5 = 3 000。

步骤 2:计算 2020 年投资所需权益资金 = 投资额 × 权益资金所占比重 = 4 000 × 50% = 2 000(万元),单元格 C2 = C3 = C4 = C5 = 2 000。

步骤 3:按照剩余股利政策计算企业 2019 年分配的现金股利。分派的现金股利 = 税后利润 − 投资权益资金,单元格 E2 = B2 − C2 = 1 000。

步骤 4:按照固定股利支付率政策计算企业 2019 年留存收益 = 净利润 × (1 − 股利支付率),单元格 F3 = B3 × (1 − 40%) = 1 800。

步骤 5:按照固定股利支付率政策计算企业 2020 年需要从外部筹集自有资金的数额 = 投资权益资金 − 留存收益,单元格 G3 = C3 − F3 = 200。

步骤 6:按照固定或稳定增长的股利政策计算企业 2019 年分配的现金股利。2016 年至 2019 年股利增长了 3 次,单元格 E4 = 1 200 × (1 + 15%) × (1 + 15%) × (1 + 15%) = 1 389.15。

步骤 7:按照固定或稳定增长的股利政策计算企业 2019 年留存收益,单元格 F4 = B4 − E4 = 1 610.85。

步骤 8:按照固定或稳定增长的股利政策计算企业 2020 年需要从外部筹集自有资金的数额(同步骤 5),G4 = C4 − F4 = 389.15。

步骤 9:按照低正常股利加额外股利政策计算企业 2019 年分配的现金股利。分配的现金股利 = 低正常股利 + 净利润超过 2 000 万元的那一部分的 10%,E5 = 1 000 + (B5 − 2 000) * 10% = 1 100。

步骤 10:按照低正常股利加额外股利政策计算企业 2019 年留存收益,单元格 F5 = B5 − E5 = 1 900。

步骤 11:按照低正常股利加额外股利政策计算企业 2020 年需要从外部筹集自有资金的数额,G5 = C5 − F5 = 100。

因此,在不同的股利政策下,计算出来的结果如图 6 − 45 所示。

	净利润（万元）	投资权益资金（万元）	分配现金股利的政策	2019年分配的现金股利（万元）	2019年留存收益（万元）	2020年外部自有资金筹集数额
1						
2 剩余股利政策	3000	2000	从盈余中扣除根据目标资本结构测算出的股权资本额，将剩余的盈余做股利分配	1000		
3 固定股利支付率股利政策	3000	2000	每股支付固定股利额的股利政策		1800	200
4 固定或稳定增长股利政策	3000	2000	保持公司的每股股利额稳定增长的股利政策	1389.15	1610.85	389.15
5 低正常股利加额外股利政策	3000	2000	公司盈利较少或投资需要较多的资金时，公司可只支付较低的正常股利；而公司盈利较多并且不需要较多投资时，公司可以再根据实际情况发放额外股利	1100	1900	100
6						

图 6-45　不同的股利政策发放股利的分析模型

项目小结

收入和分配管理是企业循环再生产的重要保障。在企业实际生产运营过程中，经营者成为企业收益分配主体，用财务资本购买企业股份的同时给其人力资本确认部分股权是经营者参与企业收益分配的一个普遍做法。也就是说企业经营者是以财务资本家和人力资本家双层身份成为企业收益分配主体的。但企业经营者以人力资本获赠的股份比例极少，在按有关规定企业经营者必须持有一定比例的企业股份中，绝大部分还需经营者用现金购买。这种在变革企业收益分配制度的同时进行企业产权制度改革的做法，在一定程度上缓解了内部控制问题，对完善公司治理结构有极大的益处。但由于我国企业经营者长期以来的低收入，使经营者在购买企业股份时承受着巨大的债务压力，也将为债权人带来坏账的财务风险。

因此，加强企业的收入与分配管理刻不容缓。本项目阐述了企业收益和分配的原则和程序，利用 Excel 提供的函数和工具，建立模型等方式进行销售预测分析、利润分析、资本收益分配决策分析，并介绍了其在企业实际业务过程中的具体运用，以期来实现企业价值的持续最优化，为读者提供可以借鉴的参考。

技能训练

1. **目的**：练习运用简单算术平均法、简单移动平均法和指数平滑法预测销售量。

资料：如图 6-46 所示的 Excel 表中，是"某厂近 21 年的钢产量"。

要求：分别利用 Excel 简单算术平均分析法、简单移动平均分析法和平滑分析法来预测第 22 年的钢产量。

2. 某公司正在研究其股利分配政策。目前该公司发行在外的普通股共 100 万股，净资产 200 万元，今年每股支付 1 元股利。预计未来 3 年的税后利润和需要追加的资本性支出如表 6-4 所示。

表 6-4　预计未来 3 年的税后利润和需要追加的资本性支出

年　份	第 1 年	第 2 年	第 3 年
税后利润（万元）	200	250	200
资本支出（万元）	100	500	200

	A	B
1	年份	钢产量（吨）
2	2000	676
3	2001	825
4	2002	774
5	2003	716
6	2004	940
7	2005	1159
8	2006	1384
9	2007	1524
10	2008	1668
11	2009	1668
12	2010	1958
13	2011	2031
14	2012	2234
15	2013	2566
16	2014	2820
17	2015	3006
18	2016	3093
19	2017	3277
20	2018	3514
21	2019	3770
22	2020	4107
23	简单算术平均法预测值	
24	简单移动平均法预测值（间隔为3）	
25	指数平滑法预测值	

图 6-46　预测某厂第 21 年的钢产量

假设公司目前没有负债，现准备通过借款融资，但资产负债率不能超过 30%。如果增发股票，股票每股面值 1 元，预计发行价格每股 2 元，假设增发的股份当年不需要支付股利，下一年开始发放股利。

要求：股利发放采用剩余股利政策与固定股利政策，计算各年需要增加的借款和股权资金。

项目七

财务分析与评价

学习目标

通过本项目的学习,要求学生能够了解财务分析的数据来源,掌握财务报表比较分析和结构分析的分析过程,掌握 Excel 在比率分析法和综合分析法中的应用,能够灵活设置财务指标公式,具备运用 Excel 进行财务分析的能力。

财务分析又称财务报表分析,是指在财务报表及其相关资料的基础上,通过一定的方法和手段,对财务报表提供的数据进行系统和深入的分析研究,揭示有关指标之间的关系、变化情况及其形成原因,从而向使用者提供相关和全面的信息。

财务报表是企业财务会计系统的最终工作成果,其中包含着大量有关企业经营活动过程和结果的高度浓缩的会计信息。企业的财务报表主要包括资产负债表、利润表和现金流量表,这些财务报表所提供的数据和有关指标,只能概括地反映企业的财务状况和经营成果。通过对财务报表进行分析,可以全面地了解和评价企业的偿债能力、盈利能力、营运能力和发展能力,为信息使用者进行决策时提供有用依据。

本项目将对财务分析与评价过程中涉及的 3 个主要方面(财务报表分析、财务比率分析以及财务综合分析等)进行介绍。

任务一   财务报表分析模型

任务目标

知识目标:

1. 掌握资产负债表、利润表和现金流量表的比较分析方法。
2. 掌握资产负债表、利润表和现金流量表的结构分析方法。

能力目标:

1. 能够领会 IF、AND 和 ISBLANK 函数在财务报表分析中的应用。
2. 能够定义财务报表的单元格公式。
3. 能够运用比较分析与结构分析方法对财务报表进行分析。

任务导入

东方公司 2020 年年末资产负债表、利润表和现金流量表情况如表 7 -1 至表 7 -3 所示。

表 7－1　东方公司资产负债表

编制单位:东方公司　　　　　　　　　　　　2020 年 12 月 31 日　　　　　　　　　　　　单位:元

资　产	期末余额	上年年末余额	负债和所有者权益	期末余额	上年年末余额
流动资产:			流动负债:		
货币资金	8 000 000	9 000 000	短期借款	20 000 000	23 000 000
交易性金融资产	10 000 000	5 000 000	应付账款	10 000 000	12 000 000
应收账款	12 000 000	13 000 000	预收款项	3 000 000	4 000 000
存货	40 000 000	52 000 000	其他应付款	1 000 000	1 000 000
一年内到期的非流动资产	400 000	700 000	流动负债合计	34 000 000	40 000 000
其他流动资产	600 000	800 000	非流动负债:		
流动资产合计	71 000 000	80 500 000	长期借款	20 000 000	25 000 000
非流动资产:			非流动负债合计	20 000 000	25 000 000
长期股权投资	4 000 000	4 000 000	负债合计	54 000 000	65 000 000
固定资产	120 000 000	140 000 000	所有者权益:		
无形资产	5 000 000	5 500 000	实收资本	120 000 000	120 000 000
非流动资产合计	129 000 000	149 500 000	盈余公积	16 000 000	16 000 000
			未分配利润	10 000 000	29 000 000
			所有者权益合计	146 000 000	165 000 000
资产总计	200 000 000	230 000 000	负债和所有者权益总计	200 000 000	230 000 000

表 7－2　东方公司利润表

编制单位:东方公司　　　　　　　　　　　　2020 年 12 月　　　　　　　　　　　　单位:元

项　目	本期金额	上期金额
一、营业收入	210 000 000	186 000 000
减:营业成本	122 000 000	107 000 000
税金及附加	12 000 000	10 800 000
销售费用	19 000 000	16 200 000
管理费用	10 000 000	8 000 000
财务费用	3 000 000	2 000 000
加:投资利益(损失以"－"号填列)	3 000 000	3 000 000
二、营业利润(亏损以"－"号填列)	47 000 000	45 000 000
加:营业外收入	1 500 000	1 000 000
减:营业外支出	6 500 000	6 000 000
三、利润总额(亏损总额以"－"号填列)	42 000 000	40 000 000
减:所得税费用	10 500 000	10 000 000
四、净利润(净亏损以"－"号填列)	31 500 000	30 000 000

表7-3　东方公司现金流量表

编制单位:东方公司　　　　　　　　　　　2020 年 12 月　　　　　　　　　　　单位:元

项　目	本期金额	上期金额
一、经营活动产生的现金流量:		
销售商品、提供劳务收到的现金	4 000 000	3 900 000
经营活动现金流入小计	4 000 000	3 900 000
购买商品、接受劳务支付的现金	3 500 000	3 200 000
支付给职工以及为职工支付的现金	150 000	100 000
经营活动现金流出小计	3 650 000	3 300 000
经营活动产生的现金流量净额	350 000	600 000
二、投资活动产生的现金流量:		
投资活动现金流入小计	0	0
投资支付的现金	1 100 000	700 000
支付其他与投资活动有关的现金	20 000	30 000
投资活动现金流出小计	1 120 000	730 000
投资活动产生的现金流量净额	- 1 120 000	- 730 000
三、筹资活动产生的现金流量:		
取得借款收到的现金	1 700 000	350 000
筹资活动现金流入小计	1 700 000	350 000
支付其他与筹资活动有关的现金	950 000	350 000
筹资活动现金流出小计	950 000	350 000
筹资活动产生的现金流量净额	750 000	0
四、汇率变动对现金及现金等价物的影响	0	0
五、现金及现金等价物净增加额	- 20 000	- 130 000

东方公司 2020 年度资金构成、经营成果及发展趋势、现金流量组成有哪些变化呢?

通过本任务的学习,你将能够通过 Excel 表格建立财务报表分析模型,对该公司资产负债表、利润表和现金流量表进行比较分析和结构分析。

一、资产负债表分析模型

资产负债表是反映企业某一特定日期财务状况的报表。对资产负债表进行分析,可以全面了解企业某一时刻所拥有的经济资源及其构成情况、企业的资金来源及其构成情况、企业的短期偿债能力和长期偿债能力,也可以了解企业不同时期财务状况的变动情况。

对资产负债表的分析包括比较分析和结构分析。比较分析是指将前后两期的资产负债表数据进行对比计算增减变动额和增减变动幅度;结构分析一般是以资产总额为 100%,计算资产负债表上的各项目占总资产额的百分比。

建立资产负债表分析模型的过程中将运用到 IF、AND、ISBLANK 等函数。本任务主要介绍 ISBLANK 函数的功能。

ISBLANK 函数主要用来检验数值或引用的类型,并根据参数取值返回 TRUE 或 FALSE,其语法格式为

= ISBLANK(value)

式中,value 为需要进行检验的数值。如果数值为空(即对空白单元格的引用),则函数 ISBLANK 返回逻辑值 TRUE,否则返回 FALSE。

例 7 - 1 M 公司 2020 年资产负债表年初和年末的相关数据存放在"财务报表分析模型"工作簿中、名为"资产负债表分析模型"的工作表的单元格区域 A1:F20,如图 7 - 1 所示。要求建立一个对该公司资产负债表进行比较分析和结构分析的模型。

	A	B	C	D	E	F
1			资产负债表			
2	编制单位: M公司		2020年12月31日			单位: 亿元
3	资产	期末余额	上年年末余额	负债和股东权益	期末余额	上年年末余额
4	流动资产:			流动负债:		
5	货币资金	30	25	短期借款	50	5
6	交易性金融资产	1	2	应付票据	0	0
7	应收账款	10	8	应付账款	100	95
8	存货	89	60	流动负债合计	150	100
9	流动资产合计	130	95	非流动负债:		
10	非流动资产:			长期借款	72	80
11	债权投资	3	3	应付债券	88	0
12	长期应收款	0	0	非流动负债合计	160	80
13	长期股权投资	55	11	负债合计	310	180
14	固定资产	280	210	股东权益:		
15	在建工程	172	75	股本(面值1元)	135	81
16	无形资产	5	6	资本公积	58	55
17	非流动资产合计	515	305	盈余公积	62	27
18				未分配利润	80	57
19				股东权益合计	335	220
20	资产总计	645	400	负债和股东权益总计	645	400

资产负债表分析模型

图 7 - 1 M 公司资产负债表

建立资产负债表分析模型的具体步骤如下。

步骤 1:在"财务报表分析模型"工作簿名为"资产负债表分析模型"的工作表中设计模型的结构,如图 7 - 2 所示。

步骤 2:在单元格 I5 中输入" = IF(AND(ISBLANK(B5), ISBLANK(C5)),"",B5 - C5)"。

提示

这里同时使用 IF 函数、AND 函数和 ISBLANK 函数的作用是,首先判断 B5 和 C5 单元格是否同时为空白单元格,如果条件成立,则在 I5 单元格中返回空白,否则返回单元格 B5 与单元格 C5 中的数值之差。

步骤 3:在单元格 J5 中输入公式" = IF (AND (ISBLANK (B5) , ISBLANK (C5)) , " " , IF (C5 = 0 , "无意义" , (B5 – C5) / C5)) "。

提示

这里除了使用 AND 函数和 ISBLANK 函数以外,还使用了两个 IF 函数。使用第一个 IF 函数和 AND 函数以及 ISBLANK 函数的作用是只有在单元格 B5 和单元格 C5 都不是空白的情况下才进行正常的计算,否则返回空白。使用第二个 IF 函数的作用是判断作为分母的单元格 C5 的数值是否为 0,若条件成立则返回文本"无意义",否则按公式(B5 – C5)/C5 计算 J5 单元格中的数值,从而可以避免在除数为 0 的情况下在选定的单元格中返回错误信息。

步骤 4:在单元格 K5 中输入公式" = IF (ISBLANK (B5) , " " , B5/$B$20) "。

步骤 5:在单元格 L5 中输入公式" = IF (ISBLANK (C5) , " " , C5/$C$20) "。

步骤 6:选取单元格区域 I5:L5,将其复制到单元格区域 I6:L20。

步骤 7:在单元格 N5 中输入公式" = IF (AND (ISBLANK (E5) , ISBLANK (F5)) , " " , E5 – F5) "。

步骤 8:在单元格 O5 中输入公式" = IF (AND (ISBLANK (E5) , ISBLANK (F5)) , " " , IF (F5 = 0 , "无意义" , (E5 – F5) / F5)) "。

步骤 9:在单元格 P5 中输入公式" = IF (ISBLANK (E5) , " " , E5/$E$20) "。

步骤 10:在单元格 Q5 中输入公式" = IF (ISBLANK (F5) , " " , F5/$F$20) "。

步骤 11:选取单元格区域 N5:Q5,将其复制到单元格区域 N6:Q20。

模型的运行结果如图 7 – 2 所示。

	H	I	J	K	L	M	N	O	P	Q
1	M公司2020年资产负债表分析(金额单位:亿元)									
2	资产	年末与年初比较		结构分析		负债和股东权益	年末与年初比较		结构分析	
3		增减额	增减幅度	年末结构	年初结构		增减额	增减幅度	年末结构	年初结构
4	流动资产:					流动负债:				
5	货币资金	5	20.00%	4.65%	6.25%	短期借款	45	900.00%	7.75%	1.25%
6	交易性金融资产	-1	-50.00%	0.16%	0.50%	应付票据	0	无意义	0.00%	0.00%
7	应收账款	2	25.00%	1.55%	2.00%	应付账款	5	5.26%	15.50%	23.75%
8	存货	29	48.33%	13.80%	15.00%	流动负债合计	50	50.00%	23.26%	25.00%
9	流动资产合计	35	36.84%	20.16%	23.75%	非流动负债				
10	非流动资产:					长期借款	-8	-10.00%	11.16%	20.00%
11	债权投资	0	0.00%	0.47%	0.75%	应付债券	88	无意义	13.64%	0.00%
12	长期应收款	0	无意义	0.00%	0.00%	非流动负债合计	80	100.00%	24.81%	20.00%
13	长期股权投资	44	400.00%	8.53%	2.75%	负债合计	130	72.22%	48.06%	45.00%
14	固定资产	70	33.33%	43.41%	52.50%	股东权益				
15	在建工程	97	129.33%	26.67%	18.75%	股本(面值1元)	54	66.67%	20.93%	20.25%
16	无形资产	-1	-16.67%	0.78%	1.50%	资本公积	3	5.45%	8.99%	13.75%
17	非流动资产合计	210	68.85%	79.84%	76.25%	盈余公积	35	129.63%	9.61%	6.75%
18						未分配利润	23	40.35%	12.40%	14.25%
19						股东权益合计	115	52.27%	51.94%	55.00%
20	资产总计	245	61.25%	100.00%	100.00%	负债和股东权益总计	245	61.25%	100.00%	100.00%

资产负债表分析模型

图 7 – 2   M 公司资产负债表分析模型

二、利润表分析模型

利润表是反映企业一定时期经营成果的报表。对利润表进行分析,可以了解企业一定时期经营成果的形成情况及获利能力,判断企业未来的发展趋势,从而做出正确的决策。

对利润表进行的分析包括比较分析和结构分析。比较分析是指将前后两期的利润表数据进行对比计算增减变动额和增减变动幅度;结构分析一般是以营业收入为 100%,计算利润表上的各项目占营业收入的百分比。

例 7-2 M 公司 2020 年利润表的有关数据存放在"财务报表分析模型"工作簿名为"利润表分析模型"的工作表的单元格区域 A1:C17,如图 7-3 所示。要求建立一个对该公司利润表进行比较分析和结构分析的模型。

	A	B	C
1	利润表		
2	编制单位:M公司	2020年12月	单位:亿元
3	项目	本期金额	上期金额
4	一、营业收入	550	426
5	减:营业成本	420	336
6	税金及附加	3	2
7	销售费用	7	3
8	管理费用	5	10
9	财务费用	5	4
10	加:公允价值变动收益(损失以"-"号填列)	0	0
11	资产减值损失(损失以"-"号填列)	0	0
12	二、营业利润(亏损以"-"号填列)	110	71
13	加:营业外收入	1	0
14	减:营业外支出	1	1
15	三、利润总额(亏损总额以"-"号填列)	110	70
16	减:所得税费用	27.5	17.5
17	四、净利润(净亏损以"-"号填列)	82.5	52.5

利润表分析模型

图 7-3 M 公司利润表

建立利润表分析模型的具体步骤如下。

步骤 1:在"财务报表分析模型"工作簿名为"利润表分析模型"的工作表中设计模型的结构,如图 7-4 所示。

步骤 2:在单元格 F4 中输入公式" = B4 - C4"。

步骤 3:在单元格 G4 中输入公式" = IF(C4 = 0,"无意义",F4/C4)"。

步骤 4:选取单元格区域 F4:G4,将其复制到单元格区域 F5:G17。

步骤 5:选取单元格区域 H4:I17,输入数组公式" = B4:C17/B4:C4",按组合键 Ctrl + Shift + Enter 结束。

模型的运行结果如图 7-4 所示。

项目	与上期比较分析		结构分析	
	增减金额	增减幅度	本期结构	上期结构
一、营业收入	124	29.11%	100.00%	100.00%
减：营业成本	84	25.00%	76.36%	78.87%
税金及附加	1	50.00%	0.55%	0.47%
销售费用	4	133.33%	1.27%	0.70%
管理费用	-5	-50.00%	0.91%	2.35%
财务费用	1	25.00%	0.91%	0.94%
加：公允价值变动收益	0	无意义	0.00%	0.00%
资产减值损失	0	无意义	0.00%	0.00%
二、营业利润	39	54.93%	20.00%	16.67%
加：营业外收入	1	无意义	0.18%	0.00%
减：营业外支出	0	0.00%	0.18%	0.23%
三、利润总额	40	57.14%	20.00%	16.43%
减：所得税费用	10	57.14%	5.00%	4.11%
四、净利润	30	57.14%	15.00%	12.32%

（表上方标题：M公司2020年利润表分析（金额单位：亿元），底部工作表标签：利润表分析模型）

图7-4　M公司利润表分析模型

三、现金流量表分析模型

现金流量表是反映企业一定时期经营活动、投资活动和筹资活动产生的现金流量信息的报表，是以现金制为基础编制的财务状况变动表。通过对现金流量表进行分析，可以了解企业一定时期现金流量的发生及其构成情况，评价利润的含金量，并进一步分析企业的偿债能力，预测企业未来产生现金流量的能力。

对现金流量表的分析包括比较分析和结构分析。比较分析是将前后两期的现金流量表数据进行对比计算增减变动额和增减变动幅度；结构分析包括现金流入量结构分析、现金流出量结构分析和现金净流量结构分析，通过这些分析可以反映企业的现金流入量、现金流出量和现金净流量的构成情况。

例7-3　M公司2020年现金流量表年初和年末的有关数据存放在"财务报表分析模型"工作簿名为"现金流量表分析模型"的工作表中，如图7-5所示。要求建立一个对该公司现金流量表进行比较分析和结构分析的模型。

建立利润表分析模型的具体步骤如下。

步骤1：在"财务报表分析模型"工作簿名为"现金流量表分析模型"的工作表中设计模型的结构，如图7-6所示。

步骤2：在单元格F5中输入公式"=IF（AND（ISBLANK（B5），ISBLANK

项目	本期金额	上期金额
一、经营活动产生的现金流量：		
销售商品、提供劳务收到的现金	470	460
经营活动现金流入小计	470	460
购买商品、接收劳务支付的现金	360	380
支付给职工以及为职工支付的现金	15	10
经营活动现金流出小计	375	390
经营活动产生的现金流量净额	95	70
二、投资活动产生的现金流量：		
投资活动现金流入小计	0	0
投资支付的现金	135	72
支付其他与投资活动有关的现金	3	3
投资活动现金流出小计	138	75
投资活动产生的现金流量净额	-138	-75
三、筹资活动产生的现金流量		
吸收投资收到的现金	70	0
取得借款收到的现金	90	25
筹资活动现金流入小计	160	25
支付其他与筹资活动有关的现金	92	30
筹资活动现金流出小计	92	30
筹资活动产生的现金流量净额	68	-5
四、汇率变动对现金及现金等价物的影响	0	0
五、现金及现金等价物净增加额	25	-10

（表上方标题：现金流量表；编制单位：M公司　2020年12月　单位：亿元；底部工作表标签：现金流量表分析模型）

图7-5　M公司现金流量表

$(C5))$,"",$B5-C5)$"。

步骤3:在单元格 G5 中输入公式" = IF(AND(ISBLANK(B5) , ISBLANK(C5)) ,"", IF(C5 = 0,"无意义",F5/C5))"。

步骤4:选取单元格区域 F5:G5,将其复制到单元格区域 F6:G25。

步骤5:在单元格 H6 中输入公式" = B6/SUM($B$6,$B$12,$B$20)",并将其复制到单元格 H12 和单元格 H20。

步骤6:在单元格 I9 中输入公式" = B9/SUM($B$9,$B$15,$B$22)",并将其复制到单元格 I15 和 I22。

步骤7:在单元格 J10 中输入公式" = B10/SUM($B$10,$B$16,$B$23)",并将其复制到单元格 J16 和 J23。

步骤8:在单元格 K6 中输入公式" = C6/SUM($C$6,$C$12,$C$20)",并将其复制到单元格 K12 和单元格 K20。

步骤9:在单元格 L9 中输入公式" = C9/SUM($C$9,$C$15,$C$22)",并将其复制到单元格 L15 和单元格 L22。

步骤10:在单元格 M10 中输入公式" = C10/SUM($C$10,$C$16,$C$23)",并将其复制到单元格 M16 和单元格 M23。

步骤11:在单元格 H25 中输入公式" = SUM(H6:H23)",并将其复制到单元格区域 I25:M25。

模型的运行结果如图 7 - 6 所示。

图 7 - 6 M 公司现金流量表分析模型

任务二　财务比率分析模型

任务目标

知识目标：

1. 理解比率分析法的概念。

2. 掌握比率分析法的具体指标计算。

能力目标：

1. 能够熟练定义各财务比率的单元格公式。

2. 能够熟练地对企业的偿债能力、营运能力、获利能力和发展能力进行分析。

任务导入

东方公司2020年度财务报表如表7－1、表7－2和表7－3所示，在任务一的基础上，该如何进一步去评价该公司的财务表现呢？

通过本任务的学习，你将能够通过 Excel 表格对企业的偿债能力、获利能力、营运能力和发展能力进行分析。

财务比率分析是指将财务报表中的有关项目进行对比，得出一系列的财务比率，以此来揭示企业的财务状况。常用的财务比率可分为偿债能力比率、营运能力比率、获利能力比率以及发展能力比率4类。

一、偿债能力比率

（一）短期偿债能力比率

短期偿债能力比率是衡量企业产生现金能力大小的比率，它取决于可以在近期转为现金的流动资产的多少。反映短期偿债能力的财务比率主要有流动比率和速动比率。

1. 流动比率

流动比率是企业流动资产与流动负债之比。其计算公式为

$$流动比率 = 流动资产 \div 流动负债$$

流动资产一般包括库存现金、应收账款及库存商品等。流动负债一般包括应付账款、应付票据、短期债务、应付未付的各项税费及其他应付未付的开支。

流动比率越高，说明企业偿还短期债务的能力越强，流动负债得到偿还的保障越大。

2. 速动比率

速动比率也称酸性测试比率，是流动资产扣除变现能力较差且不稳定的存货、预付账款等资产后形成的速动资产与流动负债之比。其计算公式为

$$速动比率 = 速动资产 / 流动负债$$

$$速动资产 = 货币资金 + 交易性金融资产 + 应收账款 + 应收票据$$

$$= 流动资产 - 存货 - 预付账款 - 一年内到期的非流动资产 - 其他流动资产$$

（二）长期偿债比率

长期负债比率是反映债务和资产、净资产之间关系的比率。它反映企业偿付到期长期

债务的能力。反映长期偿债能力的负债比率主要有资产负债率、产权比率和利息保障倍数。通过对负债比率的分析,可以看出企业的资本结构是否健全合理,从而评价企业的长期偿债能力。

1. 资产负债率

资产负债率是企业负债总额与资产总额之比,又称举债经营比率,它反映企业的资产总额中有多少是通过举债而得到的。资产负债率反映企业偿还债务的综合能力,该比率越高,企业偿还债务的能力越差。反之,偿还债务的能力越强。其计算公式为

$$资产负债率 = 负债总额 \div 资产总额$$

2. 产权比率

产权比率又称负债权益比率,是负债总额与所有者权益(或股东权益,下同)总额之比,也是衡量企业长期偿债能力的指标之一。该比率反映了债权人所提供的资金与投资人所提供的资金的对比关系,从而揭示企业的财务风险以及所有者权益对债务的保障程度。其计算公式为

$$产权比率 = 负债总额 \div 所有者权益总额$$

3. 利息保障倍数

利息保障倍数是税前利润加利息费用之和与利息费用的比值,反映了企业用经营所得支付债务利息的能力。其计算公式为

$$利息保障倍数 = 息税前利润 \div 利息费用$$

$$息税前利润 = 税前利润 + 利息费用 = 净利润 + 所得税费用 + 利息费用$$

利息保障倍数越高,说明企业用经营所得按时按量支付债务利息的能力越强,它能够增强贷款人对企业支付能力的信任程度。

二、营运能力比率

营运能力比率是用来衡量企业在资产管理方面效率高低的财务比率,包括存货周转率、应收账款周转率、流动资产周转率、固定资产周转率和总资产周转率等。通过对这些指标的高低及其成因的考察,利益关系人能够对资产负债表的资产是否在有效运转、资产结构是否合理、所有的资产是否能够有效利用及资产总量是否合理等问题,做出较为客观的认识。

(一)流动资产周转比率

1. 存货周转率

在流动资产中,存货所占的比重较大,存货的变现能力将直接影响企业资产的利用效率,因此必须特别重视对存货的分析。存货周转率是衡量和评价企业购入存货、投入生产、销售收回等各环节管理状况的综合性指标。它是营业成本与平均存货余额的比值,也称为存货周转次数。用时间表示的存货周转率就是存货周转天数。其计算公式为

$$存货周转率 = 销售成本 \div 存货平均余额$$

$$存货周转天数 = 360 \div 存货周转率$$

其中,

$$存货平均余额 = (期初存货余额 + 期末存货余额) \div 2$$

2. 应收账款周转率

应收账款周转率是反映年度内应收账款转换为现金的平均次数的指标。用时间表示的应收账款周转速度是应收账款的周转天数,也称为平均应收账款回收期,它表示企业从取得应收账款的权利到收回款项所需要的时间。其计算公式为

$$应收账款周转率 = 赊销收入净额 \div 应收账款平均余额$$

$$应收账款周转天数 = 360 \div 应收账款周转率$$

其中,

$$应收账款平均余额 = (期初应收账款余额 + 期末应收账款余额) \div 2$$

3. 流动资产周转率

流动资产周转率是销售收入与平均流动资产总额之比,它反映的是全部流动资产的利用效率。其计算公式为

$$流动资产周转率 = 销售收入 \div 流动资产平均余额$$

其中,

$$流动资产平均余额 = (期初流动资产余额 + 期末流动资产余额) \div 2$$

(二)固定资产周转比率

固定资产周转率是企业销售收入与平均固定资产之比。该比率越高,说明固定资产的利用率越高,管理水平越高。其计算公式为

$$固定资产周转率 = 销售收入 \div 固定资产平均余额$$

其中,

$$固定资产平均余额 = (期初固定资产余额 + 期末固定资产余额) \div 2$$

(三)总资产周转比率

总资产周转率是企业销售收入与平均资产总额之比,可以用来分析企业全部资产的使用效率。如果该比率较低,企业应采取措施提高销售收入或处置资产,以提高总资产利用率。其计算公式为

$$总资产周转率 = 销售收入 \div 资产平均余额$$

其中,

$$资产平均余额 = (期初资产余额 + 期末资产余额) \div 2$$

三、获利能力比率

获利能力比率是反映企业取得利润能力高低的比率。不论是投资人、债权人还是企业管理人员都重视企业的盈利能力,常用销售利润率、成本费用利润率、总资产报酬率、净资产报酬率等指标来评价企业各要素的获利能力及资本保值增值情况。

(一)销售收入利润率

销售收入利润率是企业的营业利润与企业产品销售收入的比例关系。其计算公式为

$$销售收入利润率 = 营业利润 \div 产品销售收入净额$$

(二)销售净利率和销售毛利率

销售毛利率表示销售收入扣除销售成本后,有多少剩余可以用于各项期间费用的补偿

和形成盈利。销售净利率反映销售收入带来净利润的多少,可以评价企业通过销售赚取利润的能力,该比率越高,说明企业通过扩大销售获取收益的能力越强。计算公式为

$$销售净利率 = 净利润 \div 销售收入$$

$$销售毛利率 = 销售毛利 \div 销售收入 = (销售收入 - 销售成本) \div 销售收入$$

（三）总资产报酬率

总资产报酬率也称资产利润率或总资产收益率,是企业在一定时期内所获得的报酬总额与平均资产总额之比。总资产报酬率用来衡量企业利用全部资产获取利润的能力,反映了企业总资产的利用效率。其计算公式为

$$总资产报酬率 = 净利润 \div 资产平均余额$$

其中,

$$资产平均余额 = (期初资产余额 + 期末资产余额) \div 2$$

（四）净资产收益率

净资产收益率是在一定时期内企业的净利润与平均净资产之比。净资产收益率是评价企业获利能力的一个重要财务指标,反映了企业自有资本获取投资报酬的高低。其计算公式为

$$净资产收益率 = 净利润 \div 平均净资产$$

其中,

$$平均净资产 = (期初所有者权益 + 期末所有者权益) \div 2$$

四、发展能力比率

发展能力是企业在生存的基础上扩大规模、壮大实力的潜在能力。分析发展能力主要考察总资产增长率、营业收入增长率、营业利润增长率等。

（一）总资产增长率

总资产增长率是企业当期总资产增长额同期初资产总额的比率,反映企业本期资产规模的增长情况。其计算公式为

$$总资产增长率 = 当期总资产增长额 \div 期初资产总额 \times 100\%$$

其中,

$$当期总资产增长额 = 期末资产总额 - 期初资产总额$$

总资产增长率越高,表明企业一定时期内资产经营规模扩张的速度越快。但在分析时,需要关注资产规模扩张的质和量的关系,以及企业的后续发展能力,避免盲目扩张。

（二）净资产增长率

净资产增长率是指企业本期净资产增加额与上期净资产总额的比率。净资产增长率反映了企业资本规模的扩张速度,是衡量企业总量规模变动和成长状况的重要指标。其计算公式为

$$净资产增长率 = (期末净资产 - 期初净资产) \div 期初净资产 \times 100\%$$

（三）营业收入增长率

营业收入增长率是企业本期营业收入增长额与上期营业收入总额的比率,反映企业营

业收入的增减变动情况。其计算公式为

$$营业收入增长率 = 当期营业收入增长额 \div 上期营业收入总额 \times 100\%$$

其中，

$$当期营业收入增长额 = 期末营业收入总额 - 期初营业收入总额$$

营业收入增长率大于 0，表明企业本年营业收入有所增长。该指标值越高，表明企业营业收入的增长速度越快，企业市场前景越好。

（四）净利润增长率

净利润增长率是企业本期净利润增长额与上期净利润总额的比率，反映企业当期净利润比上期净利润的增长幅度，指标值越大代表企业盈利能力越强。其计算公式为

$$净利润增长率 = （本期净利润 - 上期净利润）\div 上期净利润$$

例 7-4　M 公司 2020 年的资产负债表、利润表和现金流量表的有关数据分别存放在"财务报表分析模型"工作簿名为"资产负债表分析模型""利润表分析模型"和"现金流量表分析模型"3 张工作表中，如图 7-1、图 7-3 和图 7-5 所示。要求建立一个根据该公司的 3 张财务报表计算其 2020 年的各项财务比率指标的模型。（详见教学视频）

建立财务比率分析模型的具体步骤如下：

在"财务报表分析模型"工作簿中新建一张新的工作表，命名为"财务比率分析模型"，在表中设计模型结构并在相应的单元格中输入公式，如图 7-7 所示。计算财务比率过程中的假定条件如图 7-7 的单元格区域 E1:G18 所示。

A	B	C	D	E F G
		M公司2020年财务比率分析		计算比率过程中的假定条件
财务比率	公式	数值		
一、短期偿债能力比率				
流动比率	流动资产/流动负债	=资产负债表分析模型!B9/资产负债表分析模型!E8		1.交易性金融资产均为变现能力极强的证券
速动比率	(流动资产-存货)/流动负债	=(资产负债表分析模型!B9-资产负债表分析模型!B8)/资产负债表分析模型!E8		
二、长期偿债能力比率				
资产负债率	负债总额/资产总额	=资产负债表分析模型!E13/资产负债表分析模型!B20		
产权比率	负债总额/股东权益总额	=资产负债表分析模型!E13/资产负债表分析模型!E19		2.财务费用全部是利息费用
利息保障倍数	息税前利润/利息费用	=(利润表分析模型!B15+利润表分析模型!B9)/利润表分析模型!B9		
三、营运能力比率				
存货周转率	销售成本/存货平均余额	=利润表分析模型!B5/(资产负债表分析模型!B8+资产负债表分析模型!C8)/2)		
应收账款周转率	赊销收入净额/应收账款平均余额	=利润表分析模型!B4*30%/((资产负债表分析模型!B7+资产负债表分析模型!C7)/2)		3.没有优先股
流动资产周转率	销售收入/流动资产平均余额	=利润表分析模型!B4/((资产负债表分析模型!B9+资产负债表分析模型!C9)/2)		
固定资产周转率	销售收入/固定资产平均余额	=利润表分析模型!B4/((资产负债表分析模型!B14+资产负债表分析模型!C14)/2)		
总资产周转率	销售收入/资产平均余额	=利润表分析模型!B4/((资产负债表分析模型!B20+资产负债表分析模型!C20)/2)		
四、获利能力比率				4.销售收入中赊销收入占比30%
销售毛利率	(销售收入-销售成本)/销售收入	=(利润表分析模型!B4-利润表分析模型!B5)/利润表分析模型!B4		
销售净利率	净利润/销售收入	=利润表分析模型!B17/利润表分析模型!B4		
总资产报酬率	净利润/资产平均余额	=利润表分析模型!B17/((资产负债表分析模型!B20+资产负债表分析模型!C20)/2)		
净资产收益率	净利润/净资产平均余额	=利润表分析模型!B17/((资产负债表分析模型!E19+资产负债表分析模型!F19)/2)		
五、发展能力比率				
总资产增长率	(期末总资产-期初总资产)/期初总资产	=资产负债表分析模型!B20-资产负债表分析模型!C20)/资产负债表分析模型!C20		
净资产增长率	(期末净资产-期初净资产)/期初净资产	=资产负债表分析模型!E19-资产负债表分析模型!F19)/资产负债表分析模型!F19		
营业收入增长率	(本期营业收入-上期营业收入)/上期营业收入	=(利润表分析模型!B4-利润表分析模型!C4)/利润表分析模型!C4		
净利润增长率	(本期净利润-上期净利润)/上期净利润	=(利润表分析模型!B17-利润表分析模型!C17)/利润表分析模型!C17		

图 7-7　M 公司财务比率公式

模型运行公式的结果如图 7 - 8 所示。

	A	B	C
1		M公司2020年财务比率分析	
2	财务比率	公式	数值
3	一、短期偿债能力比率		
4	流动比率	流动资产/流动负债	0.87
5	速动比率	（流动资产-存货）/流动负债	0.27
6	二、长期偿债能力比率		
7	资产负债率	负债总额/资产总额	48.06%
8	产权比率	负债总额/股东权益总额	0.93
9	利息保障倍数	息税前利润/利息费用	23.00
10	三、营运能力比率		
11	存货周转率	销售成本/存货平均余额	5.64
12	应收账款周转率	赊销收入净额/应收账款平均余额	18.33
13	流动资产周转率	销售收入/流动资产平均余额	4.89
14	固定资产周转率	销售收入/固定资产平均余额	2.24
15	总资产周转率	销售收入/资产平均余额	1.05
16	四、获利能力比率		
17	销售毛利率	（销售收入-销售成本）/销售收入	23.64%
18	销售净利率	净利润/销售收入	15.00%
19	总资产报酬率	净利润/资产平均余额	15.79%
20	净资产收益率	净利润/净资产平均余额	29.73%
21	五、发展能力比率		
22	总资产增长率	（期末总资产-期初总资产）/期初总资产	61.25%
23	净资产增长率	（期末净资产-期初净资产）/期初净资产	52.27%
24	营业收入增长率	（本期营业收入-上期营业收入）/上期营业收入	29.11%
25	净利润增长率	（本期净利润-上期净利润）/上期净利润	57.14%

财务比率分析模型

图 7 - 8　M 公司财务比率分析结果

任务三　财务状况综合分析模型

任务目标

知识目标：

1. 理解财务比率综合评分法。

2. 掌握杜邦分析体系。

能力目标：

1. 能够领会财务比率综合评分法和杜邦分析法的分析过程。

2. 能够运用杜邦分析模型对企业的财务状况进行综合分析。

任务导入

　　东方公司 2020 年度财务报表如表 7 - 1、表 7 - 2 和表 7 - 3 所示,在任务二的基础上,该如何进一步全面合理地评估该公司的财务表现,完整揭示该公司财务状况内部的各项因素及其相互之间的关系呢?

　　通过本任务的学习,你将能够学会使用综合评分法和杜邦分析法对企业财务状况进行全面揭示。

　　财务状况综合分析是指对各种财务指标进行系统、综合的分析,以便对企业的财务状况做出全面合理的评价。

　　企业的财务状况是一个完整的系统,内部各种因素相互依存、相互作用,所以进行财务分析要了解企业财务状况内部的各项因素及其相互之间的关系,这样才能比较全面地揭示企业财务状况的全貌。财务状况综合分析的方法有财务比率综合评分法和杜邦分析法两种。

一、财务比率综合评分法

财务比率综合评分法,最早在 20 世纪初由亚历山大·沃尔选择 7 项财务比率对企业的信用水平进行评分所使用的方法,所以也称沃尔评分法。这种方法是通过对选定的几项财务比率进行评分,然后计算出综合得分,并据此评价企业的综合财务状况。步骤如下:

① 选定评价企业财务状况的财务比率。

在选择财务比率时,一要具有全面性,要求反映企业的偿债能力、营运能力、获利能力以及发展能力的四大类别财务比率都应当包括在内;二要具有代表性,即要选择能够说明问题的重要财务比率;三要具有变化方向的一致性,即当财务比率增大时,表示财务状况的改善,反之,当财务比率减小时,表示财务状况的恶化。

② 根据各项财务比率的重要程度,确定其标准评分值,即重要性系数。

各项财务比率的标准评分值之和应等于 100 分,各项财务比率评分值的确定是财务比率综合评分法的一个重要问题,它直接影响到对企业财务状况的评分多少。对各项财务比率的重要程度,不同的分析者会有截然不同的态度,但是,一般来说,应根据企业的经营活动的性质、企业的生产经营规模、市场形象和分析者的分析目的等因素确定。

③ 规定各项财务比率评分值的上限和下限,即最高评分值和最低评分值。

这主要为了避免个别财务比率分值的异常给总分造成不合理的影响。

④ 确定各项财务比率的标准值。

财务比率的标准是指各项财务比率在本企业现时条件下最理想的数值,亦即最优值,财务比率的标准值,通常可以参照同行业的平均水平,并经过调整后确定。

⑤ 计算企业在一定时期各项财务比率的实际值。

⑥ 计算出各项财务比率实际值与标准值的比率,即关系比率。

关系比率等于财务比率的实际值除以标准值。

⑦ 计算出各项财务比率的实际得分。

各项财务比率的实际得分是关系比率和标准评分值的乘积,每项财务比率的得分都不得超过上限或下限,所有各项财务比率实际得分的合计数就是企业财务状况的综合得分。该综合得分反映了企业综合财务状况是否良好。如果综合得分等于或接近于 100 分,说明企业的财务状况是良好的,达到了预先确定的标准;如果低于 100 分很多,说明企业的财务状况较差,应当采取适当措施加以改善;如果综合得分高于 100 分很多,就说明企业的财务状况很理想。

例 7 - 5 M 公司 2020 年的 3 张财务报表等有关数据存放在"财务报表分析模型"工作簿中,如前所述。要求根据图 7 - 9 的"已知条件"区域所示的指标体系、各指标的标准评分值和行业标准值,建立一个计算 M 公司综合分数并做出综合评价的模型。

建立财务比率综合评分模型的具体步骤如下。

步骤 1:在"财务报表分析模型"工作簿中、名为"财务比率综合评分表"的工作表中设计模型的结构,如图 7 - 9 所示。

	A	B	C	D	E	F
1	M公司2020年的综合评分表					
2	已知条件				计算结果	
3	指标类别	指标名称	标准评分值	行业标准值	实际值	实际得分值
4	偿债能力比率	流动比率	10	2	=财务比率分析模型!C4	=C4*E4/D4
5		速动比率	10	1	=财务比率分析模型!C5	=C5*E5/D5
6		资产/负债	12	2	=资产负债表分析模型!B20/资产负债表分析模型!E13	=C6*E6/D6
7	营运能力比率	存货周转率	10	4.4	=财务比率分析模型!C11	=C7*E7/D7
8		应收账款周转率	8	16	=财务比率分析模型!C12	=C8*E8/D8
9		总资产周转率	10	1	=财务比率分析模型!C15	=C9*E9/D9
10	获利能力比率	总资产报酬率	15	8%	=财务比率分析模型!C19	=C10*E10/D10
11		净资产收益率	15	25%	=财务比率分析模型!C20	=C11*E11/D11
12		销售净利率	10	18%	=财务比率分析模型!C18	=C12*E12/D12
13	合计		100			=SUM(F4:F12)
14	财务状况综合评价的结论		=IF(F13=100,"与行业平均水平一致",IF(F13>100,"比行业平均水平好","比行业平均水平差"))			

财务比率综合评分表

图 7 –9　M 公司的综合评分表模型

步骤 2:在单元格 E4 中输入公式“ = 财务比率分析模型!C4”。

步骤 3:在单元格 E5 中输入公式“ = 财务比率分析模型!C5”。

步骤 4:在单元格 E6 中输入公式“ = 资产负债表分析模型! B20/资产负债表分析模型! E13”。

步骤 5:在单元格 E7 中输入公式“ = 财务比率分析模型!C11”。

步骤 6:在单元格 E8 中输入公式“ = 财务比率分析模型!C12”。

步骤 7:在单元格 E9 中输入公式“ = 财务比率分析模型!C15”。

步骤 8:在单元格 E10 中输入公式“ = 财务比率分析模型!C19”。

步骤 9:在单元格 E11 中输入公式“ = 财务比率分析模型!C20”。

步骤 10:在单元格 E12 中输入公式“ = 财务比率分析模型!C18”。

步骤 11:在单元格 E13 中输入公式“ = C4 * E4/D4”,并将其复制到单元格区域 F5:F12。

步骤 12:在合并单元格 C14 中输入公式“ = IF(F13 = 100,"与行业平均水平一致",IF(F13 >100,"比行业平均水平好","比行业平均水平差"))”。

模型的运行结果如图 7 –10 所示。

	A	B	C	D	E	F
1	M公司2020年的综合评分表					
2	已知条件				计算结果	
3	指标类别	指标名称	标准评分值	行业标准值	实际值	实际得分值
4	偿债能力比率	流动比率	10	2	0.87	4.33
5		速动比率	10	1	0.27	2.73
6		资产/负债	12	2	2.08	12.48
7	营运能力比率	存货周转率	10	4.4	5.64	12.81
8		应收账款周转率	8	16	18.33	9.17
9		总资产周转率	10	1	1.05	10.53
10	获利能力比率	总资产报酬率	15	8%	15.79%	30.36
11		净资产收益率	15	25%	29.73%	17.84
12		销售净利率	10	18%	15.00%	8.33
13	合计		100			108.59
14	财务状况综合评价的结论		比行业平均水平好			

财务比率综合评分表

图 7 –10　M 公司综合财务评分结果

二、杜邦分析法

杜邦分析法是对企业财务状况进行的综合分析。它通过分析几种主要的财务指标及其之间的关系，直观、明了地反映出企业的综合财务状况。该分析法由美国杜邦公司的经理创造，因此称为杜邦分析体系。

杜邦分析体系的作用在于解释指标变动的原因和变化趋势，为决策者采取措施指明方向。

股东权益报酬率是一个综合性极强、最具有代表性的财务比率，它是杜邦分析体系的核心。股东权益报酬率反映了股东投入资金的获利能力，反映了企业筹资、投资和生产运营等各方面经营活动的效率。股东权益报酬率取决于企业的总资产报酬率和权益乘数。

总资产报酬率是反映企业获利能力的一个重要财务比率，它揭示了企业生产经营活动的效率，综合性很强。企业的营业收入、成本费用、资产结构、资产周转速度以及资金占用量等各种因素都直接影响资产报酬率的高低。资产报酬率是销售净利率与总资产周转率的乘积，因此，可以从企业的销售活动与资产管理各方面来对其进行分析。

从企业销售方面来看，销售净利率反映了企业净利润与销售收入之间的关系，一般来说，销售收入的增加，企业的净利也会随之增加。但是，要想提高销售净利率，必须一方面提高销售收入，另一方面降低各种成本费用，这样才能使净利润的增长高于销售收入的增长，从而使销售净利率得到提高。

在企业资产方面，主要分析以下两个方面：

首先，分析企业的资产结构是否合理，即流动资产与非流动资产的比例是否合理。资产结构实际上反映了企业资产的流动性，它不仅关系到企业的偿债能力，也会影响企业的获利能力。

其次，结合销售收入，分析企业的资金周转情况。资金周转速度直接影响企业的获利能力，如果企业资金周转较慢，就会占用大量资金，导致资金成本增加，企业的利润减少。对于资金周转情况，不仅要分析企业总资产周转率，更要分析企业的存货周转率与应收账款周转率，并将其周转情况与资金占用情况结合分析。

从杜邦分析系统可以看出，企业的获利能力涉及生产经营活动的方方面面。股东权益报酬率与企业的筹资结构、销售规模、成本水平以及资产管理等因素密切相关，这些因素构成了一个完整的系统，而系统内部各种因素之间又相互作用，只有协调好系统内部各个因素之间的关系，才能使股东权益报酬率得到提高，从而实现股东财富最大化的理财目标。

例 7-6 M 公司 2020 年的资产负债表、利润表和现金流量表的有关数据存放在"财务报表分析模型"工作簿名为"资产负债表分析模型""利润表分析模型"和"现金流量表分析模型"的 3 张工作表中，如图 7-1、图 7-3 和图 7-5 所示。要求建立一个根据该公司 3 张财务报表确定其 2020 年的杜邦分析系统指标的模型。（详见教学视频）

建立杜邦分析模型的具体步骤如下。

步骤 1：在"财务报表分析模型"工作簿中新建一张工作表，命名为"杜邦分析模型"，在工作表中设计模型的结构,如图7-11所示。

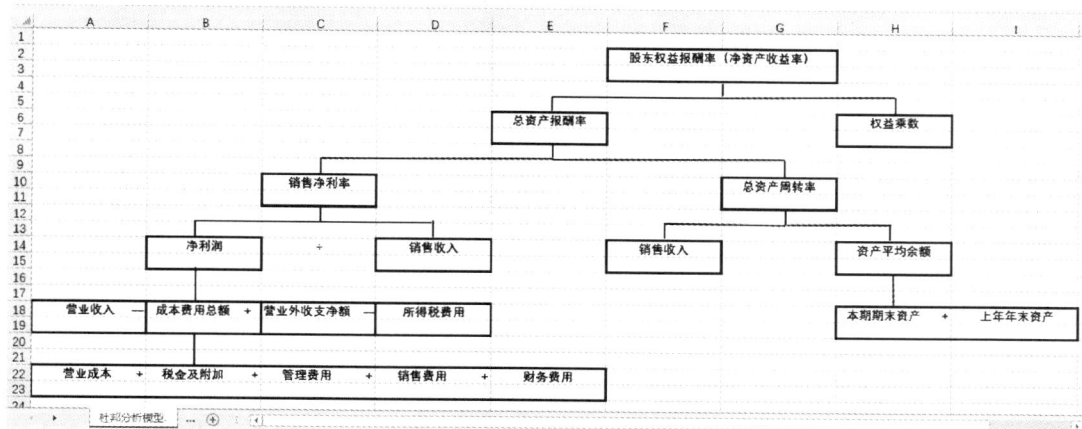

图 7 - 11   M 公司杜邦分析模型

步骤 2:在设计的模型中,对各财务指标进行公式输入,如图 7 - 12 所示。

步骤 3:合并单元格 F3:G3,输入公式" =财务比率分析模型!C20"。

步骤 4:在单元格 E7 中输入公式" =财务比率分析模型!C19"。

步骤 5:在单元格 H7 中输入公式" =((资产负债表分析模型!B20 +资产负债表分析模型!C20)/2)/((资产负债表分析模型!E19 +资产负债表分析模型!F19)/2)"。

注意

为了更准确地反映杜邦分析体系中各财务比率的关系,权益乘数计算出的结果建议小数位数保留到 4 位。

步骤 6:在单元格 C11 中输入公式" =财务比率分析模型!C18"。

步骤 7:在单元格 G11 中输入公式" =财务比率分析模型!C15"。

注意

为了更准确地反映杜邦分析体系中各财务比率的关系,总资产周转率在财务比率分析模型中取数后,可在工具栏选择增加小数位数到 4 位。

步骤 8:在单元格 B15 中输入公式" =利润表分析模型!B17"。

步骤 9:在单元格 D15 中输入公式" =利润表分析模型!B4"。

步骤 10:在单元格 F15 中输入公式" =利润表分析模型!B4"。

步骤 11:在单元格 H15 中输入公式" =(资产负债表分析模型!B20 +资产负债表分析模型!C20)/2"。

步骤 12:在单元格 A19 中输入公式" =利润表分析模型!B4"。

步骤 13:在单元格 B19 中输入公式" =SUM(利润表分析模型!B5:B9)"。

步骤 14：在单元格 C19 中输入公式"＝利润表分析模型!B13 – 利润表分析模型!B14"。

步骤 15：在单元格 D19 中输入公式"＝利润表分析模型!B16"。

步骤 16：在单元格 H19 中输入公式"＝资产负债表分析模型!B20"。

步骤 17：在单元格 I19 中输入公式"＝资产负债表分析模型!C20"。

步骤 18：在单元格 A23 中输入公式"＝利润表分析模型!B5"。

步骤 19：在单元格 B23 中输入公式"＝利润表分析模型!B6"。

步骤 20：在单元格 C23 中输入公式"＝利润表分析模型!B8"。

步骤 21：在单元格 D23 中输入公式"＝利润表分析模型!B7"。

步骤 22：在单元格 E23 中输入公式"＝利润表分析模型!B9"。

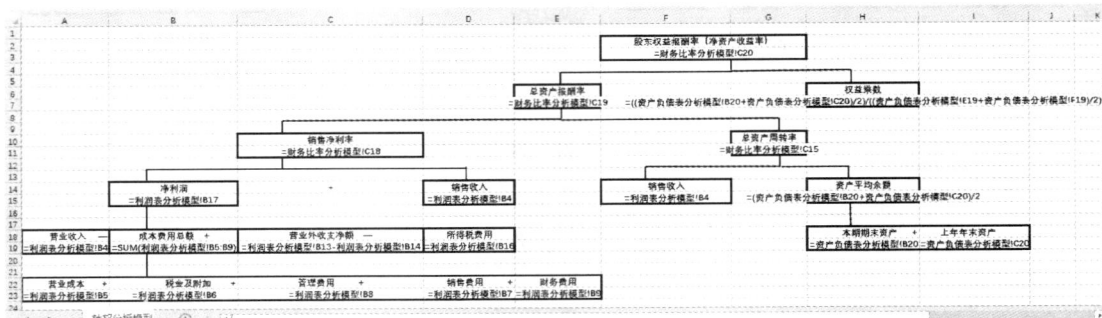

图 7 – 12　M 公司杜邦分析体系指标公式

模型的运行结果如图 7 – 13 所示。

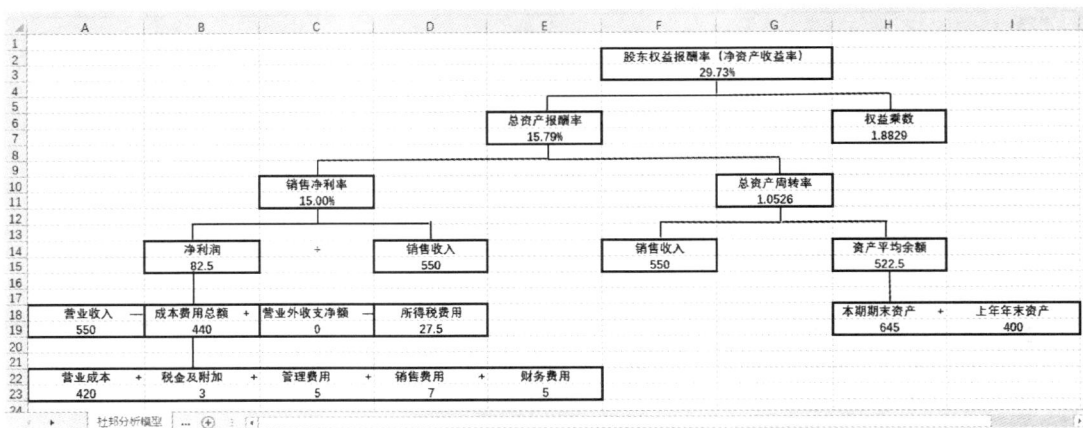

图 7 – 13　M 公司杜邦分析体系模型结果

项目小结

　　财务分析是以企业财务报告等会计资料为基础，对企业的财务状况和经营成果进行分析和评价的一种方法。财务分析是财务管理的重要方法之一，它是对企业一定时期的财务活动的总结，为企业下一步的财务预测与财务决策提供依据。

　　首先，可以对财务报表中的资金来源、经营成果和现金流量的构成以及变化幅度进行分析,即对企业的财务报表进行比较分析与结构分析。

其次,可以通过对企业的偿债能力、营运能力、获利能力和发展能力进行财务比率分析,将本期财务比率与前期财务比率相比较,也可以将本期财务比率与预期财务比率或者行业平均值进行比较,了解企业的财务表现。

最后,采用综合评分法或杜邦分析法对企业进行全面评估,完整揭示企业财务状况内部的各项因素及其相互之间的关系。

技能训练

根据下述资产负债表和利润表(见表7-4、表7-5),利用 Excel 制作财务比率分析表并进行财务比率分析,制作杜邦分析图并进行杜邦分析。

表7-4 资产负债表

编制单位:A 公司　　　　　　　　　2020 年 12 月 31 日　　　　　　　　单位:亿元

资　产	金　额	负债与所有者权益	金　额
流动资产:		流动负债:	
货币资金	31	应付票据	84
应收账款	132	应付账款	30
存货	120	应交税费	6
预付款项	11	其他应付款	34
流动资产合计	294	流动负债合计	154
非流动资产:		非流动负债:	
固定资产	210	长期借款	120
非流动资产合计	210	非流动负债合计	120
负债合计	274		
		所有者权益:	
		实收资本	110
		未分配利润	120
		所有者权益合计	230
资产总计	504	负债与所有者权益总计	504

表7-5 利润表

编制单位:A 公司　　　　　　　　　2020 年 12 月　　　　　　　　　单位:亿元

项　目	金　额
一、营业收入	720.00
减:营业成本	480.00
税金及附加	23.00
销售费用	80.00

项　目	金　额
管理费用	70.00
财务费用	18.00
资产减值损失	0.00
加：公允价值变动收益（损失以"－"号填列）	0.00
二、营业利润（亏损以"－"号填列）	49.00
加：营业外收入	1.00
减：营业外支出	1.00
三、利润总额（亏损总额以"－"号填列）	49.00
减：所得税费用	12.25
四、净利润（净亏损以"－"号填列）	36.75

参考文献

［1］周丽媛 . Excel 在财务管理中的应用［M］. 大连：东北财经大学出版社,2017.

［2］韩良智 . Excel 在财务管理中的应用［M］. 3 版 . 北京：清华大学出版社,2017.

［3］黄新荣 . Excel 2010 在会计与财务管理中的应用［M］. 北京：人民邮电出版社,2018.

［4］Excel Home. Excel 2016 高效办公财务管理［M］. 北京：人民邮电出版社,2018.

［5］周颖 . Excel 在财务中的应用［M］. 上海：上海财经大学出版社,2018.